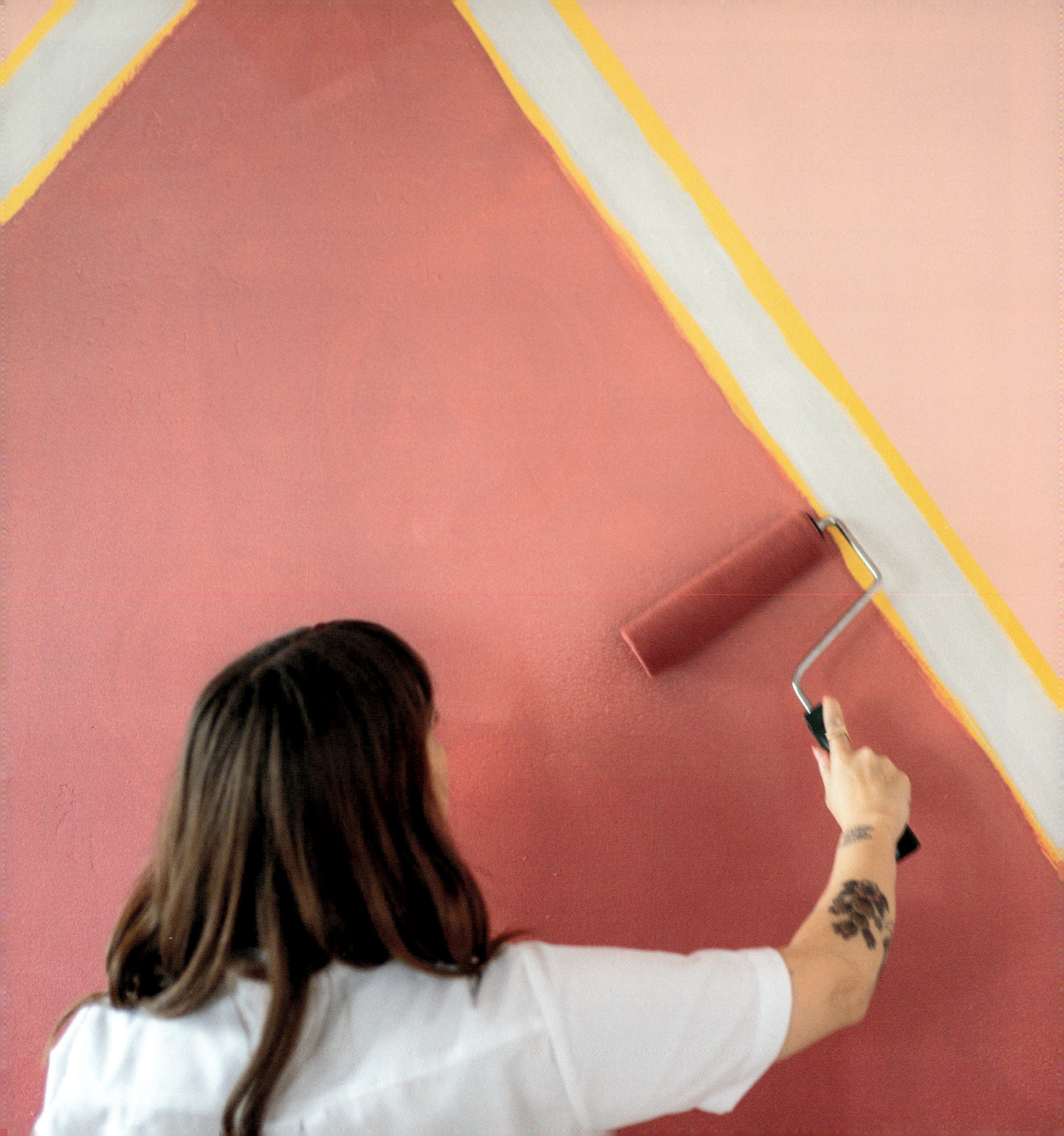

Phoebe Cornog & Roxy Prima

WAND-WUNDER

Makeover für jeden Raum

CV

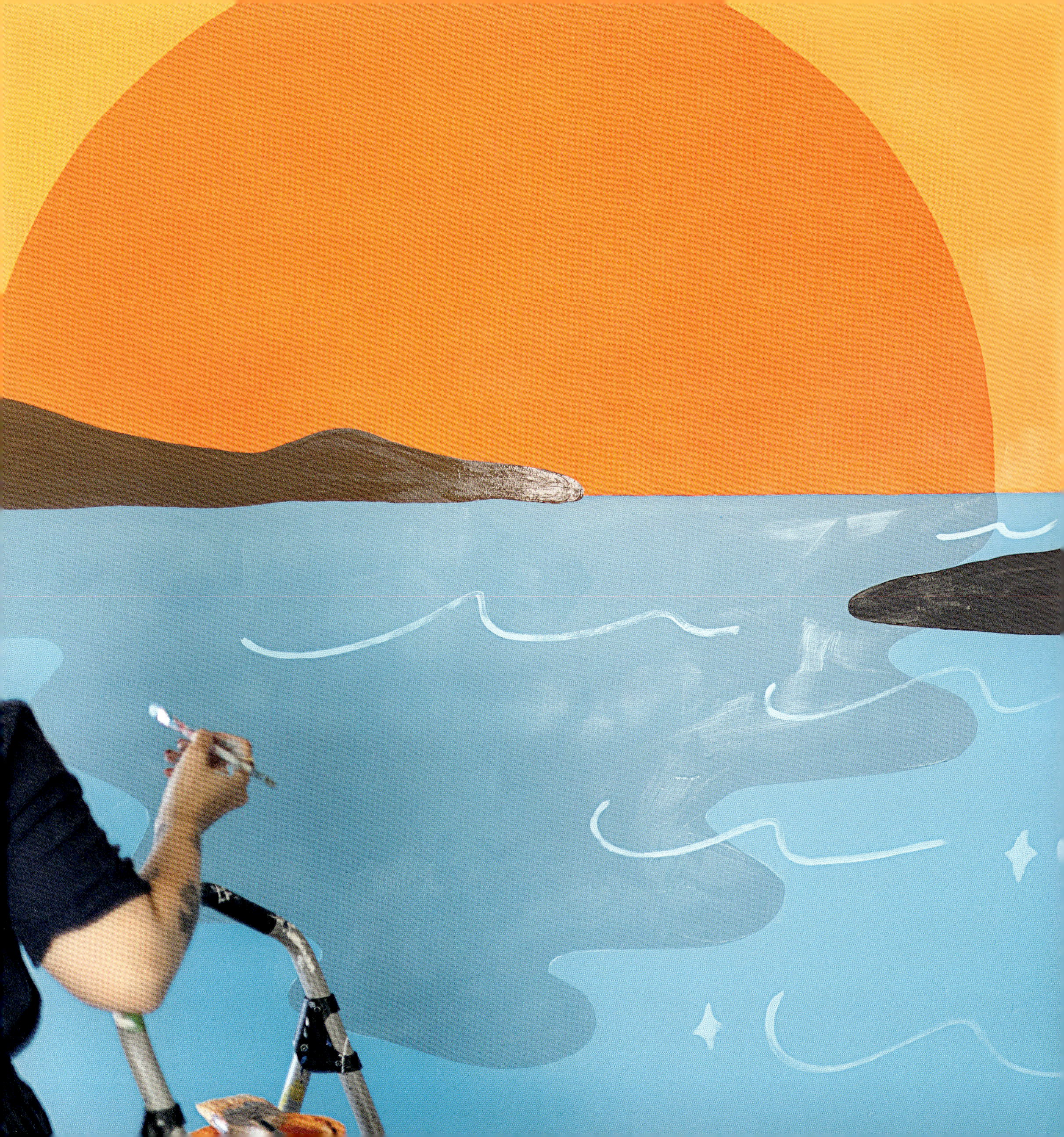

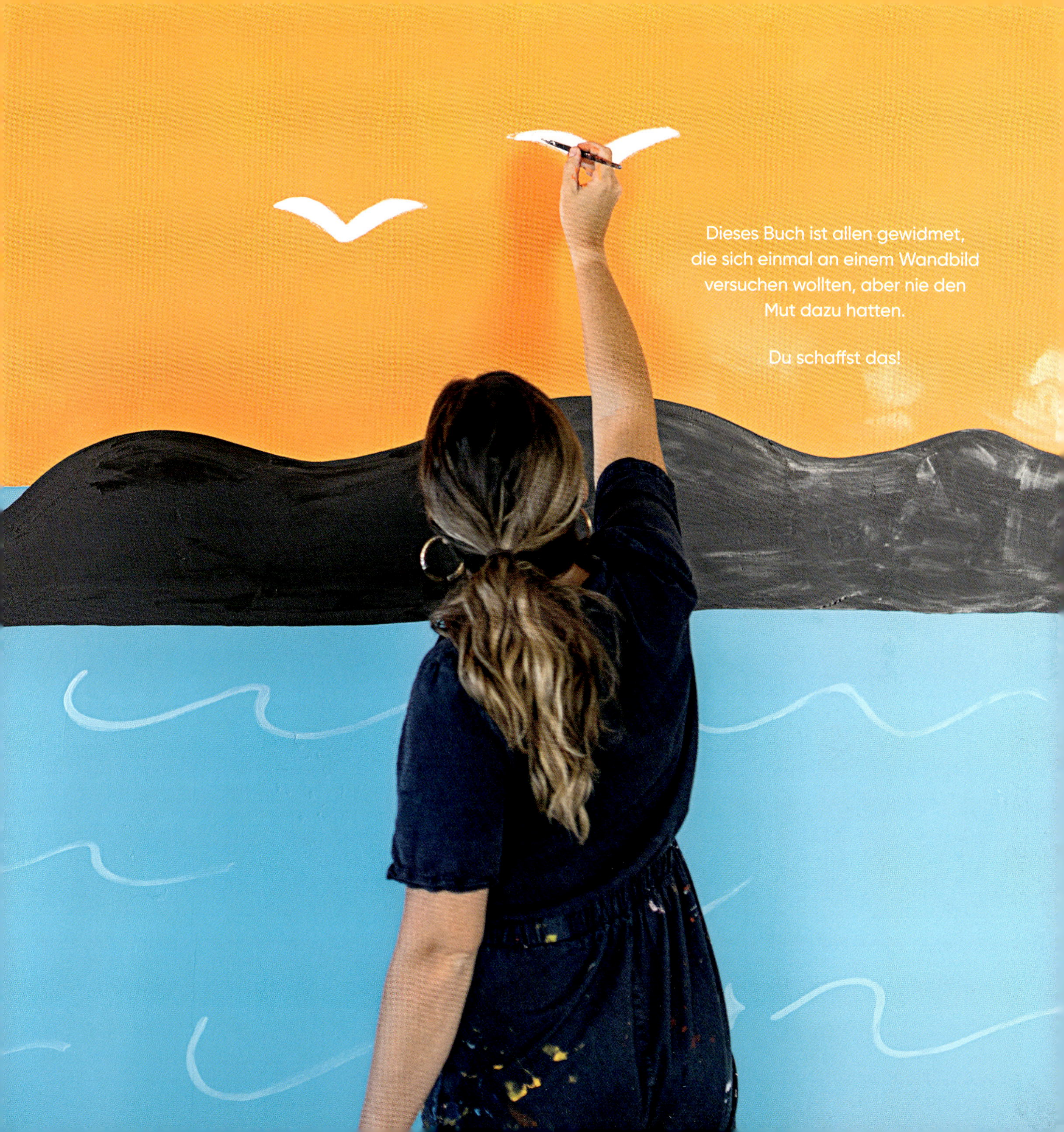

Dieses Buch ist allen gewidmet,
die sich einmal an einem Wandbild
versuchen wollten, aber nie den
Mut dazu hatten.

Du schaffst das!

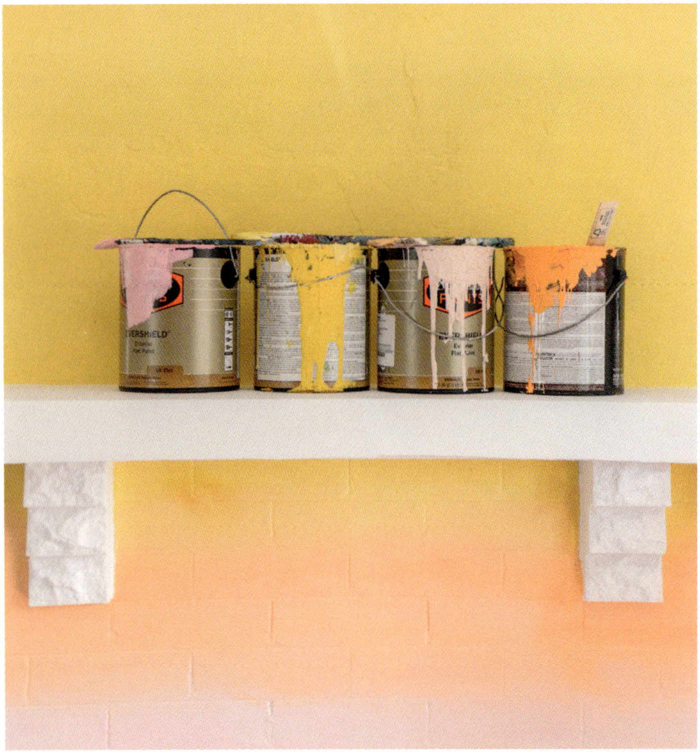

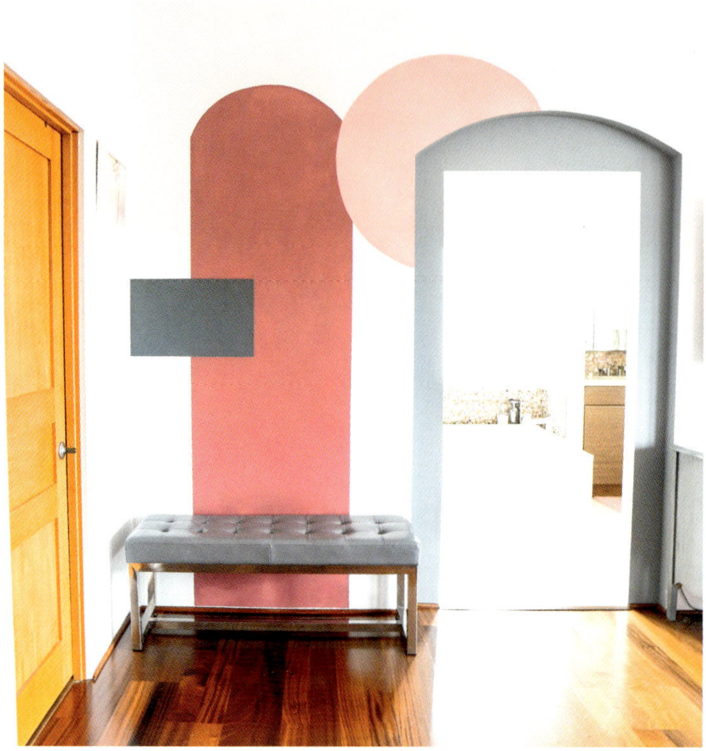

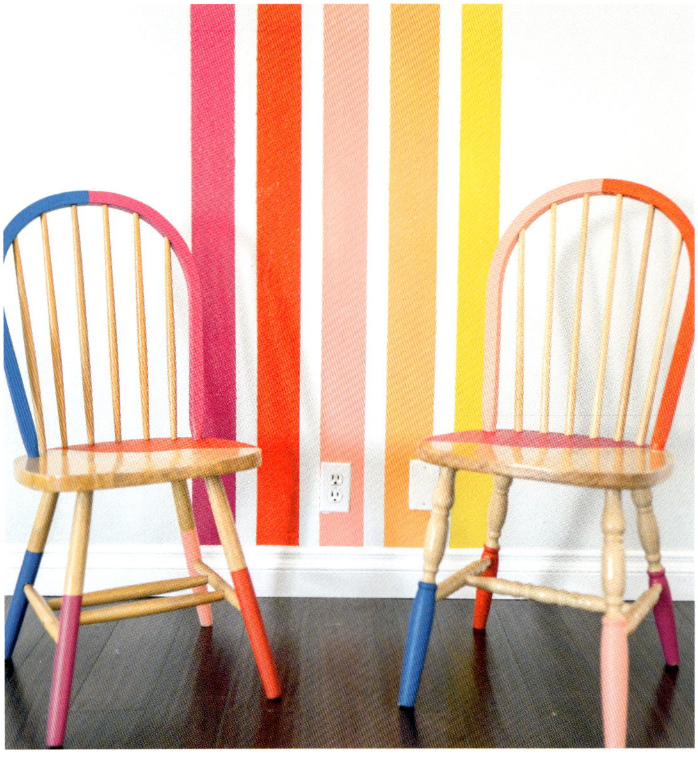

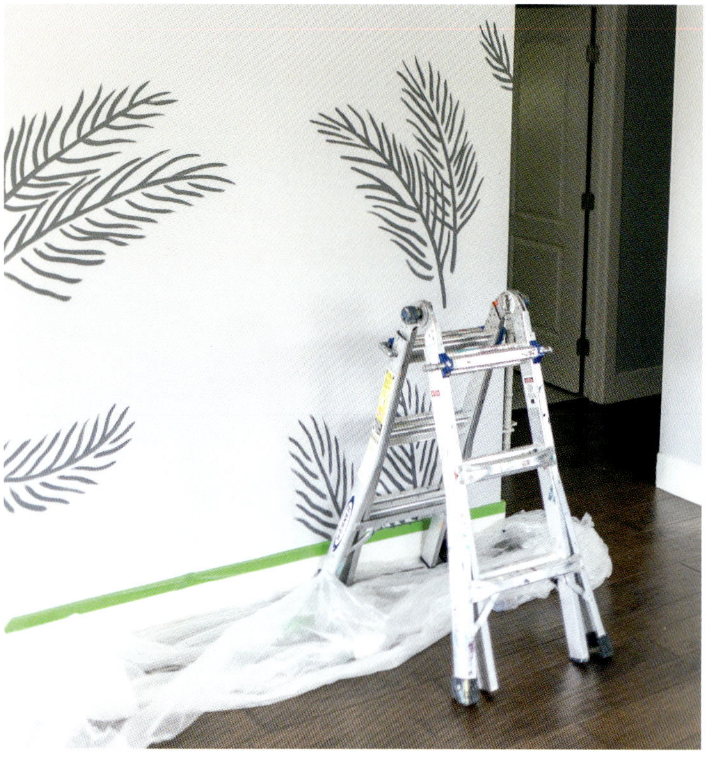

INHALT

Hallo und willkommen!

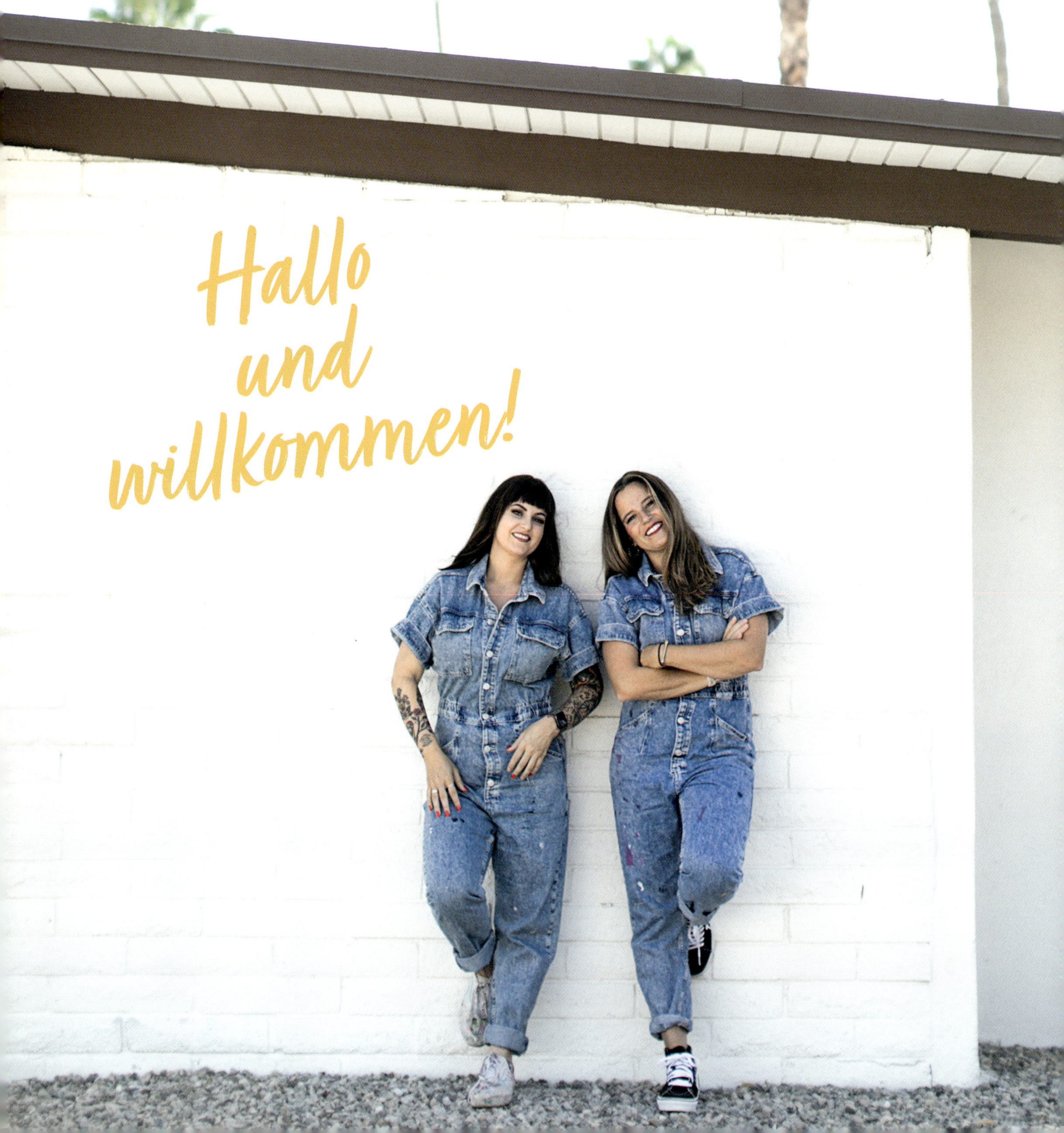

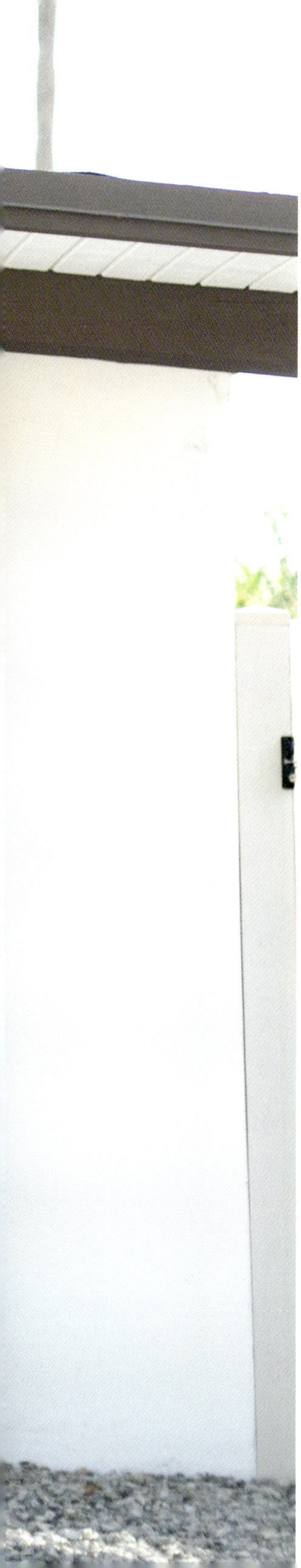

Wir heißen Roxy Prima und Phoebe Cornog und sind Grafikerinnen, Wandmalerinnen und jetzt auch Autorinnen. Unsere gemeinsame Geschichte begann 2015, als Phoebe Roxy eine Nachricht auf Instagram schickte, um sich auf einen Wein zu treffen und über Design zu plaudern. Daraus entwickelte sich eine vollkommen klischeehafte Geschichte: Wir starteten eine Meetup-Gruppe, verließen unsere Jobs, machten die Wandmalerei zum Beruf und schrieben ein Buch. Wie es halt so ist.

Bei unserem allerersten Treffen waren wir gleich inspiriert und sprudelten beide vor Ideen. Wir richteten eine Meetup-Gruppe für Schriftkünstler ein und veranstalteten monatliche Events in der Umgebung von San Diego. Die Themen für die kostenlosen Veranstaltungen reichten von Buchstaben aus Lebensmitteln für Thanksgiving, Schildermalen vor einem Spiel der Padres, des Baseball-Teams von San Diego (wir wurden sogar auf dem Jumbotron gezeigt), und Wandmalerei in der Gruppe – das erste Mal, dass wir beide eine Wand bemalt haben. Während wir diese Veranstaltungen planten, Posts in die sozialen Medien einstellten und eine Marke für den Club entwickelten, stellten wir fest, dass wir richtig gut zusammenarbeiteten. Phoebes geselliger Charme und ihre Fähigkeit, mit jedem ins Gespräch zu kommen, und Roxys unabhängiger Geist und ihre vielen Ideen, gemischt mit unserer Kreativität, erwiesen sich als fantastische Kombination.

Zu diesem Zeitpunkt hatten wir beide Vollzeit-Jobs als Grafikerinnen. Phoebes Arbeit war kreativ und machte viel Spaß, aber nach einem Jahr merkte sie, dass es keine Aufstiegschancen gab. Roxys Job war überhaupt nicht kreativ, aber einfach und erlaubte viel Zeit für die Arbeit an eigenen Projekten.

Wir wussten noch nicht, ob wir die Wandmalerei zum Beruf machen wollten. Wir wussten nur, dass wir beide praktischer arbeiten und nicht mehr 40 Wochenstunden vor einem Computer sitzen wollten. Unsere Meetup-Gruppe gab uns zunächst eine kreative Aufgabe, bei der wir uns ausleben konnten, aber schon bald wollten wir mehr. Wir sprachen über unsere Ziele und unsere Traumprojekte. Eines davon war – für uns beide – als Freelance-Projekt ein Wandbild anzufertigen. Wir wollten nur eine einzige Wand bemalen. Und aus dieser einen wurden Hunderte.

Wir machen unsere Ziele gerne öffentlich. Daher begannen wir sofort, anderen zu erzählen, dass wir uns einen Auftrag für ein Wandbild wünschten, und dies auch auf Social Media zu posten. Und wer hätte es gedacht? Jemand antwortete und sagte, sein Unternehmen bräuchte ein Wandbild. Unser Rat: Erzähle allen von deinen Träumen und Zielen und dann werden sie wahr. Wir haben den Auftrag bekommen. Wir bemalten die Wand, stellten viel zu wenig in Rechnung, lernten eine Menge, haben die Wand nicht verpatzt und verliebten uns in das, was wir taten.

Wir posteten das erste Wandbild auf Instagram und bekamen einige Rückmeldungen. Kurz darauf meldete sich jemand anderes, der ein Wandbild für sein Unternehmen wollte, was dann zu weiteren Anfragen führte. Wir kündigten unsere Jobs und gründeten Pandr Design Co.

Inzwischen haben wir über 250 Wände bemalt und uns hält nichts mehr auf. Wir sind ganz und gar besessen. In den letzten Jahren sind wir durch das ganze Land und sogar ins Ausland gereist, um Wandbilder zu malen. Wir sagen nur: Tasmanien! Ja, wirklich, wir wurden beauftragt, in Tasmanien eine Wand zu bemalen. Wir haben mit Target, Lululemon, mit Teams von Major League Baseball, der National Football League und der National Basketball Association, Visa, Red Bull und vielen anderen Traumkunden zusammengearbeitet.

Neben unserer Vollzeitarbeit mit Pandr haben wir außerdem einen Podcast namens „Drunk on Lettering" und eine Non-Profit-Organisation namens „Ladies Who Paint". Ja, wir haben gerne viel zu tun!

In unserem Podcast konnten wir Künstler auf der ganzen Welt interviewen. Die Gelegenheit haben wir genutzt, um Ratschläge zu erhalten, Fragen zu stellen und viel über Situationen zu hören, die man unbedingt vermeiden sollte. Mittlerweile nehmen wir keine neuen Episoden mehr auf, aber es gibt 212 Interviews mit fantastischen Kreativen aus der ganzen Welt zu hören.

Ladies Who Paint ist komplettes Neuland für uns. Es ist das erste ganz und gar weibliche Festival der Wandmalerei, das wir 2019 zum ersten Mal veranstaltet haben. Wir luden 10 Künstlerinnen nach San Diego ein, um jeweils ein großes Wandbild zu malen. Unsere Mission ist es, Künstlerinnen zu unterstützen, ihnen wohlverdiente Anerkennung zu verschaffen und gleichzeitig unsere Heimatstadt zu verschönern. Wenn du die fantastischen Kunstwerke von Frauen aus der ganzen Welt sehen möchtest, folge uns auf Instagram unter @ladieswhopaint.

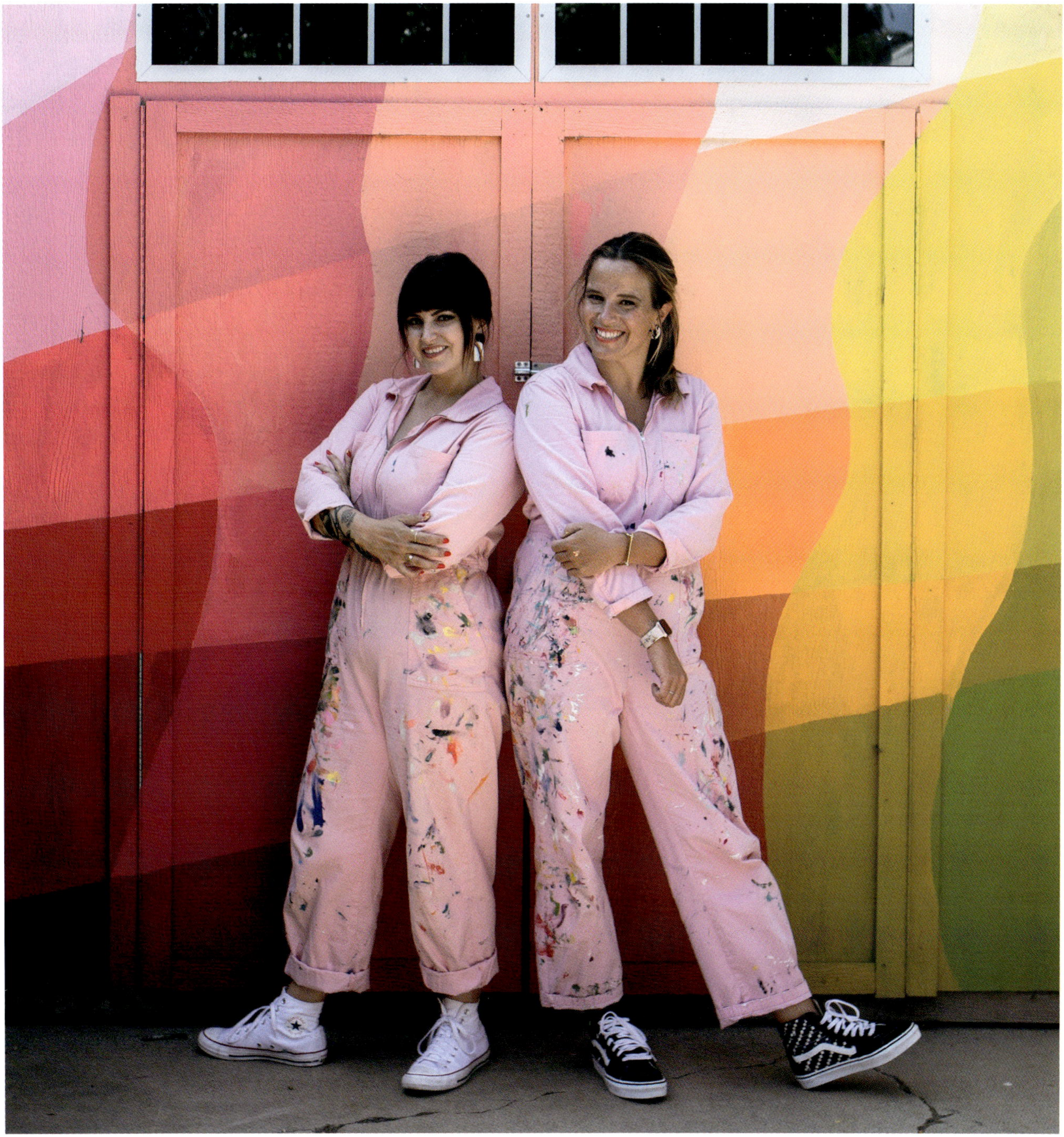

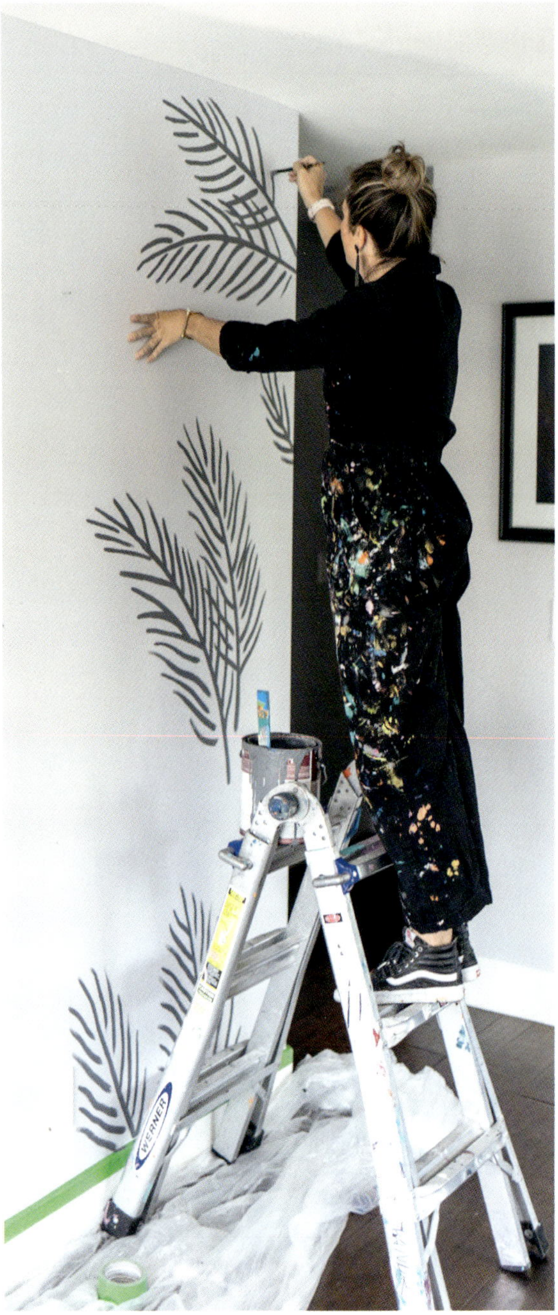

HOLE DAS MEISTE AUS DIESEM BUCH

Dieser unkomplizierte Leitfaden ist dein Schlüssel für ein ganz individuelles Zuhause. Schließlich siehst du es jeden Tag, da solltest du es auch wirklich mögen! Selbst wenn du keinerlei Erfahrung mit Malerei hast, wirst du unter den 26 Projekten in diesem Buch sicher eines finden, das dir gefällt.

Eine Wand zu bemalen, kann zunächst ambitioniert wirken, aber du schaffst das! Du kannst dein Zimmer in deine eigene Zen-Zone verwandeln, in der du nach einem langen Arbeitstag zur Ruhe kommst. Oder vielleicht wünschst du dir ein farbenfrohes Zimmer, das zu deinem strahlenden, glücklichen Rückzugsort wird. Mach es einfach! Vielleicht liebst du es zurückhaltender. Verstehen wir! Möglicherweise möchtest du ein kleines Zimmer geräumiger und einladender wirken lassen. Wir können dir auch das zeigen.

Mit deiner eigenen Farbwahl kannst du unsere detaillierten Anleitungen anpassen, um etwas zu erschaffen, was zu 100 % deinem Geschmack entspricht. Für jeden Raum findest du in diesem Buch Tipps und Tricks, mit der du etwas Einzigartiges kreierst – so einzigartig wie du! Du wirst von nun an weiße Wände ganz anders sehen.

Wir wollen dir nichts vormachen: Wandmalerei kann etwas chaotisch werden. Wir führen dich Schritt für Schritt durch verschiedene Stile, die du problemlos selbst umsetzen kannst. Und du brauchst auch nicht einen Haufen besonderer Materialien zu kaufen ... nur die Grundlagen, um starten zu können, ohne die Bank zu sprengen. Du kannst die Schritte gerne ganz genau befolgen (bist wohl Perfektionist*in, hüstel ...) oder sie individuell anpassen. Keine Sorge: Es ist ja nicht wie eine Tätowierung, die für die Ewigkeit ist. Schlimmstenfalls lässt du die Wand trocknen und übermalst sie wieder!

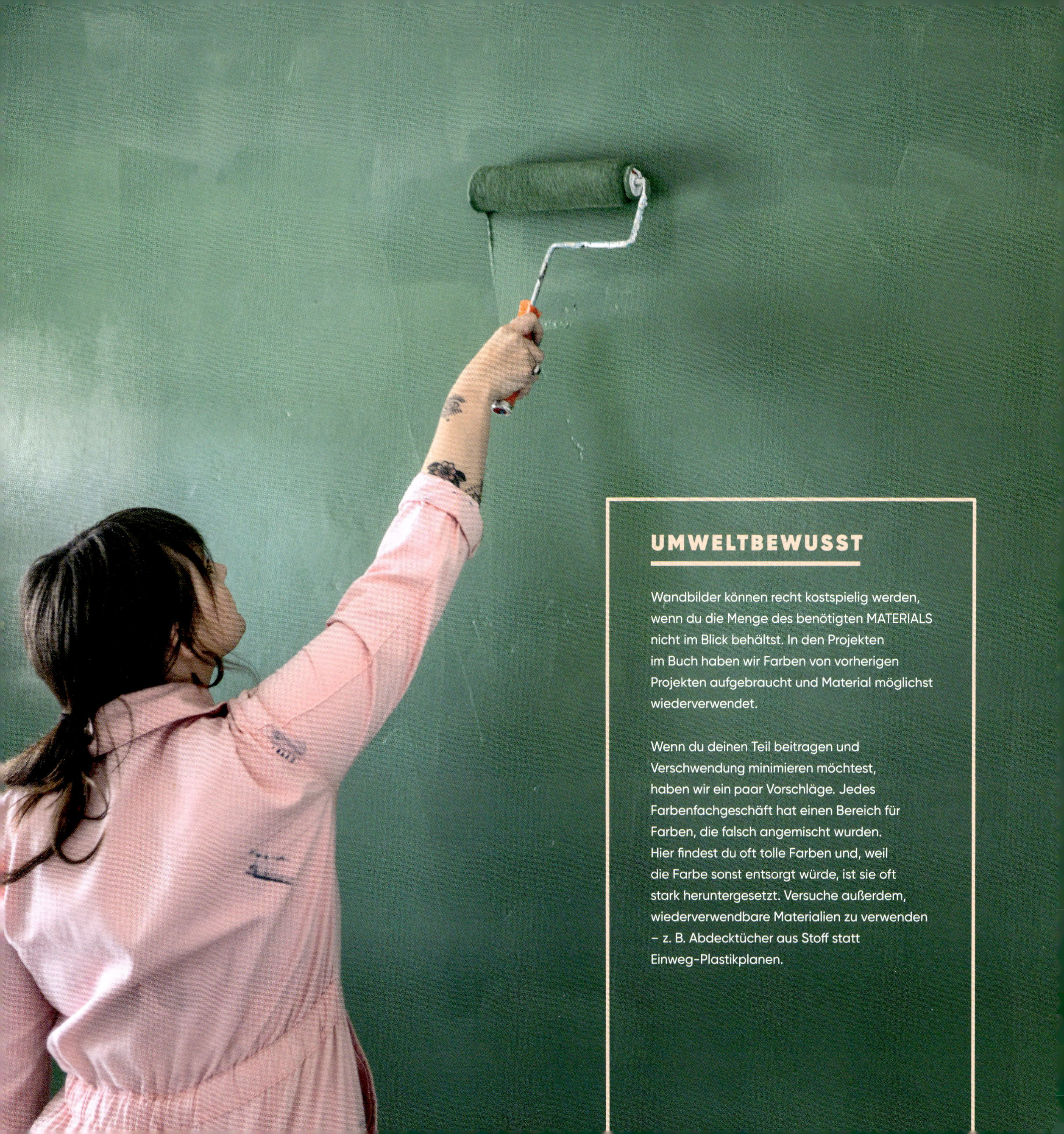

UMWELTBEWUSST

Wandbilder können recht kostspielig werden, wenn du die Menge des benötigten MATERIALS nicht im Blick behältst. In den Projekten im Buch haben wir Farben von vorherigen Projekten aufgebraucht und Material möglichst wiederverwendet.

Wenn du deinen Teil beitragen und Verschwendung minimieren möchtest, haben wir ein paar Vorschläge. Jedes Farbenfachgeschäft hat einen Bereich für Farben, die falsch angemischt wurden. Hier findest du oft tolle Farben und, weil die Farbe sonst entsorgt würde, ist sie oft stark heruntergesetzt. Versuche außerdem, wiederverwendbare Materialien zu verwenden – z. B. Abdecktücher aus Stoff statt Einweg-Plastikplanen.

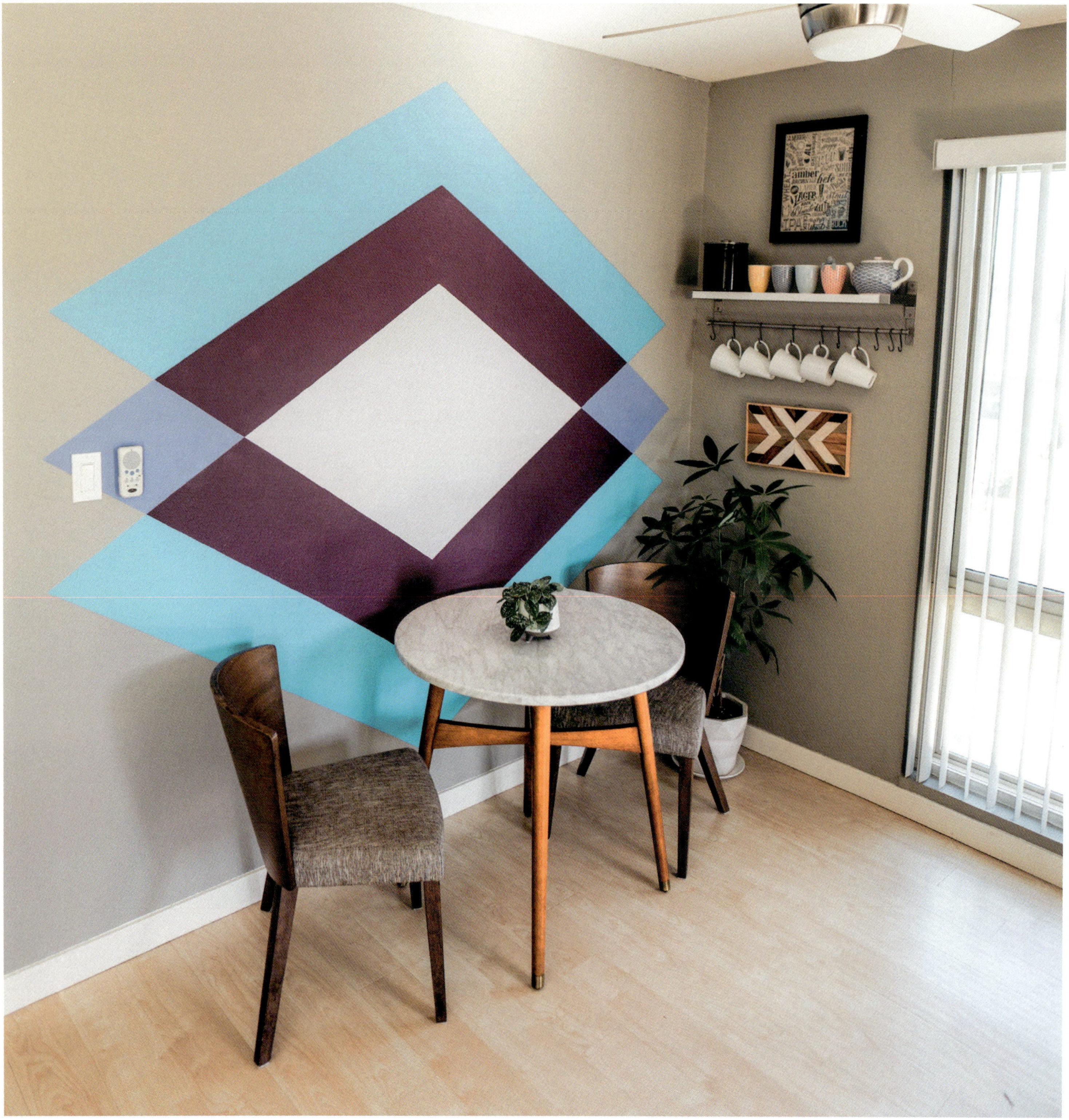

DEINEN RAUM GESTALTEN

Manche Heimwerker-Projekte brauchen richtig viel Vorbereitung, Geld und Zeit. Farbe ist dagegen günstiger als Tapete oder Fliesen. Eine Wand zu bemalen ist ein kostengünstiges und flexibles Renovierungsprojekt.

Ob du nun glaubst, dass du kreativ bist, oder nicht ... du bist es. Jede(r) ist kreativ! Indem du kleine Entscheidungen triffst, wie zum Beispiel für die Farben oder den Ort für dein Wandbild, gestaltest du dein Projekt individuell. Es gibt kein Zertifikat oder Diplom für Wandmalerei. Es ist keine Wissenschaft. Du bestimmst und kannst dich dabei ausleben! Lass dir das von niemandem ausreden.

Malen kann auch sehr entspannend sein. Zieh gemütliche Klamotten an, die schmutzig werden dürfen, drehe deine Lieblingsmusik auf oder höre einen Podcast und mach dich an die Arbeit. Wahrscheinlich vertiefst du dich so, dass Stunden vergehen, bevor du wieder „auftauchst". Wenn du fertig bist, wirst du total stolz sein.

Stell dir vor, dass Freunde oder Familie dich besuchen und dein neues Wandbild sehen. Sie werden dich fragen, wen du dafür angeheuert hast. Und du kannst ganz beiläufig (mit einer gewissen Zufriedenheit) sagen: „Ach, das da? Hab ich selbst gemacht!" *Wirft die Haare in den Nacken*
Das feiern wir!

ZEIG ES VOR

Wenn du die Projekte in diesem Buch durchblätterst, dir deine Zimmer anschaust und dich schließlich zum Bemalen deiner Wand entscheidest, denke dran, es zu teilen! Es ist vollkommen in Ordnung, ein paar Bilder zu schießen und in den sozialen Netzwerken ein bisschen mit deinen Werken anzugeben.

Und wir wollen auch sehen, was du machst! Verwende den Hashtag #paintlikePandr und tagge uns unter @pandredesignco in deinen Posts und Stories, damit wir es uns ansehen können. Vielleicht zeigen wir dich sogar als eine(n) unserer besten Lehrlinge!

Folge uns auch unbedingt auf Instagram (@pandrdesginco) und TikTok (@roxyprima und @phoebecornog) und sieh dir unsere Website www.pandrdesignco.com an, auf der du weitere Infos findest.

Vielleicht denkst du, dass dein Vermieter etwas gegen dein Wandbild haben wird. Keine Sorge! Du beschädigst die Wand ja nicht. Du kannst deinem Vermieter erklären, dass du die Wand wieder in der ursprünglichen Farbe streichen kannst, bevor du ausziehst. Hole also Erlaubnis ein (oder, wenn du risikofreudiger bist, bitte anschließend um Vergebung) und leg los!

Wir lieben es, Räume zu verwandeln, und wir freuen uns, dir genau dabei zu helfen! Wir hoffen, dass es dir so viel Spaß macht wie uns. Du kannst richtig kreativ werden und dich mit Farbe ausleben.

Phoebe + Roxy

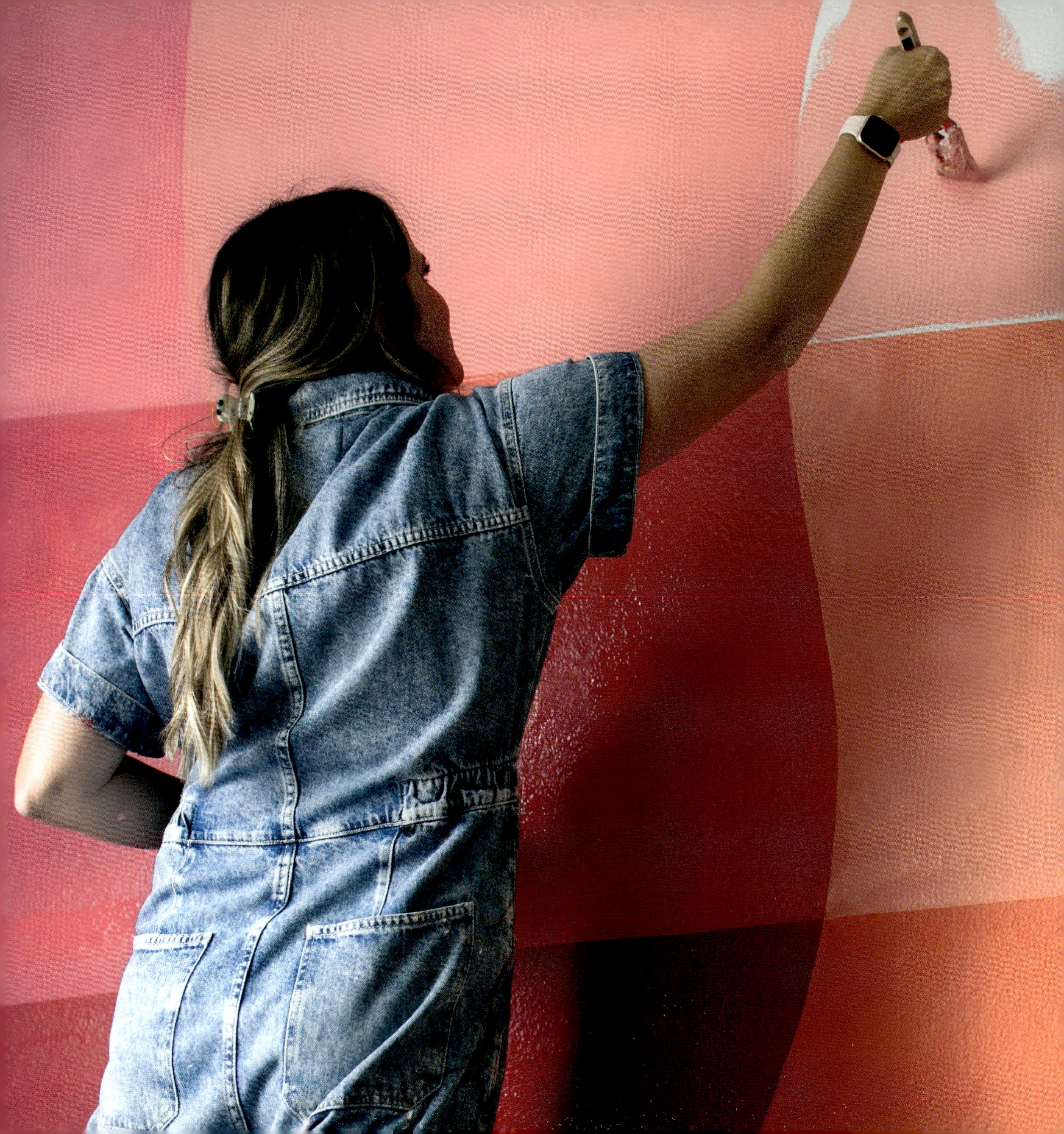

KAPITEL EINS

Das Wichtigste zuerst

Dir schwirren wahrscheinlich viele Dinge durch den Kopf. Keine Panik! Wir helfen dir dabei, diese Sache mit der Wandmalerei zu meistern. Es ist wirklich keine Wissenschaft. Niemand wird daran sterben (hoffen wir mal), wenn du die Wand mit der „falschen" Farbe anstreichst. Allerdings gibt es ein paar Punkte zu bedenken, bevor du beginnst. Also, schau dich in Ruhe um und beantworte die folgenden Fragen:

- Möchte ich einen kleinen Farbtupfer oder ein richtiges Statement?
- Möchte ich einen Akzent setzen oder soll diese Malerei im Mittelpunkt des Raumes stehen?
- Wie sehen die Möbel aus? Sind die Farben neutral? Ist der Stil modern?

DEN RAUM BETRACHTEN

Das Tolle an Wandmalerei ist, dass du alles ändern kannst, damit es genau für dein Zuhause passt. Selbst wenn du zur Miete wohnst, „gehört" dir der Raum. Du entscheidest.

Aber zur Sache ... Jede Wand und jeder Raum ist unterschiedlich gestaltet, was dir zahlreiche Möglichkeiten bietet. Wie sieht zum Beispiel die Beleuchtung dort aus, wo du malen willst? Vielleicht hast du natürliches Licht. Oder es gibt keine Fenster. Wenn der Raum dunkel ist, kannst du ihn mit helleren Farben (Rosa, Lila, leuchtendes Gelb oder Zartblau) aufhellen. Wenn das Zimmer klein ist, können dunkle Farben es manchmal größer wirken lassen. Dunkle Farben absorbieren mehr Licht als helle, sodass die Grenzen des Zimmers verschwimmen und der Raum größer wirkt.

Wie hoch ist die Decke? Wie viele Möbel oder wie viel Schnickschnack befindet sich an der Wand? All das ist bei der Wahl deines Designs wichtig. Von der Farbkombination bis zu Layout und Größe kannst du jeden Aspekt für dein Zimmer anpassen und mit deinem Wandbild einen harmonischen Look schaffen.

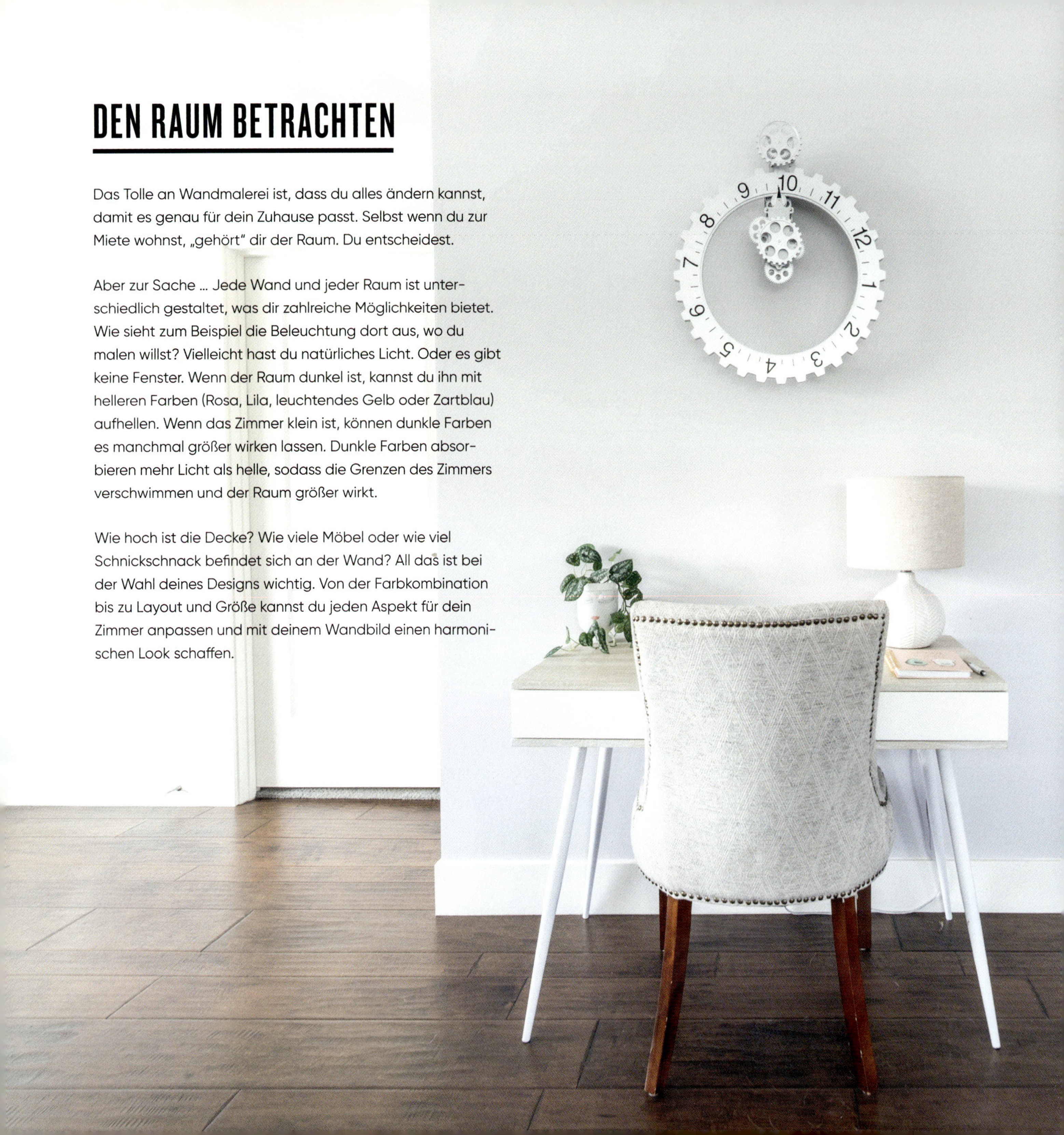

Farbwahl

Mach dir keinen Stress wegen der Farbwahl. Hier fängt der Spaß ja gerade erst an! Bei diesen Entscheidungen gibt es jedoch ein paar Dinge zu bedenken, wie Lichtverhältnisse, Möbel, Bodenbelag, Fenster, welche Atmosphäre du anstrebst und welche Farben zusammenpassen. Sieh es, als würdest du ein Outfit zusammenstellen: Dein Top, deine Hose und deine Schuhe passen zueinander. Und vielleicht verleihst du dem Look mit auffälligen Ohrringen oder einer Mütze noch das gewisse Etwas.

Die erste Frage, die du dir stellen solltest, ist, ob deine Wand die Jeans sein soll, die zu allem passt, da sie nicht zu dominant ist, oder der außergewöhnliche Schmuck, der dem gesamten Look Flair verleiht. Du entscheidest!

Überlege dann, welche Farben es bereits im Zimmer gibt. Sieh dir die Möbel, den Boden, Gardinen, Kissen usw. an – welches Farbschema ist bereits da? Wähle für dein Wandbild Farben, die zu den bereits vorhandenen passen. Dazu wollen wir uns unseren superpraktischen Farbkreis anschauen.

Hier findest du alle Informationen, die du brauchst, zumindest bei der Auswahl deiner Farbpalette!

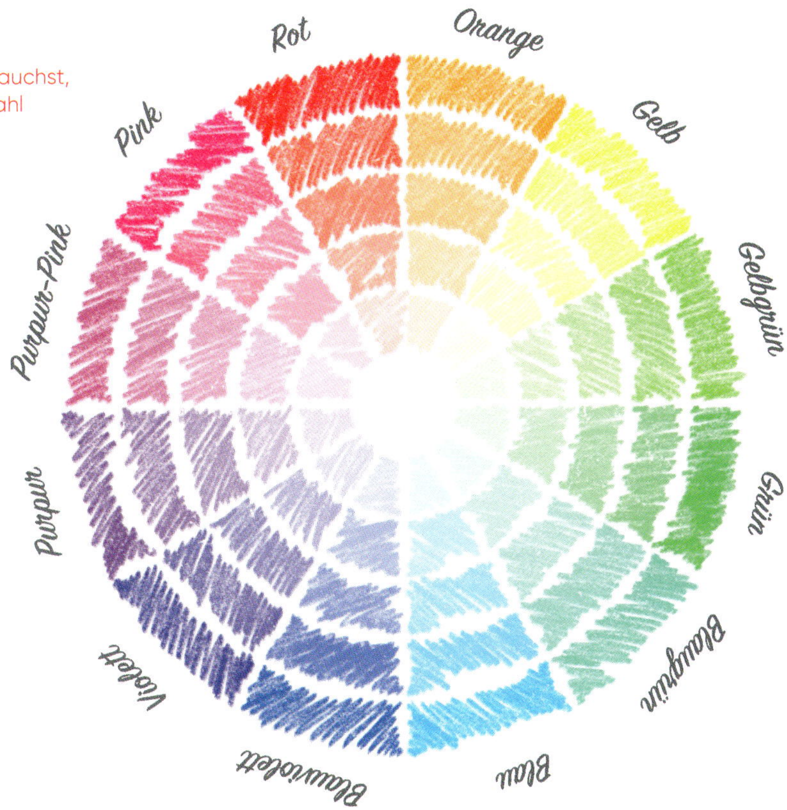

Bei der Wahl von Farben, die zusammenpassen, gibt es verschiedene Möglichkeiten. Wenn du noch keine Erfahrung mit Farben hast oder unsicher bist, empfehlen wir, mit einer monochromen Farbpalette zu beginnen. Wenn du etwas sicherer bist, kannst du Farbkombinationen verwenden, die sich ergänzen oder kontrastieren. Aber selbst bei dieser Option solltest du dich auf maximal drei Farben für dein Wandbild beschränken. Je mehr Farben du verwendest, desto schneller kann es schiefgehen.

Lass uns mit der einfacheren Methode beginnen: Beschränke dich auf eine Farbfamilie. Monochrom ist sexy! Schattierungen und Tönungen einer Farbe wirken immer harmonisch. Wenn du also bereits einen blauen Teppich und blaue Tapeten hast, suche ein paar Hellblautöne und einige dunklere Blautöne aus und du bist auf dem besten Weg.

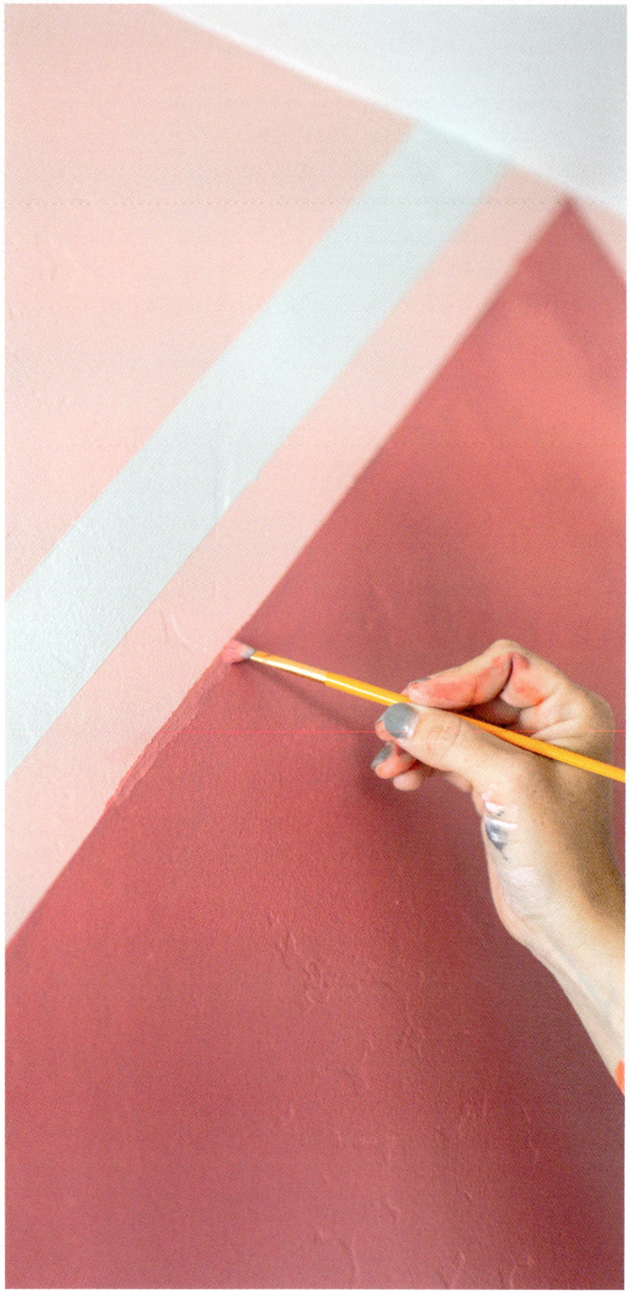

Das dreieckige Ornament (Seite 125) enthält zwei Pinktöne für einen edlen Look.

Wenn du etwas mutiger bist, kannst du dich für Farben entscheiden, die sich auf dem Farbkreis einander gegenüberliegen. Gegensätze ziehen sich wirklich an! (In der Farbtheorie heißen die Farben, die sich im Farbkreis gegenüberliegen, Komplementärfarben. Sagt die Wissenschaft.) Das wären zum Beispiel Purpur- und Gelbtöne oder Orange- und Blautöne. Kombiniere helle und dunkle Töne der Komplementärfarben für einen edlen Look, um den dich mancher Designer beneiden wird.

Das Orange und Blau in unserem Meeresbild (Seite 77) ist ein markantes Beispiel für Komplementärfarben.

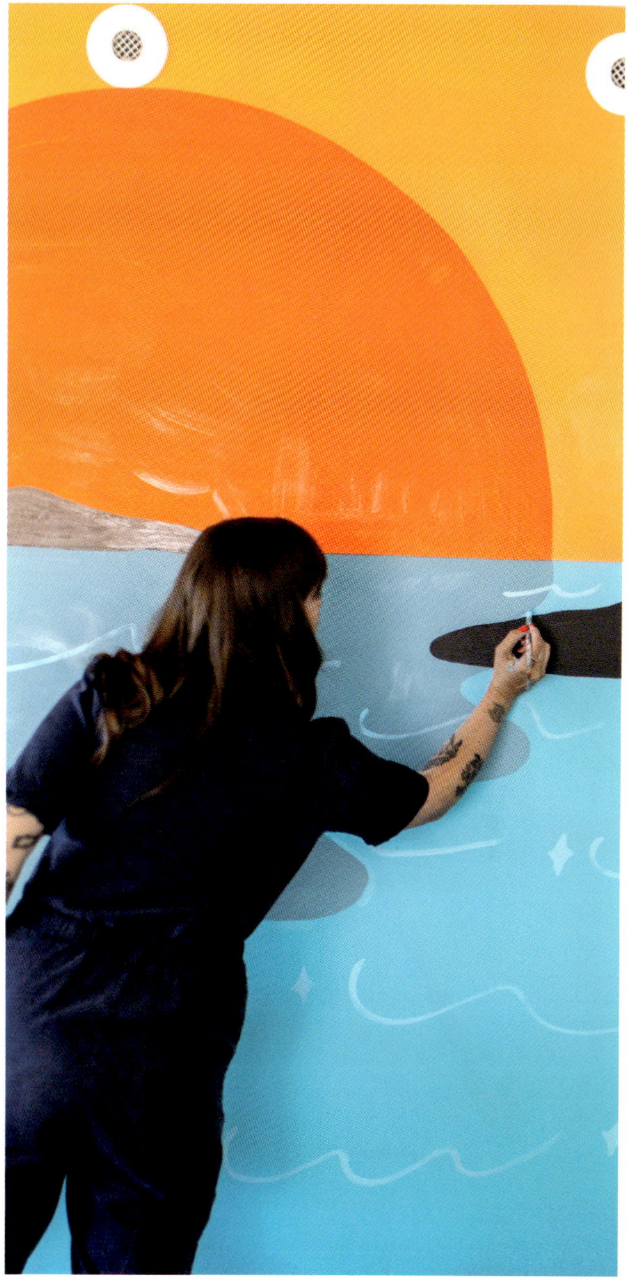

ABGETÖNT

Jetzt wird es technisch: Unterschiedliche Farbtöne erreichen wir auf verschiedenen Wegen!

Zum Aufhellen mischen wir Weiß in eine reine Farbe. Dadurch entstehen sanftere Farben. Denke an Pastelltöne.

Zum Abschwächen mischen wir Grau in eine reine Farbe. Dadurch wird sie etwas düsterer, weniger leuchtend. Erdtöne sind ein Beispiel.

Zum Abdunkeln mischen wir Schwarz (ganz sparsam … wenig hat bereits eine große Wirkung) in eine reine Farbe. So entstehen satte, dunkle Farben.

Und das war schon die heutige Lektion zur Farbenlehre!

Wenn du richtig farbsüchtig bist und mehr als nur zwei Farben in deinem Leben brauchst, haben wir zwei Optionen für dich. Du kannst entweder drei Farben aussuchen, die auf dem Farbkreis nebeneinanderliegen. Dabei machst du eine zur dominanten Farbe in deinem Design und die anderen beiden verwendest du für Akzente. Oder du kannst ein triadisches Farbkonzept wählen, das etwas vielseitiger ist und insgesamt einen markanteren Look ergibt.

Wir wissen, was du nun denkst: „Roxy und Phoebe, was um alles in der Welt ist ein triadisches Farbkonzept?!" Wir erklären's: Ein triadisches Farbkonzept verwendet drei Farben, die jeweils im gleichen Abstand auf dem Farbkreis verteilt sind. Wieder wählst du eine davon als die dominante Farbe und verwendest die anderen beiden für Akzente.

Wenn du dich noch nicht für ein Farbkonzept entscheiden kannst, kaufe ein paar Farbmuster und male damit Farbfelder auf die Wand. Lass sie einige Tage auf dich wirken, um zu sehen, ob du sie magst oder nicht.

Wenn es immer noch ein bisschen zu viel für dich ist und du dich nicht für Farben entscheiden kannst, gibt es ein tolles Buzzfeed-Quiz, das dir sagt, welche Farbe deine Seele hat!

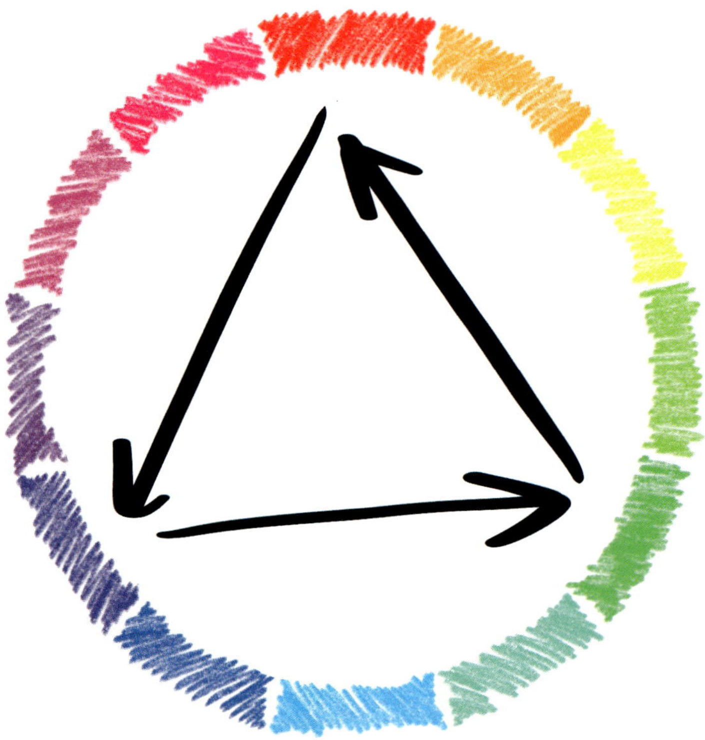

Wir wollen dich nicht überfordern, aber Farbglanz ist auch wichtig. Er reicht von hochglänzend bis matt. Wir nehmen immer matt. Uns gefällt der glänzende Look nicht, aber wenn das dein Ding ist, kein Problem. In Küchen und Badezimmern wird meist Seidenmatt verwendet, da es einfacher zu reinigen ist, während überall sonst Matt verwendet wird. Egal, was du bevorzugst, du solltest dich für eine Glanzstufe pro Wand entscheiden.

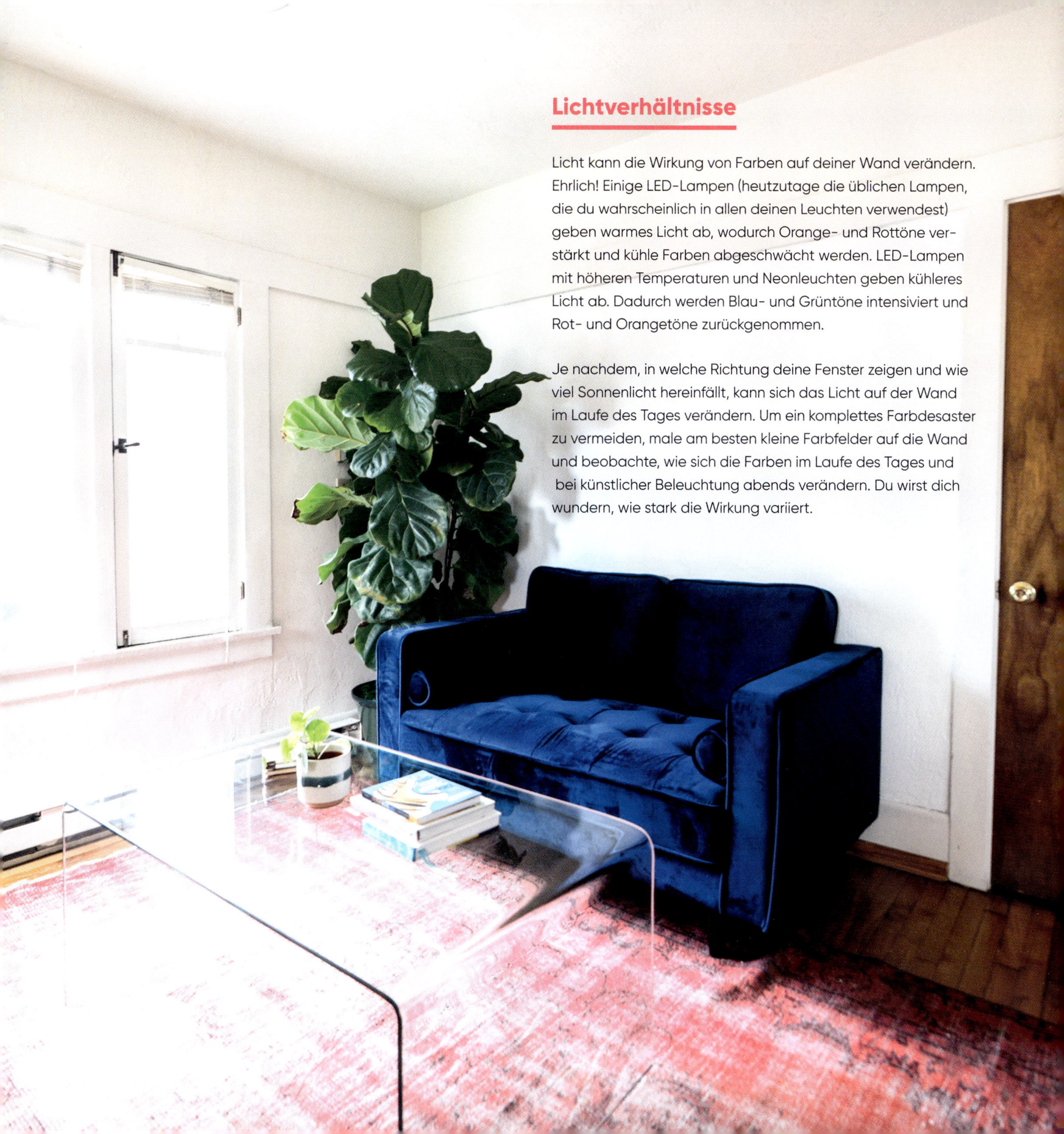

Lichtverhältnisse

Licht kann die Wirkung von Farben auf deiner Wand verändern. Ehrlich! Einige LED-Lampen (heutzutage die üblichen Lampen, die du wahrscheinlich in allen deinen Leuchten verwendest) geben warmes Licht ab, wodurch Orange- und Rottöne verstärkt und kühle Farben abgeschwächt werden. LED-Lampen mit höheren Temperaturen und Neonleuchten geben kühleres Licht ab. Dadurch werden Blau- und Grüntöne intensiviert und Rot- und Orangetöne zurückgenommen.

Je nachdem, in welche Richtung deine Fenster zeigen und wie viel Sonnenlicht hereinfällt, kann sich das Licht auf der Wand im Laufe des Tages verändern. Um ein komplettes Farbdesaster zu vermeiden, male am besten kleine Farbfelder auf die Wand und beobachte, wie sich die Farben im Laufe des Tages und bei künstlicher Beleuchtung abends verändern. Du wirst dich wundern, wie stark die Wirkung variiert.

STARTE DEIN DESIGN

Um zu überlegen, welche Art von Design du malen möchtest, stelle am besten ein Moodboard zusammen. Sammle zunächst Bilder, die dir gefallen, von Pinterest, Zeitschriften und Büchern (wie diesem!). Suche Bilder von Räumen, die eine ähnliche Beleuchtung und Möblierung wie deine haben, um zu sehen, welche Wandbilder dir in diesem Umfeld gefallen. Passen Palmenblätter gut zu einem karierten Sofa? Vielleicht, vielleicht auch nicht. Das hängt davon ab, ob du Kontraste magst.

Wenn du Designs gefunden hast, die dir gefallen, überlege, wie du den Raum nutzt. Werden deine Kinder mit ihren süßen, schmutzigen Fingern auf die Wand patschen? Wenn du Zeit und Geld in das Bemalen einer Wand investierst, sollte dein Design cool aussehen, aber auch funktional und smart sein.

Male ruhig erst einen Teil deiner Wand an. Du musst nicht die ganze Wand blau anmalen, um zu merken, dass du die Farbe Blau gar nicht magst. Ein Teilstück zu malen ist relativ günstig und viel einfacher, als wenn du eimerweise Farbe zurückgeben müsstest.

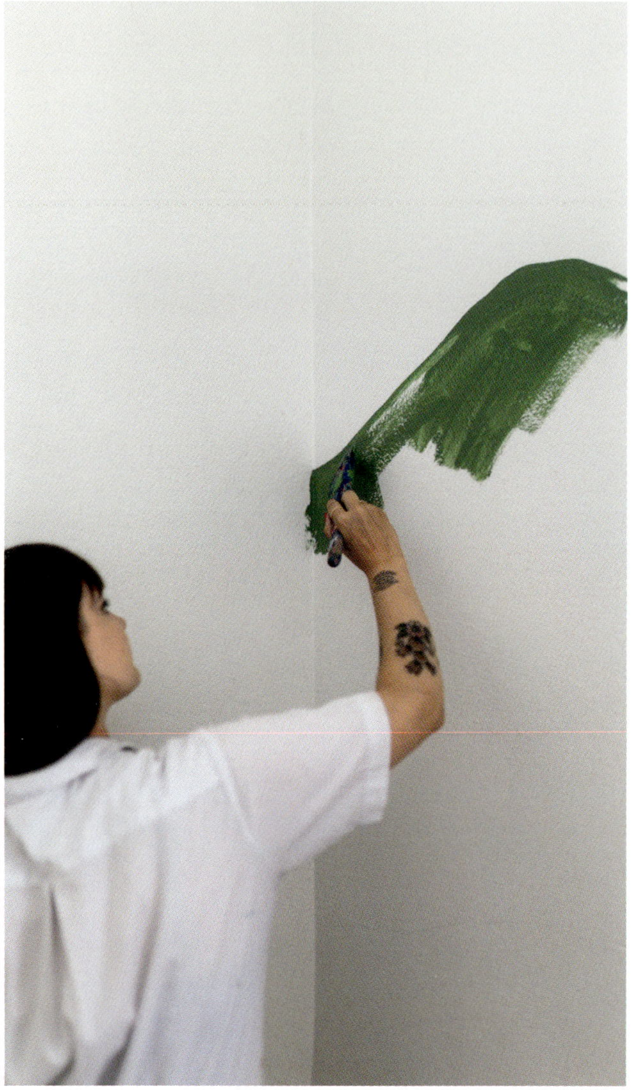

SKIZZIERE DEIN DESIGN

Dein Design zu skizzieren, bevor du mit der Arbeit an der Wand beginnst, hilft dir nicht nur bei der Ausführung des Wandbildes. Du siehst auch, ob das Design überhaupt passt. Beim Skizzieren kannst du mehrere Optionen berücksichtigen, bevor du dich an die Arbeit machst.

Indem du auf ein Foto von deiner Wand zeichnest, kannst du die Umgebung genauer einbeziehen. Musst du den Fernseher oder das Regal in das Wandbild einbeziehen? Welche Formen passen zu den Kissen auf dem Sofa? Probiere Streifen, einen Bogen oder eine Blume aus. Teste die Proportionen und die Größe deines Designs. Du wirst sicher froh sein, wenn dir deine Skizze zeigt, dass dein geplantes Design nicht passen würde.

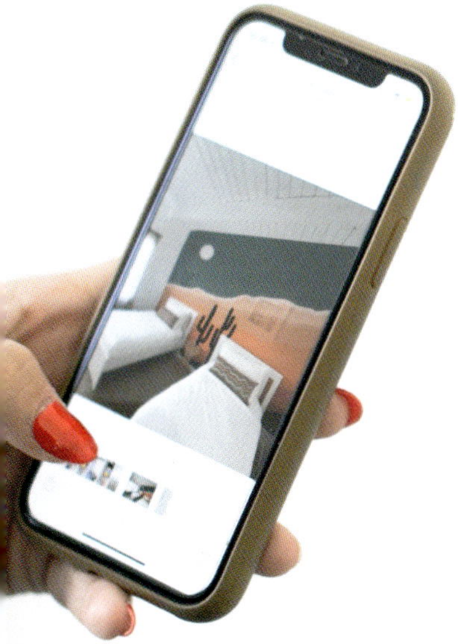

Du kannst mit mehreren Apps direkt auf Fotos malen. Falls du ein Smartphone oder Tablet hast, kannst du ein Bild von deiner Wand machen und dann deine Ideen direkt auf das Foto zeichnen, um zu sehen, was funktioniert. Wir verwenden dazu ein Programm namens Procreate.

Wenn du keinen Zugang zu einem Smartphone oder Tablet hast, kannst du auf traditionelle Art zeichnen. Drucke ein Foto von deiner Wand aus (oder mehrere, denn kein Design ist auf Anhieb perfekt) und zeichne mit einem Bleistift das gewünschte Design. Deine Skizze muss nicht perfekt sein. Sei also nicht zu selbstkritisch! Sie dient nur dazu, die Ideen fließen zu lassen und einen Eindruck zu gewinnen, wie die Malerei auf der Wand aussehen würde.

Wenn du ein paar Ideen ausprobiert hast und dir gefällt, was du siehst, klopfe dir erst einmal auf die Schulter. Bei kreativer Arbeit fühlt man sich leicht einmal unsicher, insbesondere, wenn man nicht so oft kreativ wird. Wir sind stolz auf dich!

KAPITEL ZWEI
Unentbehrlich

Mit deiner Skizze in der Hand ist es Zeit, über die nötigen Materialien nachzudenken. Bei jedem Projekt in diesem Buch geben wir genau an, was (und wie viel) du benötigst. Hier geben wir dir einen Überblick über die Materialien, die du am häufigsten benutzen wirst. Wir kaufen in der Regel im Baumarkt bei uns in der Nähe ein, aber das meiste kannst du auch online kaufen.

FARBE

Darüber müssen wir reden! Die meisten Innenfarben basieren auf Latex, sind also wasserbasiert. Dies ist die häufigste und umweltfreundlichste Option. Es gibt auch Farbe auf Ölbasis, aber wir empfehlen sie nicht, es sei denn, die Malerei muss superrobust sein und du wirst sie nicht oft überstreichen. Farben auf Ölbasis sind viel schlechter zu überstreichen und sollten wirklich nur bei permanenten Wandbildern verwendet werden.

Interessant: Du kannst Außenfarbe innen verwenden. Allerdings riecht sie stärker, weshalb du beim Malen die Fenster geöffnet haben solltest.

Der Farbglanz bestimmt, wie glänzend oder matt die getrocknete Oberfläche aussieht. Es ist wichtig, den richtigen Glanz für die Wand zu wählen. Es gibt mehrere Möglichkeiten. Am häufigsten sind matt, halbmatt, seidenmatt, leicht glänzend und glänzend. Je stärker der Glanz, desto leichter lässt sich die Wand abwischen. Deshalb wird in Bereichen wie Badezimmern und Küchen oft leicht glänzende Farbe und an Leisten glänzende Farbe verwendet. Wir bevorzugen matte Farbe, aber du kannst einfach wählen, was dir gefällt!

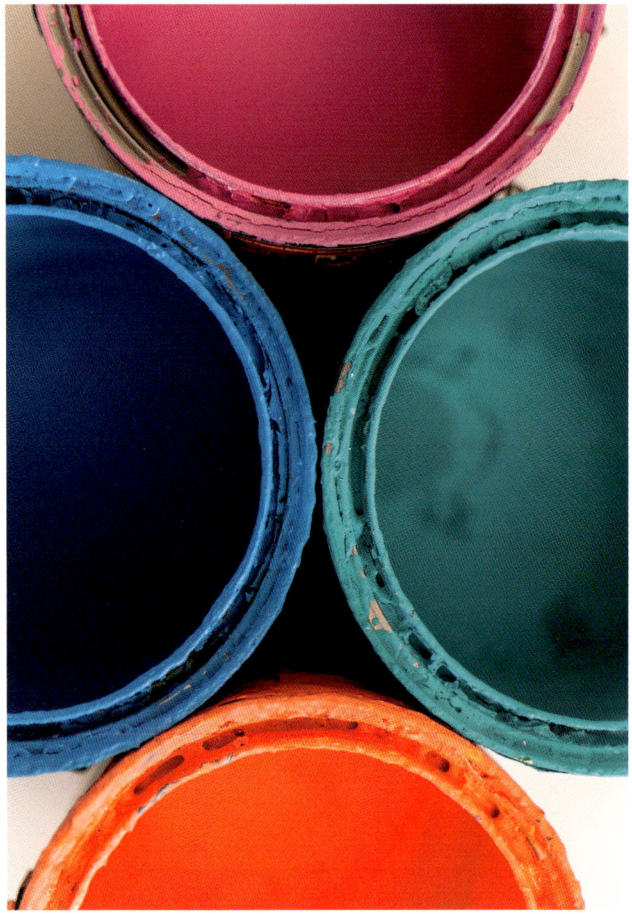

PINSEL

Wenn du eine Wand bemalst, ist es gut, eine Auswahl an Pinseln zu haben. Die benötigte Pinselgröße hängt von der Größe der zu bemalenden Fläche ab: Verwende feinere Pinsel für winzige Details und breite Pinsel zum Füllen großer Bereiche. Wenn du einen feinen Pinsel zum Ausmalen einer großen Fläche verwendest, wirst du es bereuen!

Es ist am besten, für jede verwendete Farbe mindestens ein oder zwei Pinsel zu haben. Wenn du nicht weißt, welche Pinselgröße du benötigst, kaufe eine Auswahl. Die meisten Baumärkte haben Sets mit 30, 50 und 100 mm breiten Pinseln. Wenn du perfektionistisch veranlagt bist, kannst du auch extrafeine Pinsel für Ausbesserungsarbeiten kaufen.

Wir empfehlen, Pinsel mit Holzgriff zu verwenden, da sie in der Regel hochwertiger sind und länger halten als Pinsel mit Kunststoffgriff. Mit guten Pinseln mit Holzgriff lassen sich außerdem leichter gerade Linien ziehen.

Neben den Pinseln selbst brauchst du auch einen Wassereimer und Frischhaltefolie. Wenn du einen Pinsel verwendest, aber zu einer anderen Farbe wechseln möchtest, wickelst du ihn in die Folie, statt ihn auszuwaschen (oder ihn herumliegen und eintrocknen zu lassen). Dadurch bleiben die Borsten eingefärbt und malbereit. Wenn du die Arbeit mit einem Pinsel beendet hast, gib ihn in den Wassereimer, bis du bereit zum Auswaschen bist.

Das Auswaschen der Pinsel macht keinen Spaß, gehört aber dazu. Wenn du mit einem Pinsel fertig bist, aber noch weitermalst, gib ihn in einen Wassereimer, damit er nicht eintrocknet und unbrauchbar wird. Wenn du mit dem Malen fertig bist, wasche die Farbe mit warmem Wasser und Seife aus deinen Pinseln und lass die Pinsel dann trocknen.

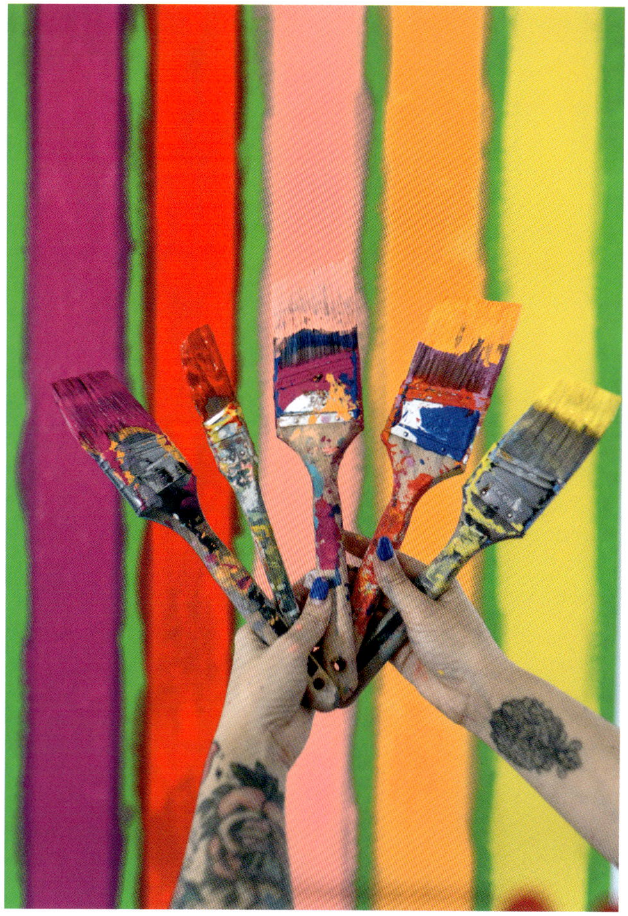

Wenn doch einmal die Farbe an deinem Pinsel eintrocknet, kein Problem! Du kannst sie für kreative Deko-Ideen wiederverwenden. Wir haben sie schon als bunten Akzent in eine Vase gestellt, einen Deko-Kranz aus ihnen gebastelt und sie als Wanddeko aufgehängt.

WALZEN UND WANNEN

Walzen sind praktisch zum Ausmalen großer Bereiche. Du kannst ohne Walze und mit nur einem Pinsel arbeiten, aber es wird wesentlich länger dauern. Wenn du dich für eine Walze entscheidest, benötigst du einen Walzengriff, die eigentliche Walze, eine Farbwanne und in manchen Fällen eine Verlängerung. Griff, Wanne und Verlängerung sind wiederverwendbar, was super ist, wenn du an mehreren Wandbildprojekten arbeitest.

Walzengriffe und Walzen gibt es in verschiedenen Größen. Wir empfehlen 25 cm große Walzen für große Bereiche und 12 cm große Walzen für kleinere Bereiche. Die Griffe gibt es von einfach bis teuer. Du kannst problemlos einen einfachen Plastikgriff verwenden. Wenn du allerdings an einer riesigen Wand (oder vielen Wänden) arbeiten wirst, lohnt es sich, in einen hochwertigeren, komfortablen Griff zu investieren, um deine Hände zu schonen.

Die Walzen selbst unterscheiden sich in der Florhöhe. Wähle die Florhöhe entsprechend der Textur der zu streichenden Fläche. Je unebener der Untergrund, desto hochfloriger sollte die Walze sein, damit Farbe in alle Vertiefungen gelangt. Bei einer einfachen Trockenbauwand, die relativ glatt sein sollte, könntest du eine Walze mit 18 mm Florhöhe verwenden. Aber bei Stuck oder Ziegeln, wo es viele Unebenheiten gibt, solltest du eine Florhöhe von 9 mm verwenden. Je nachdem, wie viele Farben du verwendest bzw. wie viele Tage du malst, brauchst du eventuell mehrere Walzen, da sie sich direkt nach dem Auswaschen nicht gut verwenden lassen, aber wenn du sie nicht auswäschst, trocknet die Farbe an.

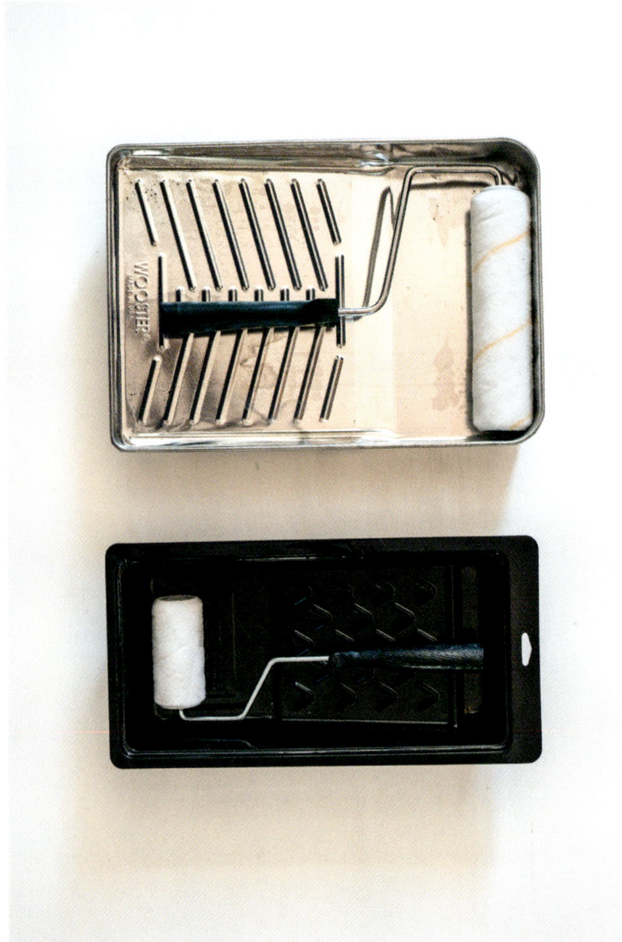

Wannen gibt es in verschiedenen Größen passend zu der Größe des Walzengriffs. Wir empfehlen Metallwannen, da man sie wiederverwenden kann. Du kannst entweder eine Kunststoff-Wanneneinlage benutzen und sie anschließend entsorgen oder warten, bis die Farbe antrocknet, die Farbe dann von der Wanne abziehen und die Wanne wiederverwenden.

Wenn du eine besonders hohe Wand streichen musst, ist eine Verlängerung nützlich. Schraube sie einfach unten an den Walzengriff.

So wählst du

FARBE

Wenn du zu Beginn eines Projekts zum Baumarkt gehst, um deine Farbe zu wählen, musst du ein paar Punkte berücksichtigen. Auf welcher Oberfläche wirst du arbeiten? Gipsputz, Trockenbauwand, Holz, Metall? Wirst du die Wand übermalen oder regelmäßig ausbessern? Wie viel Kontakt wird es im Alltag geben? Seien wir mal ehrlich: Dein Briefkasten wird mehr Verschleiß erleben als deine Wohnzimmerdecke.

Wahrscheinlich wird ein Mitarbeiter in der Farbabteilung im Baumarkt dich beraten können, was sich am besten für dein Projekt eignet, aber es ist nützlich, diese Dinge selbst zu wissen! Wenn du etwas streichst, das sich im Freien befindet, solltest du am besten Außenfarbe verwenden. Sie ist beständiger und hält Witterungseinflüsse aus. Du kannst Außenfarbe auch innen verwenden, aber die Chemikalien in der Farbe riechen oft recht stark. Du solltest also bei der Verwendung in Innenräumen an entsprechende Belüftung denken.

Hinsichtlich des Farbglanzes solltest du überlegen, wie stark die Wand (oder das Objekt) Abnutzung ausgesetzt ist. Farbe ist meist umso fleckenabweisender, je stärker sie glänzt. Deshalb werden halbglänzende und glänzende Farben in der Regel in Küchen, Badezimmern und anderen Bereichen verwendet, die häufig gereinigt werden müssen.

Schließlich musst du überlegen, ob du Farbe auf Basis von Latex (wasserbasiert) oder Öl möchtest. In den meisten Fällen solltest du dich für wasserbasierte Farbe entscheiden, da sie flexibler und leichter zu reinigen ist. Wenn du jedoch nach besonders beständiger Farbe suchst, die an den meisten Oberflächen haftet, verwende ölbasierte Farbe. Du kannst ölbasierte Farbe nicht über Farbe auf Wasser- oder Latexbasis verwenden, aber du kannst ölbasierte Farbe mit wasserbasierter Farbe überstreichen. Wenn du nicht sicher bist, mit welcher Farbe die Wand gestrichen ist, wische mit Brennspiritus darüber. Wenn sich Farbe löst, ist sie wasserbasiert; wenn nicht, ist sie wahrscheinlich ölbasiert.

Jede Marke behauptet von sich, die Beste überhaupt zu sein. Uns hat davon bisher noch keine überzeugt. Wir verwenden in der Regel Dunn-Edwards, Behr, Sherwin-Williams und Valspar.

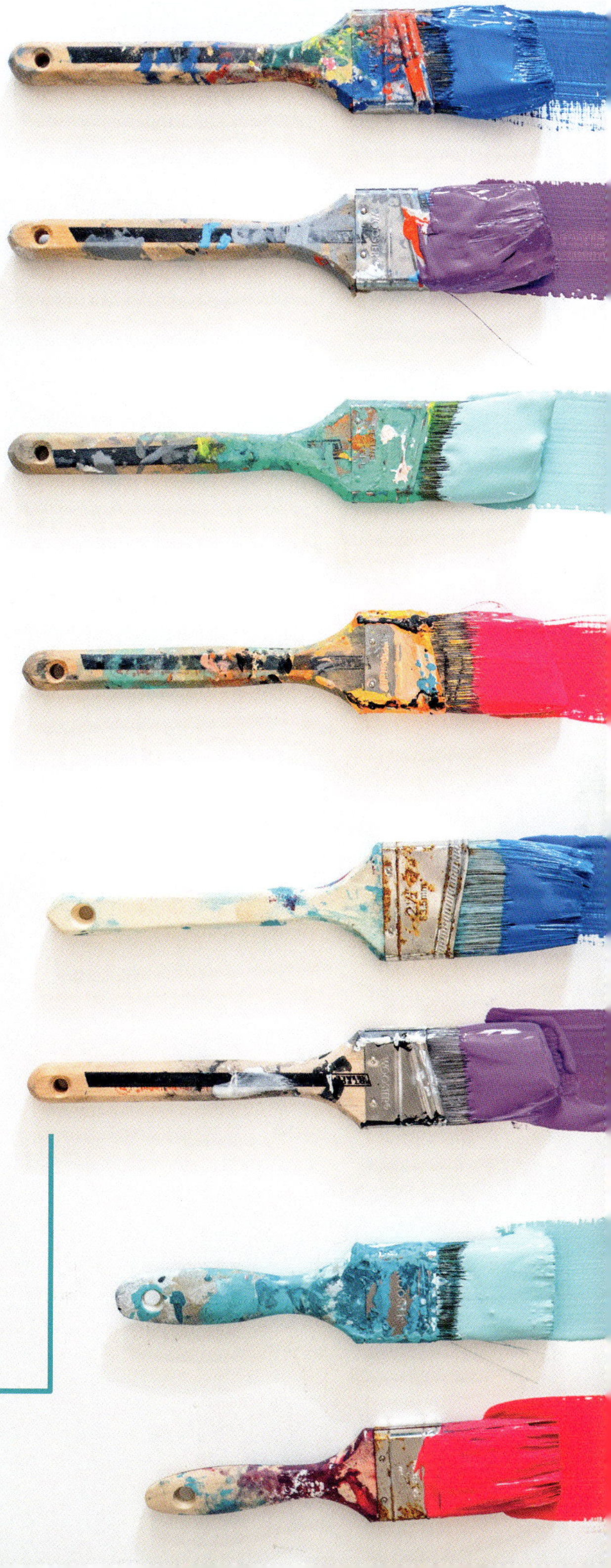

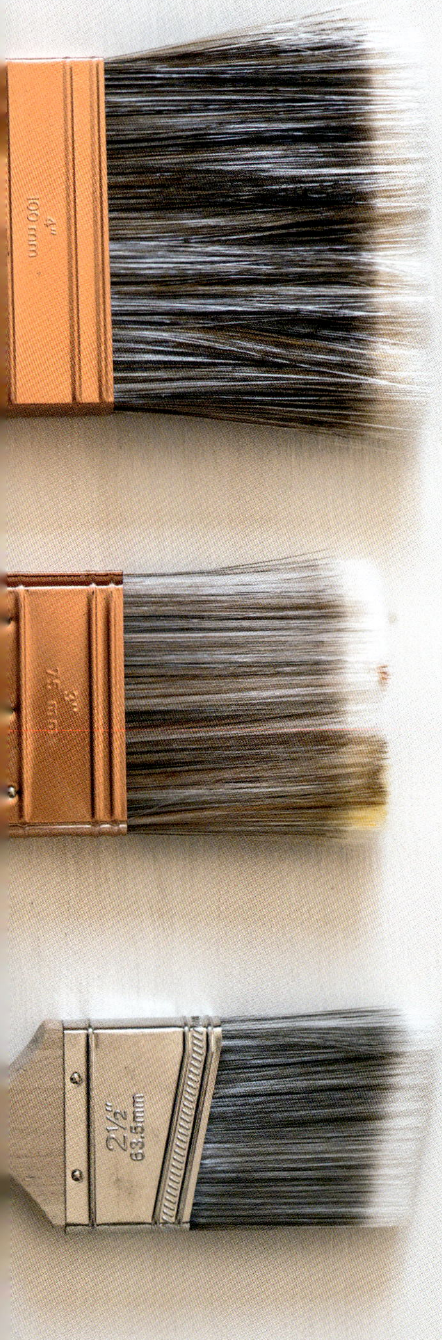

Jede Farbe, die du in deinem Baumarkt findest, sollte sich jedoch eignen.

Welche Farbe du auch verwendest, du benötigst höchstwahrscheinlich mehr als eine Farbschicht. Es wäre absolut traumhaft, wenn ein Anstrich reichen würde, aber es ist immer sicherer, mehrere Schichten aufzutragen, insbesondere dort, wo sich die Lichtverhältnisse im Laufe des Tages stark verändern. Die jeweilige Farbe bestimmt außerdem oft, wie viele Anstriche du benötigst. Weiß, Gelb und Rot neigen zu Transparenz. Das hat mit den Pigmenten zu tun, die in der Herstellung verwendet werden (sagen die Experten!). Wenn du also nicht so viele Farbschichten auftragen möchtest, versuche, diese Farben in deinem Design zu vermeiden.

In den meisten Baumärkten kannst du Musterdosen mit Farbe kaufen, bevor du in mehrere Liter eines Farbtons investierst. Muster sind eine kostengünstige Methode, um die Wirkung der Farbe auf deiner Wand zu testen. Insider-Tipp: Der Begriff „Musterdose" wird unterschiedlich ausgelegt. In manchen Geschäften sind die Muster ziemlich groß. Manchmal verwenden wir auch Musterdosen, statt einen normalen 1-Liter-Eimer zu kaufen. Psst! (Musterdosen sind oft wesentlich günstiger als 1-Liter-Eimer, warum also nicht?!)

PINSEL

Je breiter der Pinsel ist, desto mehr Fläche deckt er ab. Es ist gut, verschiedene Pinselgrößen zur Verfügung zu haben. Wähle den Pinsel entsprechend der Größe deines Designs. Wenn du an einer kleinen, filigranen Blume arbeitest, ist es nicht sinnvoll, mit einem 20 cm breiten Pinsel zu arbeiten. Und für große Flächen (z. B. die ganze Wand) lohnt es sich, eine Walze statt eines Pinsels zu verwenden. Das spart dir viel Zeit.

Du findest eine gute Pinselauswahl in Baumärkten und Bastelläden. Wir bevorzugen Pinsel mit Holzgriff, da sie hochwertiger sind und in der Regel länger halten als Pinsel mit Kunststoffgriff. Außerdem tropft nach dem Reinigen weniger Wasser von Holzgriffen als von Kunststoffgriffen.

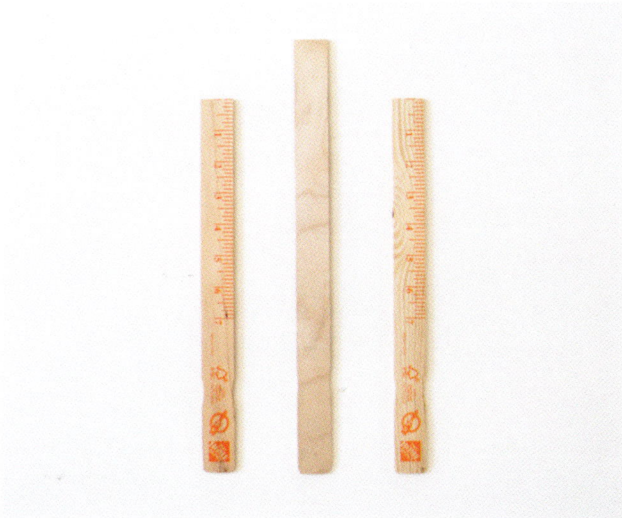

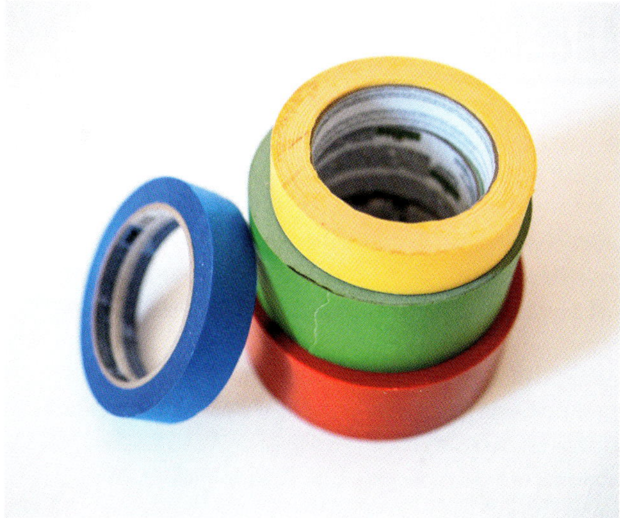

RÜHRHÖLZER

Wenn Farbe ein paar Tage steht*, beginnt die Farbe sich abzusetzen und du musst sie vor dem Streichen neu durchmischen. Rührhölzer sind dafür gut geeignet. Das Beste daran? Sie sind gratis! Die meisten Farbfachhändler geben dir ein paar Hölzer mit, wenn du deine Farbe anmischen lässt. Falls du keine erhältst, frage bei deinem Händler nach.

* Wenn Farbe bereits ein paar Jahre rumsteht, beim Öffnen komisch riecht und sich einfach nicht vermischen lässt … weg damit. Sie hat ihr Verfallsdatum überschritten und du solltest sie ordnungsgemäß entsorgen. Die meisten Städte haben Recycling- und Wertstoffhöfe. Sieh online nach, um die richtige Anlaufstelle an deinem Wohnort zu finden.

KLEBEBAND

Malerband wird verwendet, um zum Malen bestimmte Bereiche abzukleben. Es ist in verschiedenen Breiten und Größen erhältlich, wie 30 oder 50 mm breit. Schmaleres Klebeband ist gut, um Bögen und Details zu arbeiten oder in schwierigeren Bereichen zu malen. Verwende breiteres Band, um die Ränder deiner Wand abzukleben und all das zu schützen, auf das keine Farbe gelangen soll, wie Leisten und Türscharniere.

Es ist wichtig, Klebeband zu verwenden, das speziell für den Malerbedarf ist. Grünes FrogTape und blaues Malerband sind gut für normale Projekte auf Trockenbauwänden oder Holz. Wenn du auf einem schwierigeren Untergrund malst, wie Ziegel, Gipsverputz oder Betonblöcken, verwendest du am besten robusteres Material, sogenanntes Stucco-Tape. Es ist so klebrig, dass die Arbeit damit keinen Spaß macht, aber es erledigt den Job perfekt.

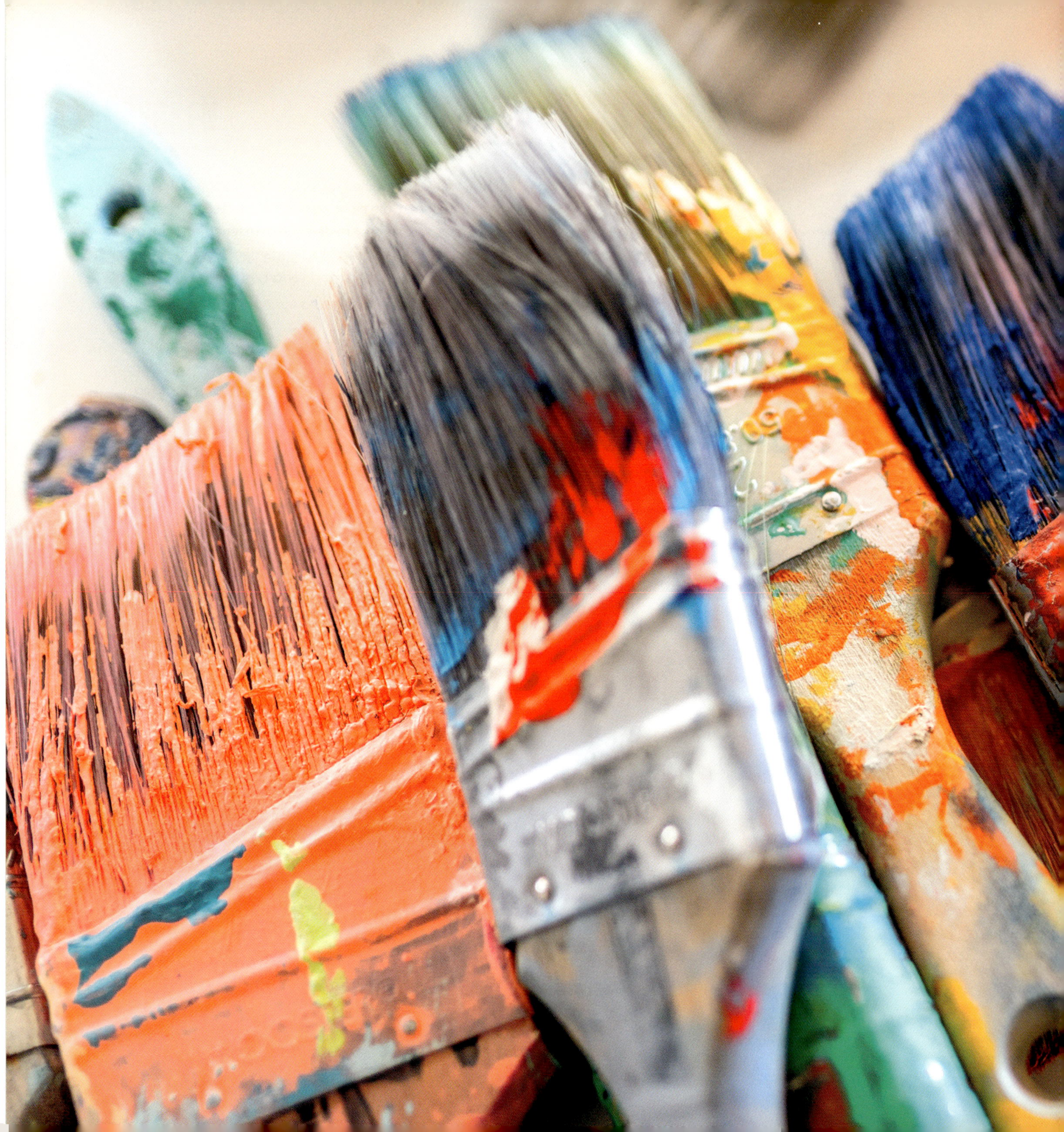

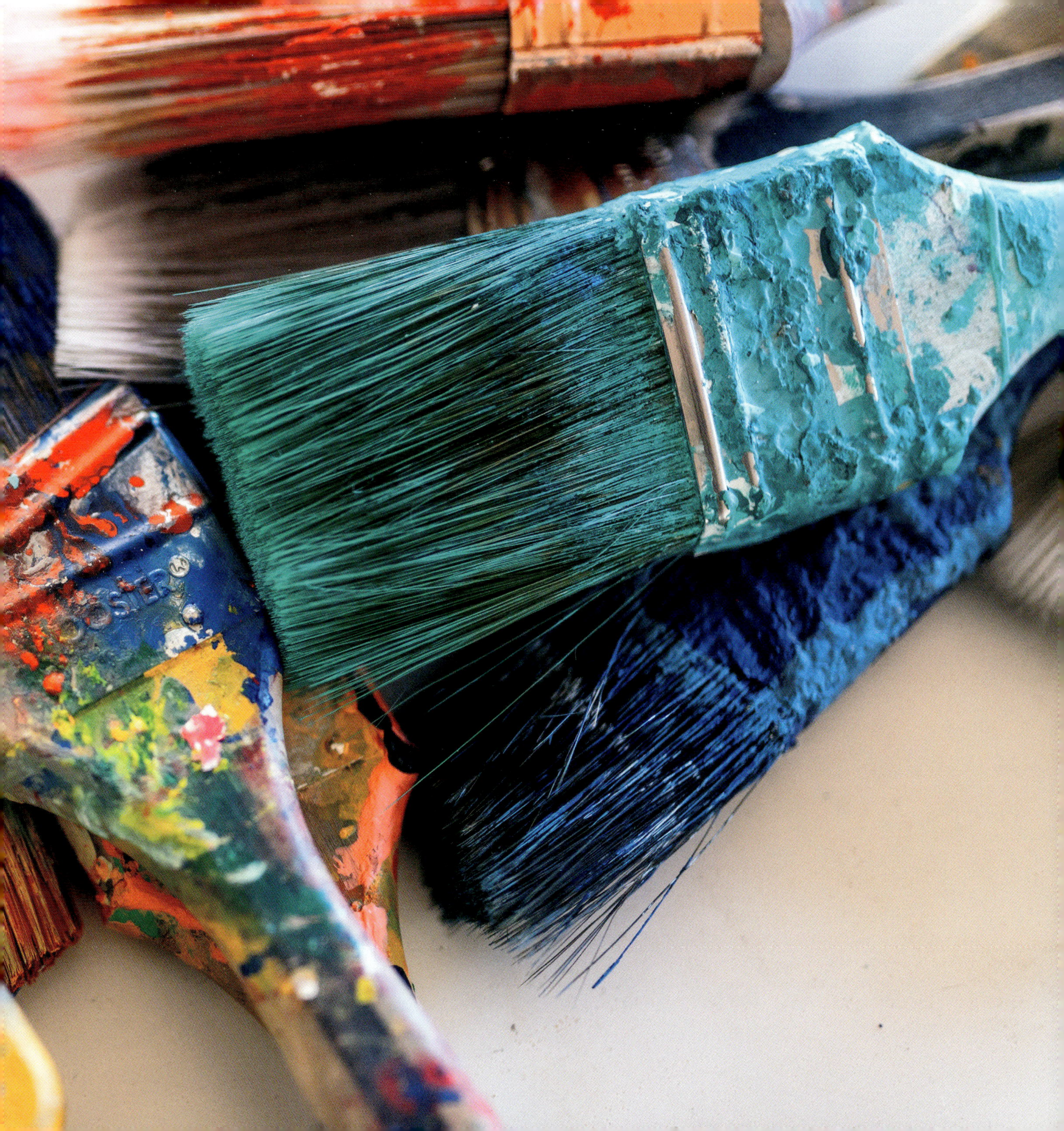

KAPITEL DREI

An die Arbeit

Du hast dein Design und deine Ausrüstung. Jetzt beginnt der schöne Teil! Es ist Zeit, den Pinsel zu schwingen. Das wird toll!

TIPPS UND TRICKS

Es kann schon eine Herausforderung sein, eine große Fläche wie eine Wand anzumalen, aber keine Sorge – das wird schon! Mit den richtigen Hilfsmitteln und unseren Schritt-für-Schritt-Anleitungen kriegst du es hin! Im schlimmsten Fall, wenn dir dein Wandbild nicht gefällt, lässt du es einfach trocknen und übermalst es. Kein Problem.

Die Wand vorbereiten

Decke zunächst alles, was keine Farbe abbekommen soll, ab. Wie gesagt: Malen kann Dreck machen und Farbe ist manchmal schwer wieder zu entfernen, wenn sie irgendwo hingekommen ist, wo sie nicht hinsollte. Klebe also die Ränder der Wand ab – einschließlich Boden und Decke – und alles, was die Wand berührt und frei von Farbe bleiben soll. Stelle alle Möbel so weit wie möglich um, damit du genug Platz zum Arbeiten hast. Decke den Boden und alle Möbel ab, die du nicht umstellen kannst. Denke dran: Plastikplanen sind wesentlich günstiger, als ein Sofa professionell reinigen oder neu beziehen zu lassen!

Schau dir jetzt die Wand selbst an. Hat sie Risse, Löcher, trockene Farbnasen oder Unebenheiten? Verwende Spachtelmasse und einen Spachtel, um Löcher und Risse zu füllen, damit du eine schöne, glatte Fläche hast. Angetrocknete Farbnasen kannst du mit einem Stück Schmirgelpapier abschleifen.

Trage Klamotten, die etwas Farbe abbekommen dürfen.

Und nun … bist du bereit zum Malen!

Grundieren (oder nicht)

Du brauchst dir (meistens) keine Gedanken um eine Grundierung zu machen. Juhu! Den meisten Farben (bei den Marken, die wir auf Seite 34 empfehlen) ist Grundierung schon beigemischt. Sie sind wie Shampoo und Spülung in einem: Sie sparen dir viel Zeit.

Es gibt jedoch ein paar Fälle, in denen du deine Wand grundieren solltest. Wenn deine Wand noch nie gestrichen wurde (also unbehandelte Ziegel oder Holz, neue Trockenbauwände), solltest du sie grundieren. Auch wenn du mit heller Farbe eine dunkle Wand überstreichst, lohnt es, die Wand zu grundieren, damit die Farbe richtig leuchtet!

Übrigens: Wenn du Möbel anstreichst, musst du sie möglicherweise erst grundieren. Wir sprechen auf Seite 47 noch genauer über das Streichen von Möbeln.

Streichen

Beginne damit, die Ränder deiner Wand bzw. die Ränder des zu streichenden Bereiches abzukleben. Male die Ränder des abgeklebten Bereiches mit einem schmalen oder mittelbreiten Pinsel nach. Dabei sollte der Pinsel genug Farbe haben, ohne dass sie überall hintropft. Wir empfehlen gleichmäßige Streichbewegungen. Wenn du die Ränder nachgezogen hast und der restliche Bereich recht groß ist, male den Bereich mit einer Walze aus. Wie gesagt: Eine Walze wird dir viel Zeit beim Streichen größerer Flächen sparen. Du erzielst mit einer Walze wahrscheinlich auch einen gleichmäßigeren Anstrich als mit einem Pinsel. Wenn deine Wand mehr Struktur haben soll oder der auszumalende Bereich relativ klein ist, verwende einen Pinsel. (Und lies weiter!)

WANDOBERFLÄCHEN

Bestehen deine Wände aus Gipsputz oder aus Ziegeln? Hast du Trockenbauwände oder eine Holzvertäfelung? Die Textur deiner Wand bestimmt den Umfang deines Projektes. Es dauert wesentlich länger, auf Ziegeln ein Wandbild zu malen als auf glattem Trockenbau. Da rohe Ziegel viel Farbe aufnehmen, wirst du mehrere Schichten benötigen. Holz kann auch etwas schwieriger sein, da es ebenfalls viel Farbe aufnimmt, wenn es nicht bereits einmal gestrichen wurde.

STRUKTUREN SCHAFFEN

Durch Strukturen in deinem Wandbild wird die Wand wie 3D wirken, ohne tatsächlich 3D zu sein. Du willst jedoch keine dicken Farbberge auf deinem Bild. Verwende deshalb am besten Schwämme, verschiedene Pinselgrößen und unterschiedliche Walzen. Auch alte Waschlappen und Tücher können nützlich sein, wenn du einen unregelmäßigen Look möchtest. Du kannst dich mit deinen Materialien kreativ ausleben.

Jedes dieser Hilfsmittel trägt Farbe unterschiedlich auf. Die Farbe gleitet nicht in einer einheitlichen Schicht auf die Wand. Stattdessen erzeugst du Tiefe, indem du die Grundfarbe mit der darauf aufgebrachten Farbe kombinierst. Bei dem Schwammpinsel-Muster (Seite 111) und dem Zuckerwatte-Aquarell (Seite 163) erhalten die Designs Strukturen.

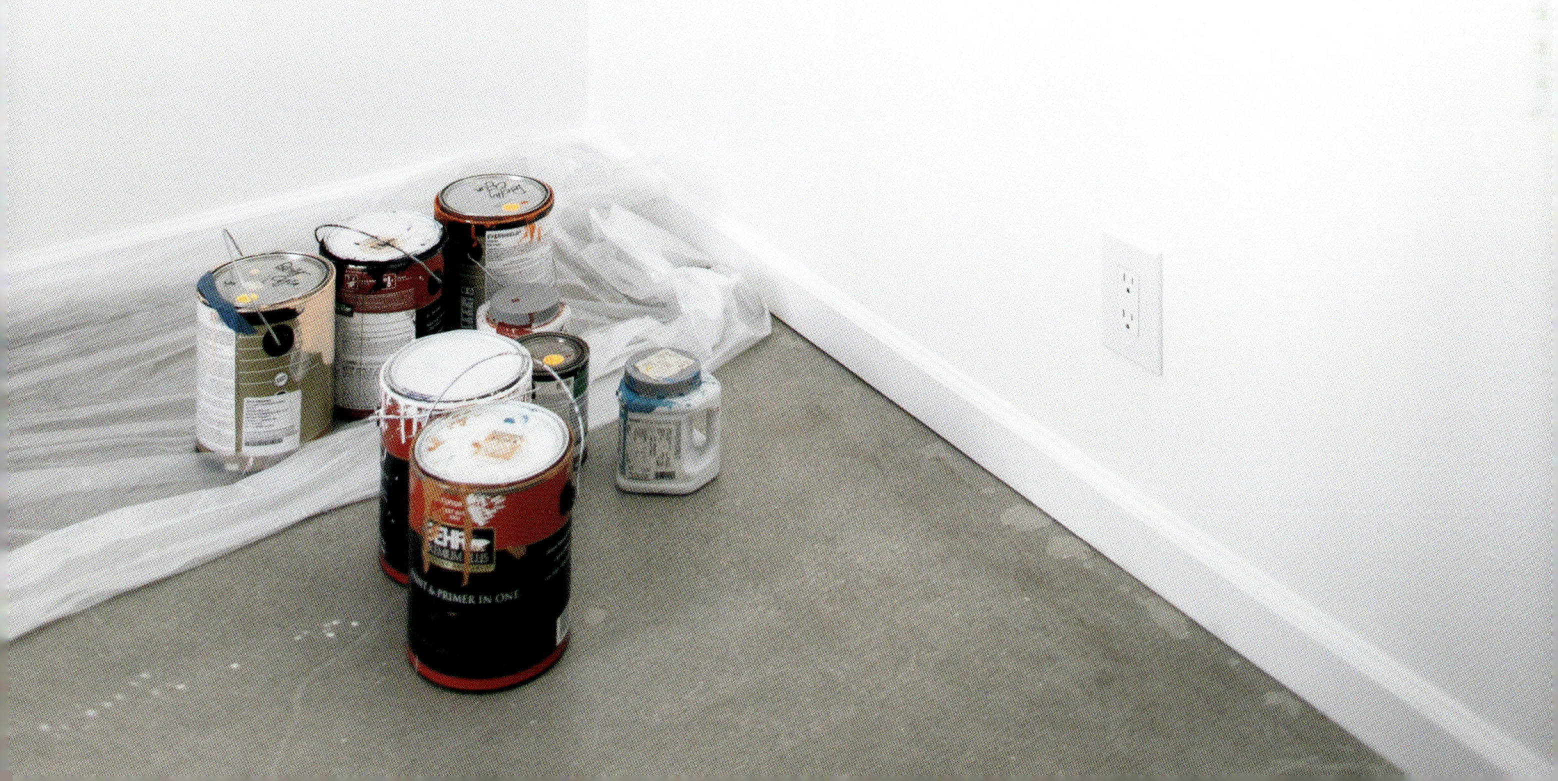

IDEEN FÜR UNGEWÖHNLICHE BEREICHE

In einer perfekten Welt wäre jede Wand vollkommen glatt, gut ausgeleuchtet und leicht zu bemalen, aber so sieht die Realität einfach nicht aus. Wir wissen, dass einige von euch schwierige Ecken zu streichen haben – und das ist super! Wir lieben Herausforderungen – du auch? Eine ungewöhnlich geformte oder strukturierte Wand in unüblicher Größe, bei der du nicht weißt, was du machen sollst, könnte der perfekte Ort für etwas Farbe sein. Wir wollen uns ein paar schwierige Ecken ansehen und überlegen, was wir mit ihnen machen könnten.

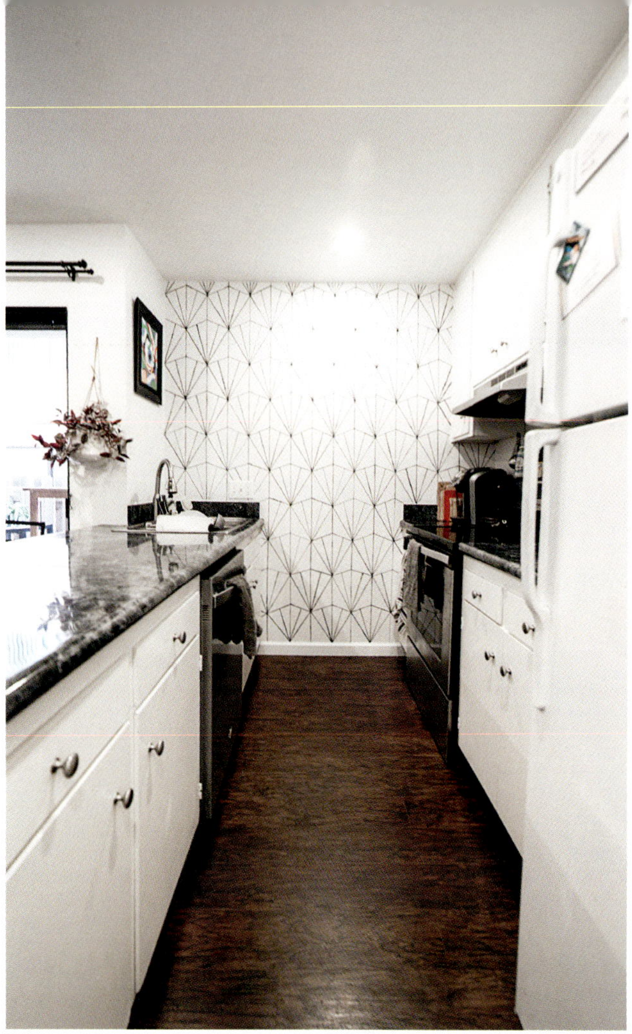

Wie lasse ich eine dunkle Küche heller wirken?

Hellere Farben – insbesondere Gold, Silber und Weiß – reflektieren Licht und lassen eine Küche heller wirken. Durch Streichen von Holzschränken wird die Küche ebenfalls aufgehellt. Schränke nehmen oft einen großen Teil der Küche ein. Wenn du sie in einer helleren Farbe anstreichen kannst, lohnt sich das!

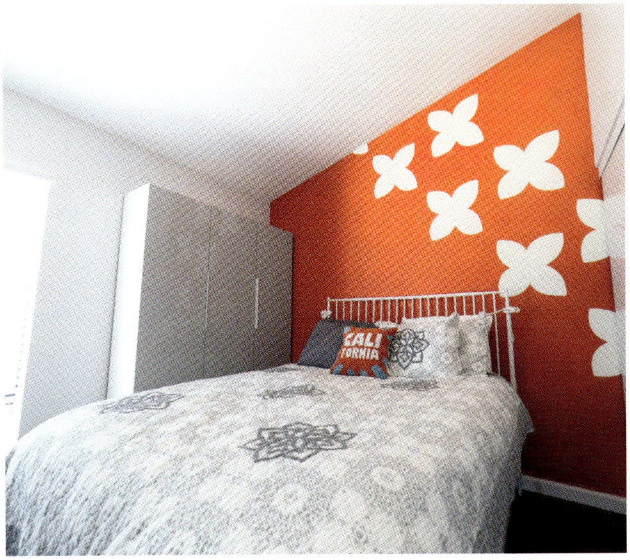

Wie wirkt ein kleines Schlafzimmer größer?

Raumgestalter verwenden einen Trick mit Gardinen, um ein Zimmer größer wirken zu lassen: Sie platzieren Gardinen höher über dem Fenster, um den Blick nach oben zu lenken, wodurch der Raum größer erscheint. Wir machen das mit Farbe. Platziere ein Muster oder einen Teil des Wandbildes oben an der Wand. Deine Augen folgen ihm nach oben. Hellere Farben lassen ein Zimmer ebenfalls größer wirken. Vermeide dunkle Farbtöne in kleinen Zimmern mit wenig Licht, da sie sonst noch kleiner wirken.

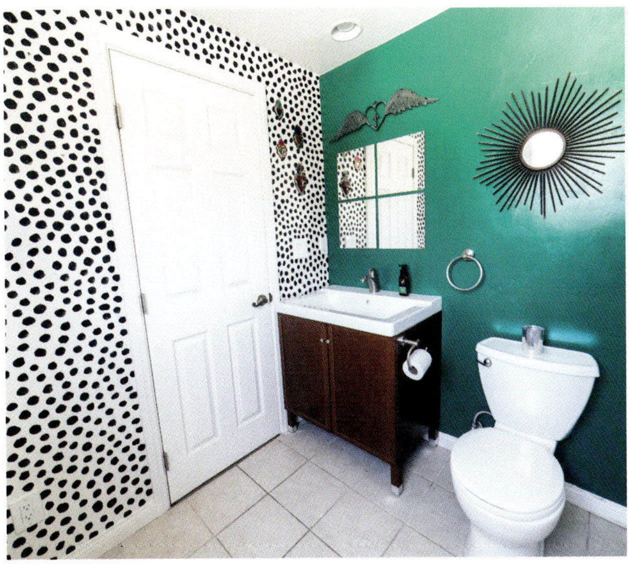

Wie wirkt ein Badezimmer interessanter?

Wer duscht nicht gerne in einem Dschungel? Palmenblätter und Tiermuster eignen sich perfekt, um ein Badezimmer aufzumöbeln. Beides verwendet unregelmäßige Formen, die nicht perfekt aussehen müssen. Du kannst dich also richtig ausleben. In den meisten Badezimmern musst du um Dusche, Spiegel, Waschbecken und Toilette herumarbeiten. Die organischen Formen ermöglichen es dir, ein bisschen kreativ zu werden. Sie geben auch mehr Freiraum als beispielsweise ein Zickzackmuster.

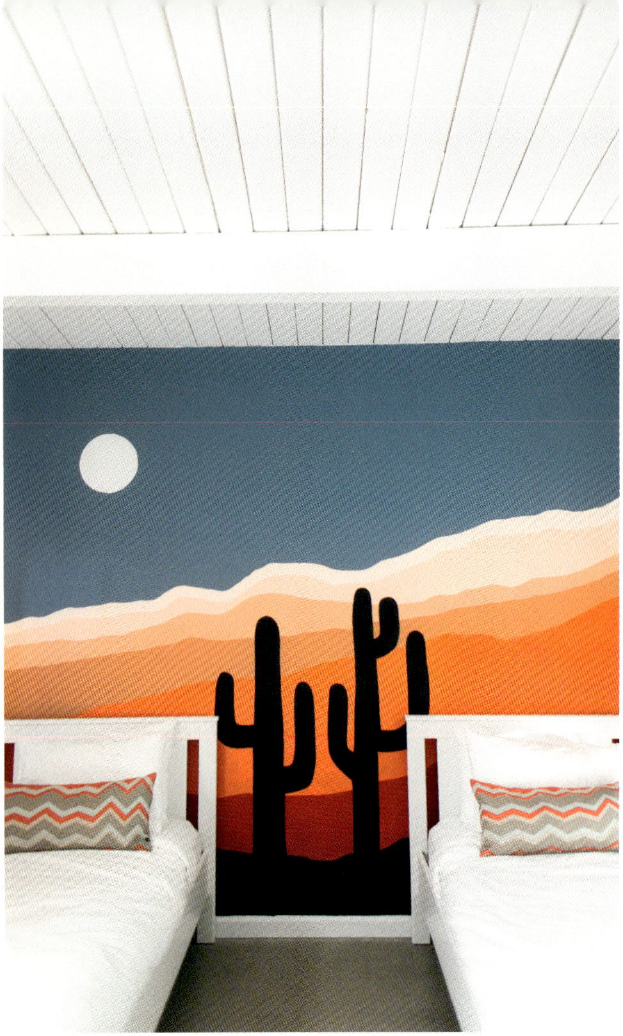

Kann ich die Decke oder den Boden streichen?

Auf jeden Fall! Wandbilder gehören nicht nur auf die senkrechten Wände. Es kann spannend wirken, wenn ein Wandbild sich auf dem Boden oder an der Decke fortsetzt. Bei der malerischen Decke (Seite 137) zeigen wir dir, wie du eine Decke anmalst, aber wenn du willst, kannst du auch die anderen Designs an eine Decke oder sogar auf den Boden malen.

Kleine Warnung: Wenn du die Decke streichst, solltest du zusätzliche Pausen einlegen, denn du wirst es in deinem Nacken spüren! Die Decke, die wir gestrichen haben, bestand aus normalen Trockenbauplatten, sodass wir übliche Latex-Innenfarbe verwendet haben. Wenn deine Decke aus einem anderen Material besteht, lass dich von deinem Farbfachhändler beraten. Für den Boden solltest du besonders robuste Farbe verwenden und sie anschließend mit einem Transparentlack versiegeln.

Was mache ich mit einem fensterlosen Zimmer?

Wände schließen uns in einem Raum ein, aber mit Farbe können wir dies auflösen. Deine Aufgabe besteht darin, das Auge zu täuschen. Farbverläufe und Aquarelltechnik helfen dabei. Oder du kannst Wolken, eine Meereslandschaft oder einen Sternenhimmel malen! Alles, was dich an einen anderen Ort versetzt, hilft.

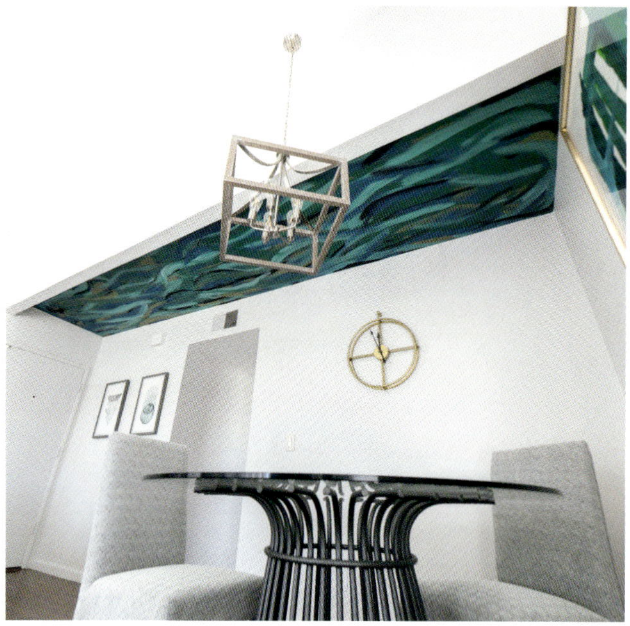

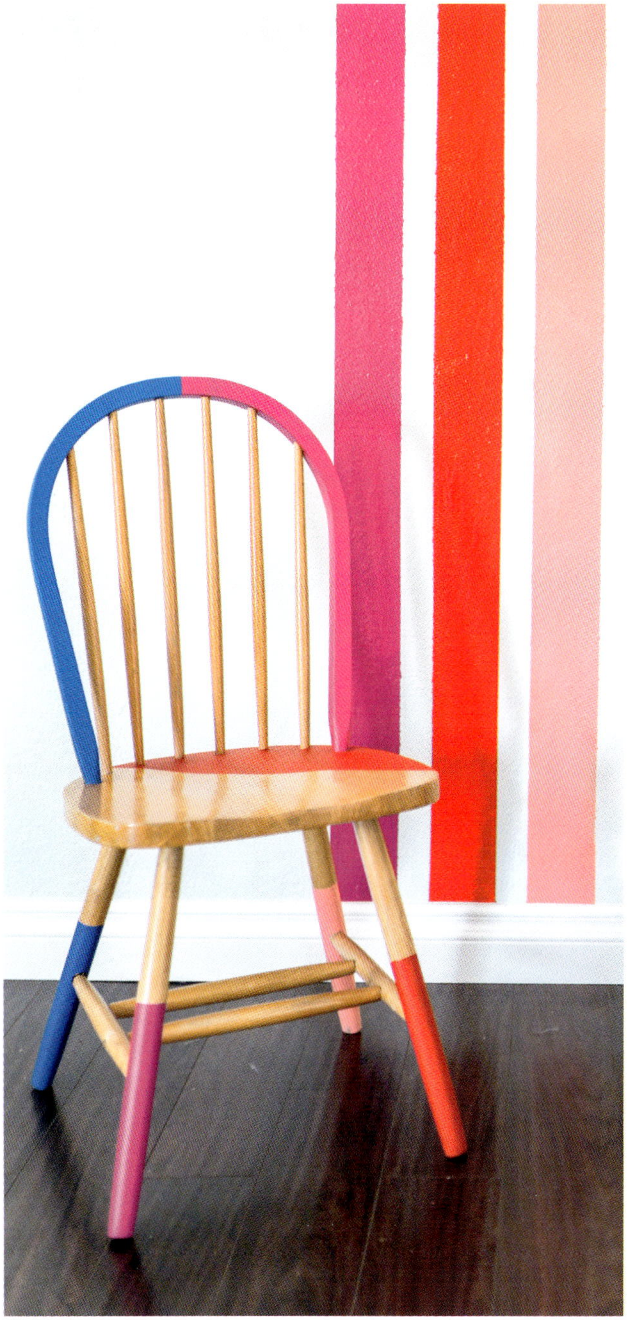

Wie sieht es mit meinen Möbeln aus?

Möbel anzustreichen macht Spaß und ist eine einfache Methode, um deinen Raum zu verändern. Wenn du Möbel anstreichst, halte dich an Holz, da Kunststoff, Metall und Verbundwerkstoffe unterschiedlich auf die üblichen Innen- und Außenfarben reagieren. Mit Sprühdosen erzielst du eine glatte und gleichmäßige Oberfläche. Sie sind besonders nützlich bei Objekten mit verwinkelten Ecken. (Probiere es erst an einem Holzrest aus und vermeide es, bei Staub oder Wind zu sprühen.) Bei allen Farben ist es wichtig, die Teile des Möbelstücks abzukleben, die nicht angemalt werden sollen. Du kannst Klebeband auch verwenden, um Streifen oder andere geometrische Formen zu schaffen.

Problemlösung

Wie überall im Leben geht auch bei Wandbildern mal etwas schief. Manchmal malt man eine Wand an und eine Woche später merkt man, dass sie einem nicht gefällt. Oder du hättest lieber eine andere Wand bemalt. Kein Problem. Wandfarbe muss nicht dauerhaft sein. Für jede Situation gibt es eine Lösung!

TAPETE

Wenn die zu streichende Wand tapeziert ist, solltest du die Tapete zunächst entfernen. Je nachdem, wie alt die Tapete ist, lässt sie sich vielleicht nicht gut ablösen. Es ist aber nicht unmöglich! Manche Tapeten kann man trocken abziehen, aber andere lassen sich nur mit Tapetenlöser entfernen. Du kannst Tapetenlöser im Baumarkt kaufen oder online nach einer Rezeptur suchen. Ziehe nach Auftragen des Tapetenlösers eine Ecke der Tapete langsam ab. Wenn die Ecke der Tapete sich nicht problemlos lösen lässt, trage mehr Tapetenlöser auf und lasse ihn einziehen. Verwende dann einen Spachtel, um die Tapete langsam abzuziehen. Arbeite langsam und geduldig: Das Ablösen von Tapete ist eine eigene Kunstform!

Wenn du einen Tapetenlöser auftragen musst, schütze zuvor den Boden mit Abdeckvlies und entferne die Blenden von Steckdosen.

UNEBENER PUTZ

Fast jede Wand auf dieser Welt ist uneben. Passe dein Design an die Gegebenheiten an. Wenn deine Wand besonders ungleichmäßig ist, eignet sich am besten ein abstraktes Wandbild. (Ein Design mit vielen geraden Linien wirkt auf einer unebenen Wand schnell schief.) Eine Walze mit hohem Flor deckt auf einer unebenen Oberfläche besser ab.

Wenn du statt einer Walze einen Pinsel verwendest, musst du damit rechnen, dass du mehr Farbschichten als auf einer glatten Oberfläche benötigst.

DU HAST DEIN WANDBILD SATT?

Übermale es! Deshalb lieben wir Farben so sehr. Kein Wandbild muss für die Ewigkeit sein und es ist einfach, etwas Neues zu malen. Am schwierigsten ist die Entscheidung, was du als Nächstes malen willst. Wenn du dich für ein neues Design entschieden hast, befolge die nachstehenden Schritte, damit dein neues Wandbild toll aussieht:

- Wenn man die Struktur der Pinselstriche von deinem aktuellen Wandbild sieht, verwende feines Schmirgelpapier, um sie zu glätten. Schleife nicht zu viel ab, insbesondere an Trockenbauwänden.
- Wenn die Wand dunkel gestrichen ist und dein Wandbild hell werden soll, benötigst du wahrscheinlich mehr Schichten als sonst. Farbe mit Grundierung ist in dieser Situation besonders nützlich. Sei geduldig!

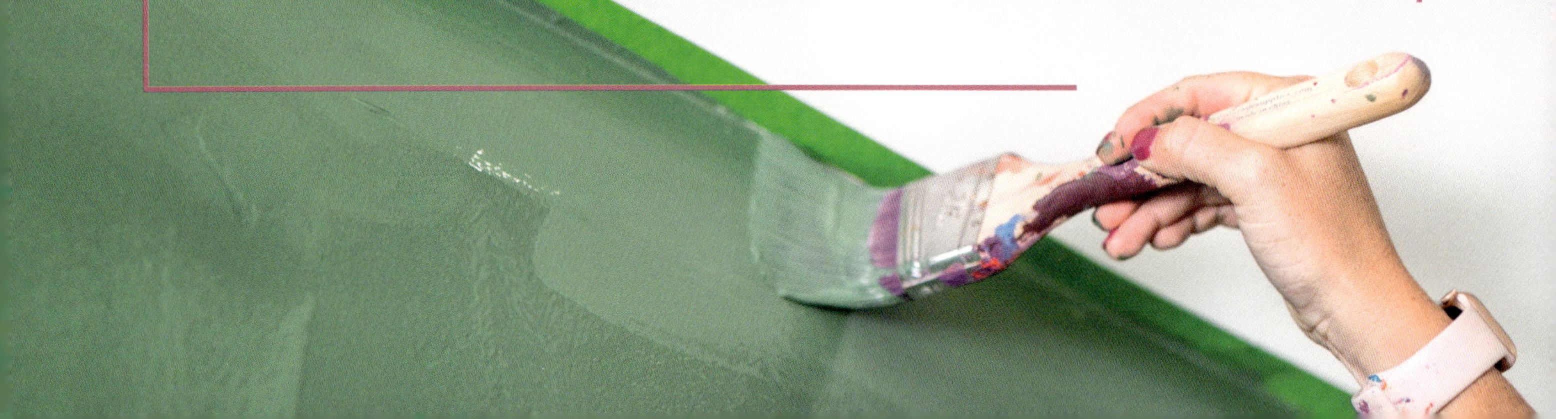

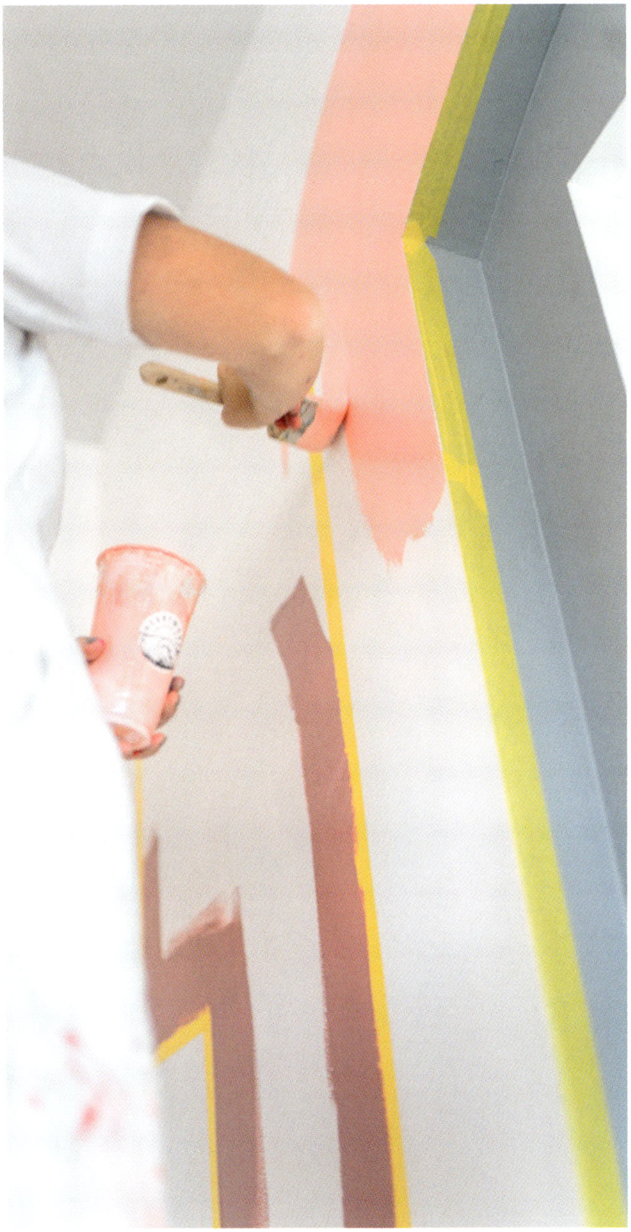

NÜTZLICHE TECHNIKEN

Wahrscheinlich hast du mittlerweile gemerkt, dass du beim Anmalen von Wänden viele Möglichkeiten hast! Hier sind ein paar Techniken, die wir dir in den nächsten Kapiteln erklären. Du kannst diese Ideen hinsichtlich Farben und Größe an dein Zuhause anpassen. Lass deiner Fantasie freien Lauf und finde das richtige Projekt für dich.

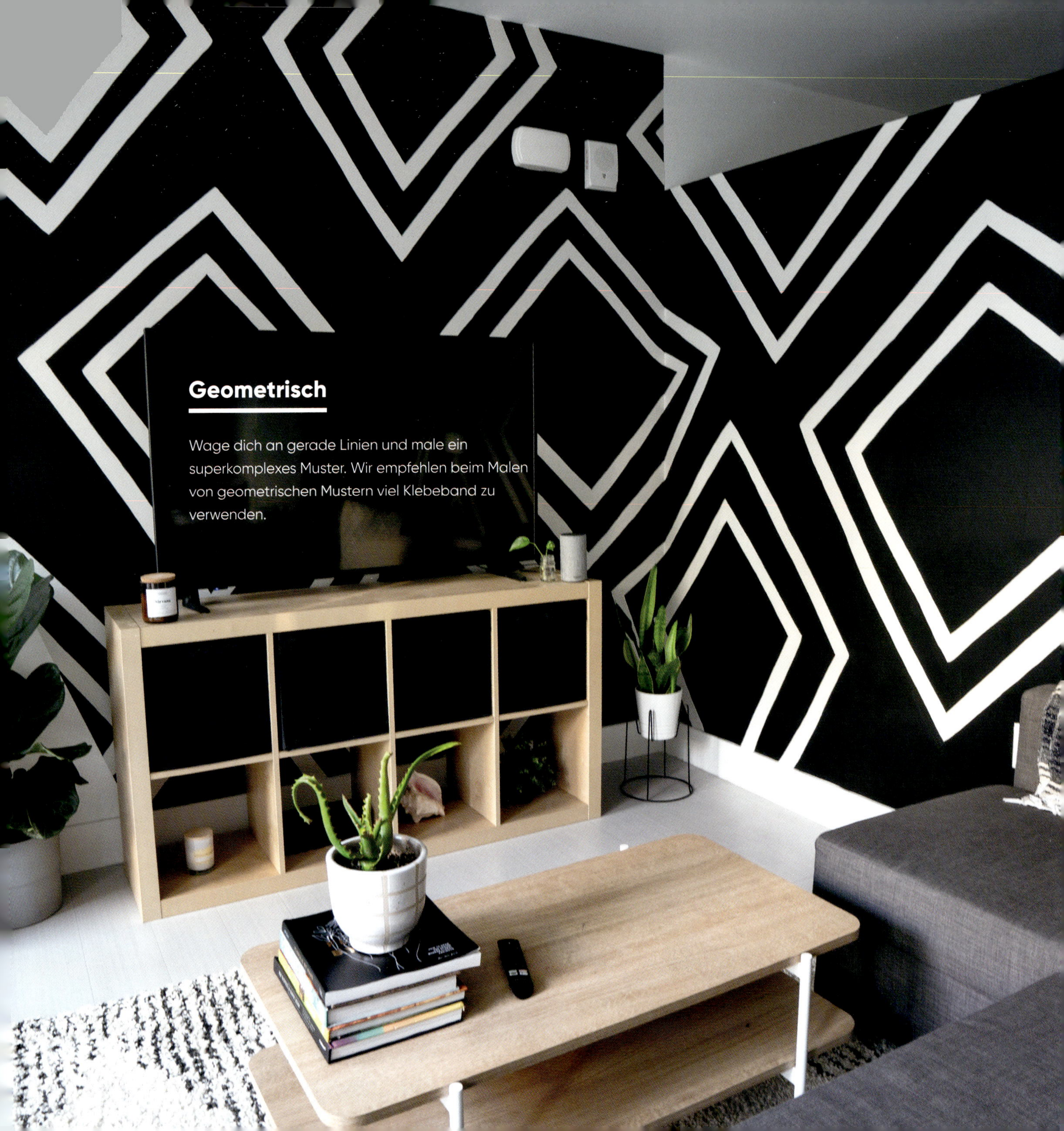

Geometrisch

Wage dich an gerade Linien und male ein superkomplexes Muster. Wir empfehlen beim Malen von geometrischen Mustern viel Klebeband zu verwenden.

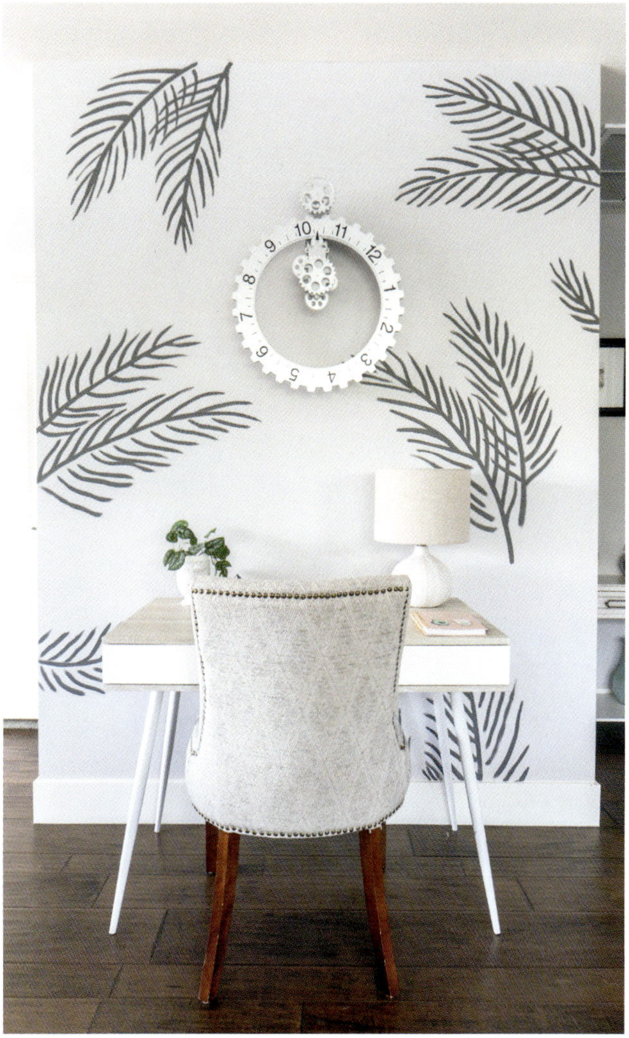

Farbverlauf

Farbverläufe sind irgendwie unglaublich entspannend. Vielleicht erinnern sie uns an Sonnenuntergänge und das Meer. Mit dieser Technik kannst du relativ einfach mehrere Farben in einem Zimmer verwenden, ohne dass sie zu stark dominieren.

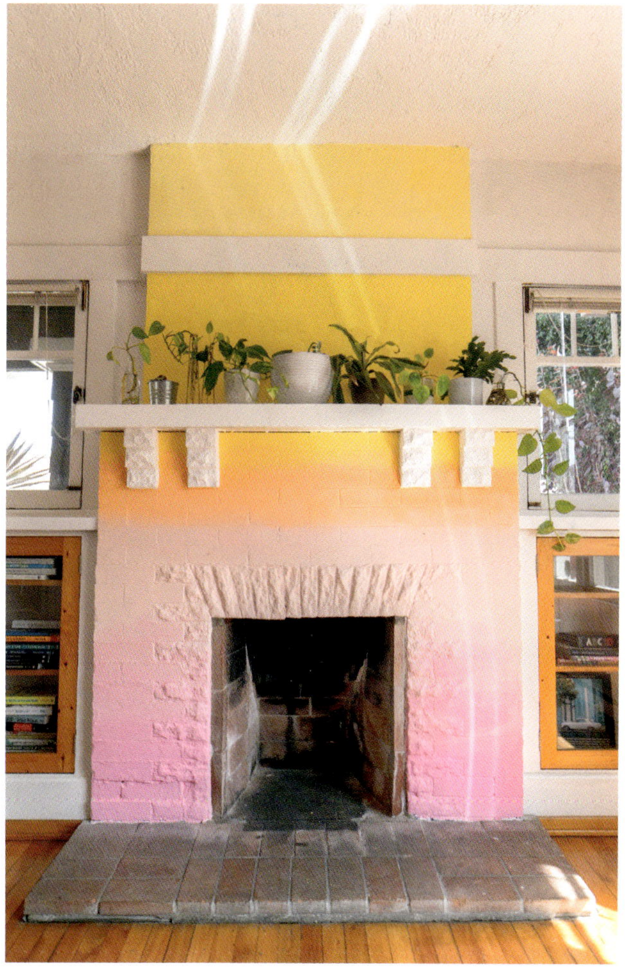

Blätter und Blumen

Wenn dir der grüne Daumen fehlt, kannst du so die Natur in dein Zimmer holen, ohne dir Gedanken wegen des Gießens machen zu müssen. Siehe Seiten 67.

Farbfelder

Wenn du nur die Hälfte deiner Wand anmalst, wirkt das sehr interessant! Bei dieser Technik musst du nur an eines denken: Malerband, dein bester Freund! Drücke das Band mit einer Bank- oder Geschenkkarte an, damit deine Linien besonders präzise werden.

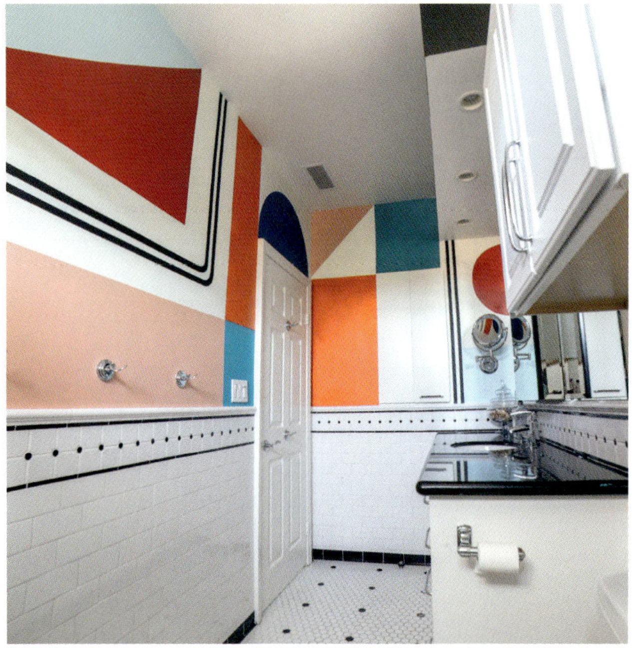

Schrift

Hast du ein Mantra oder einen Satz, der dich glücklich macht? Male ihn auf deine Wand und lass dich inspirieren.
Siehe Seite 99.

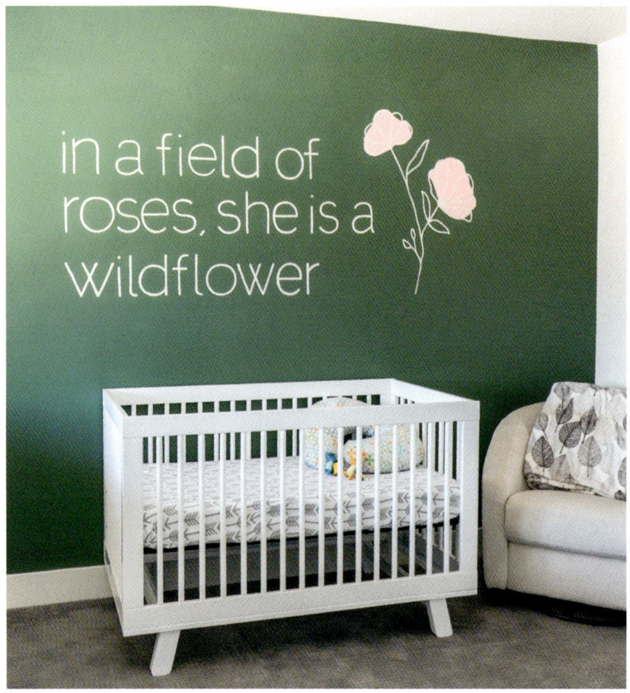

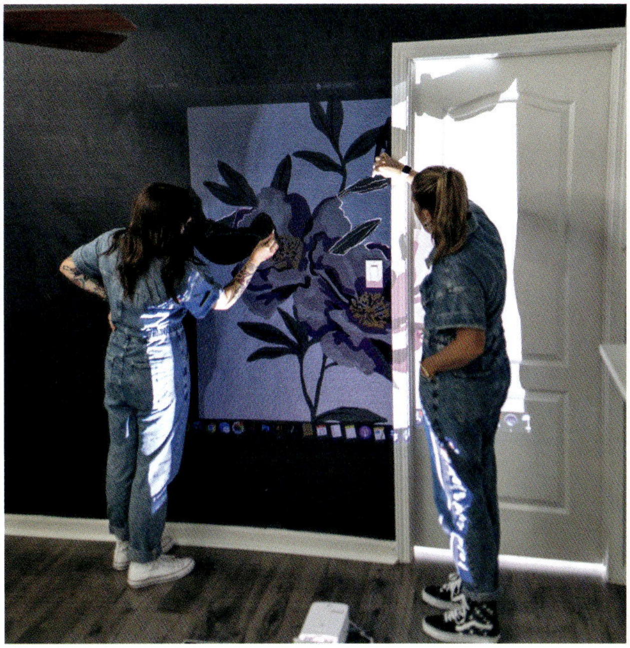

Projektion

Mit einem Projektor kannst du ein kompliziertes Design gut auf die Wand übertragen, wenn du es lieber nicht frei Hand malen möchtest. Mit unseren Downloads gelingt es supereinfach! Siehe Seite 198.

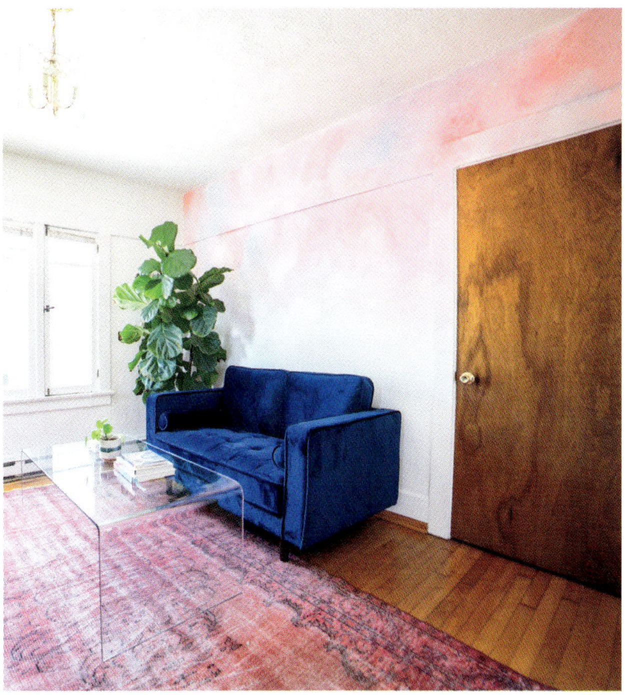

Malerisch

Schaffe eine verträumte aquarellartige Wandbemalung, die entspannend wirkt. Mit nur wenigen Farbschattierungen und der Vermaltechnik von Seite 163 erzielst du diese Wirkung mühelos. Perfekt für ein Schlafzimmer, eine Wand im Büro oder sogar in deinem Wohnzimmer.

Fliesenimitat

Durch Schablonieren kannst du ein Muster problemlos wiederholen. Siehe Seite 147.

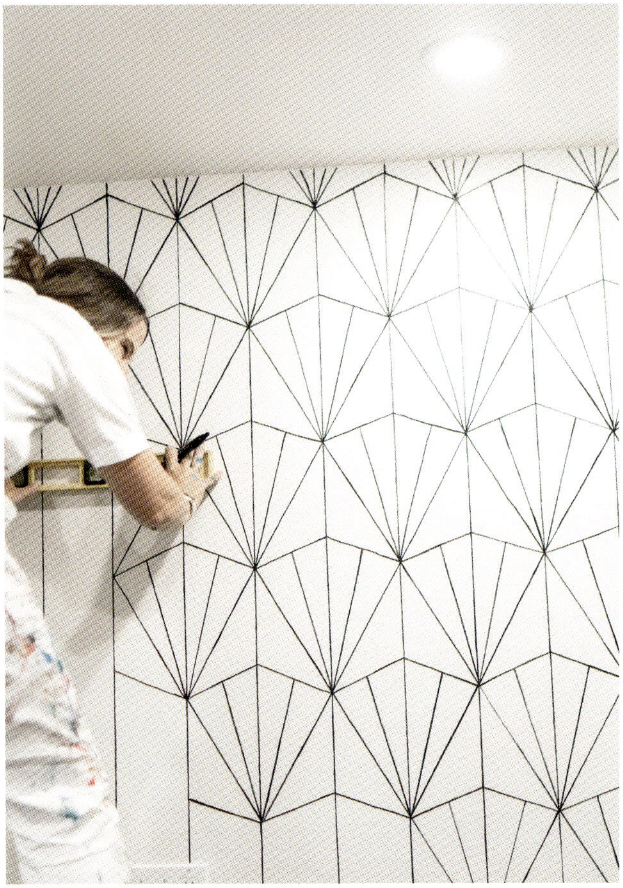

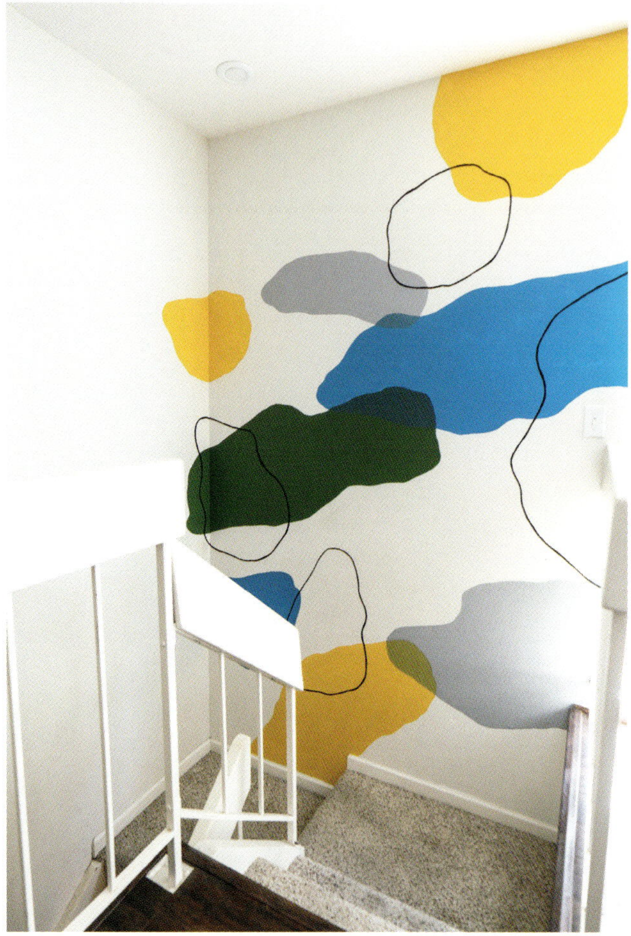

Überlagerungen

Überlagerungen sehen schwieriger aus, als sie sind. Betrachter werden glauben, dass du stundenlang an ihnen gearbeitet hast! Siehe Seite 83.

Von der Natur inspiriert

Ob du die Wüste liebst oder das Meer – wir haben ein paar Ideen für dich. Hol dir mit einem Wandbild die Natur in dein Zimmer. Siehe Seiten 77 und 157.

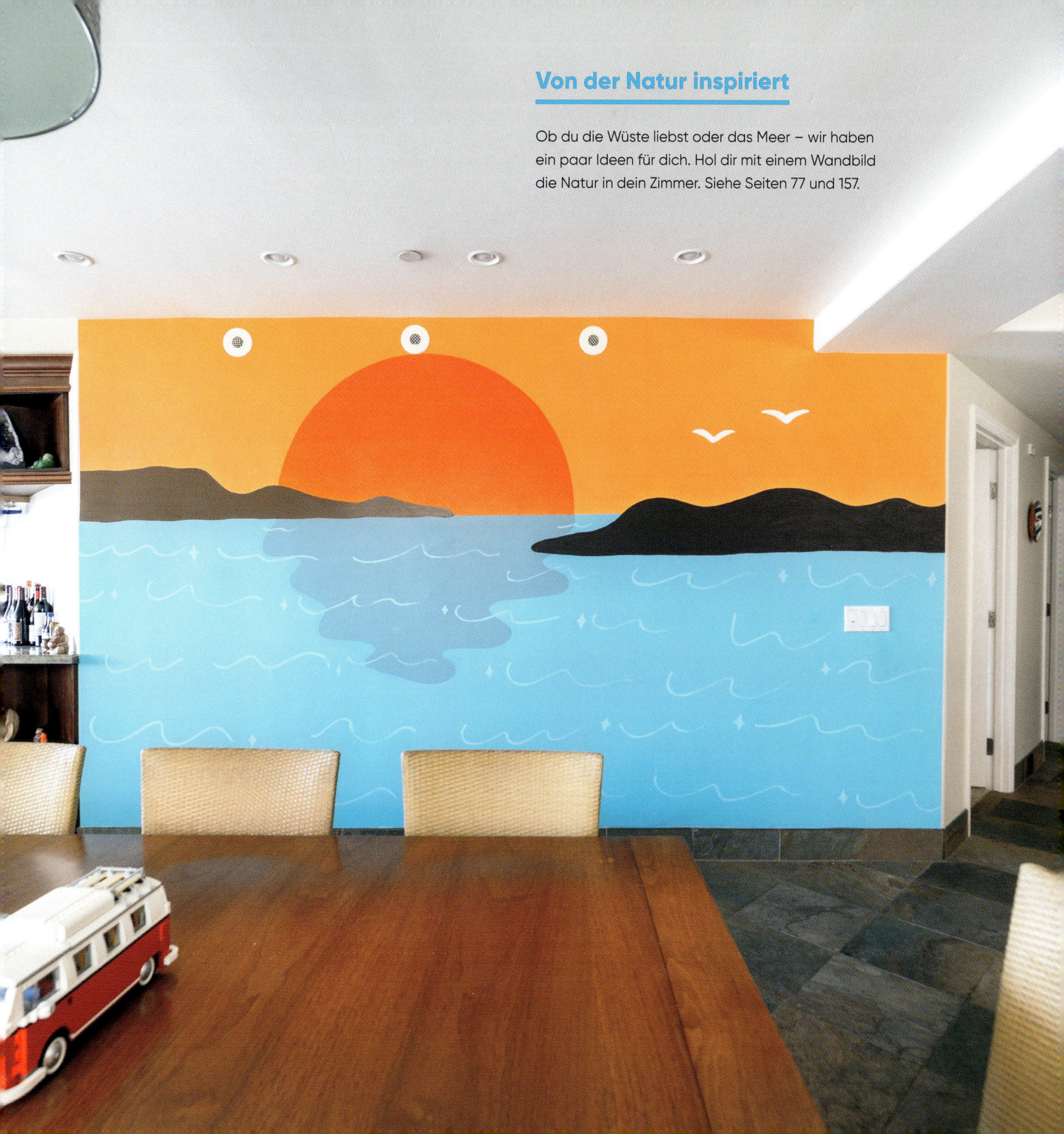

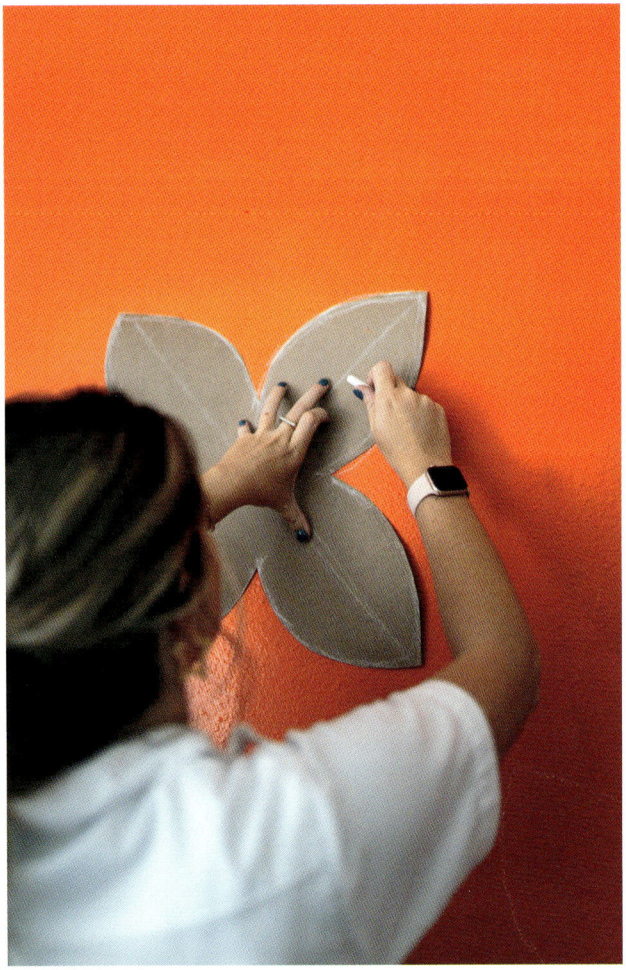

Schwammpinsel

Schwämme sind nicht nur in der Badewanne gut. Erzeuge mit ihnen Tiefe und Strukturen auf deiner Wand.
Siehe Seite 111.

Vorzeichnen mit Kreide

Wir zeigen dir, wie du mit Kreide und einem Ausdruck dein Wandbild zum Erfolg machst.

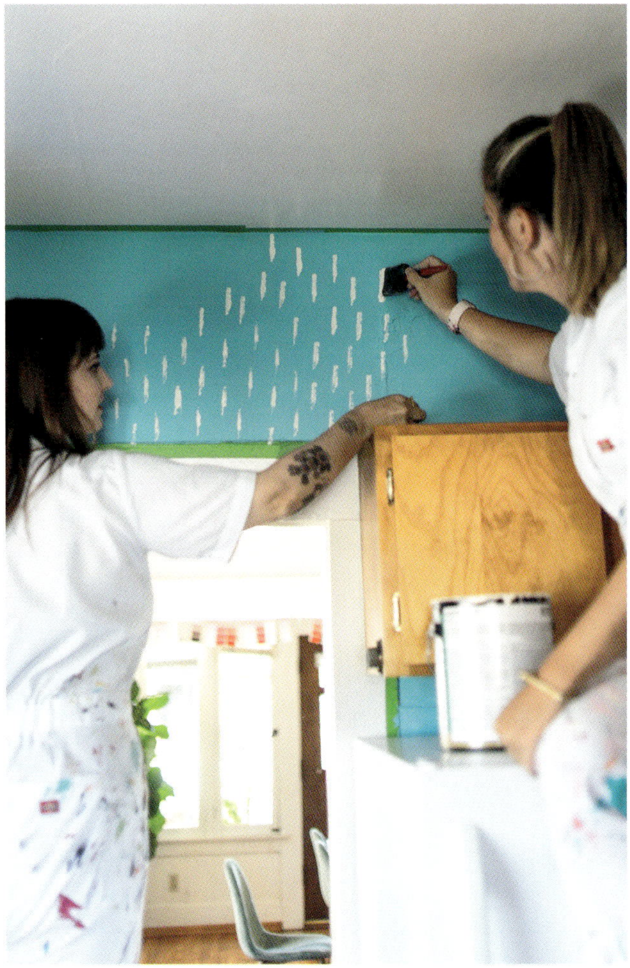

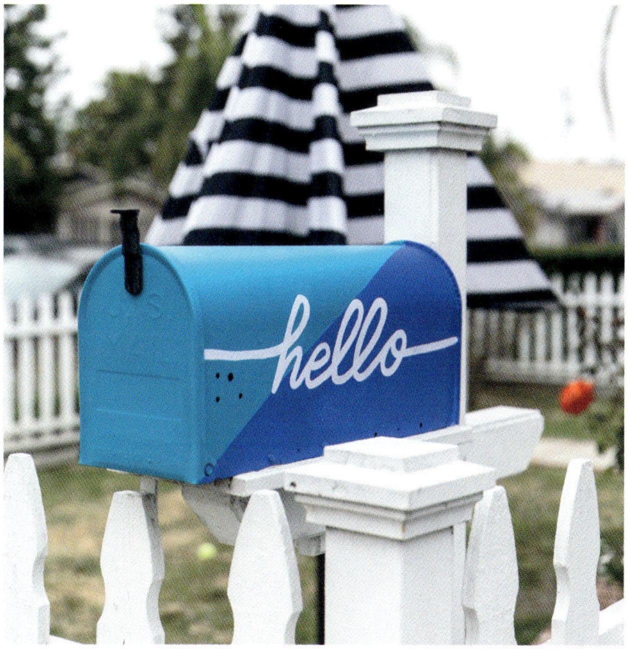

Bemalter Briefkasten

Wir lieben bemalte Briefkästen. Das Leben ist zu kurz für langweilige graue oder weiße Briefkästen! Deine Nachbarn werden staunen. Da ein Briefkasten nur begrenzt Fläche hat, mach dein Design nicht zu kompliziert. Siehe Seite 181.

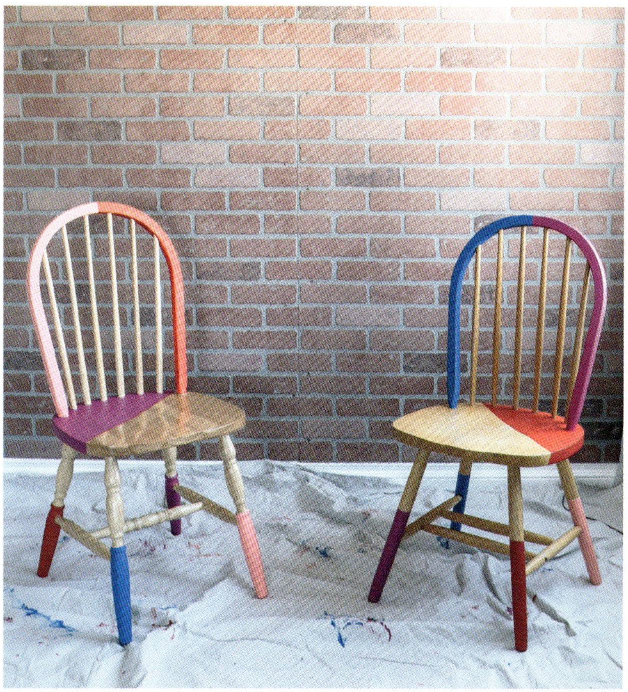

Update für Möbel

Wer sagt, dass man nur Wände anmalen kann? Wir zeigen dir an ein paar Möbelstücken, wie du einen interessanten Look erzielst. Siehe Seiten 189 und 193.

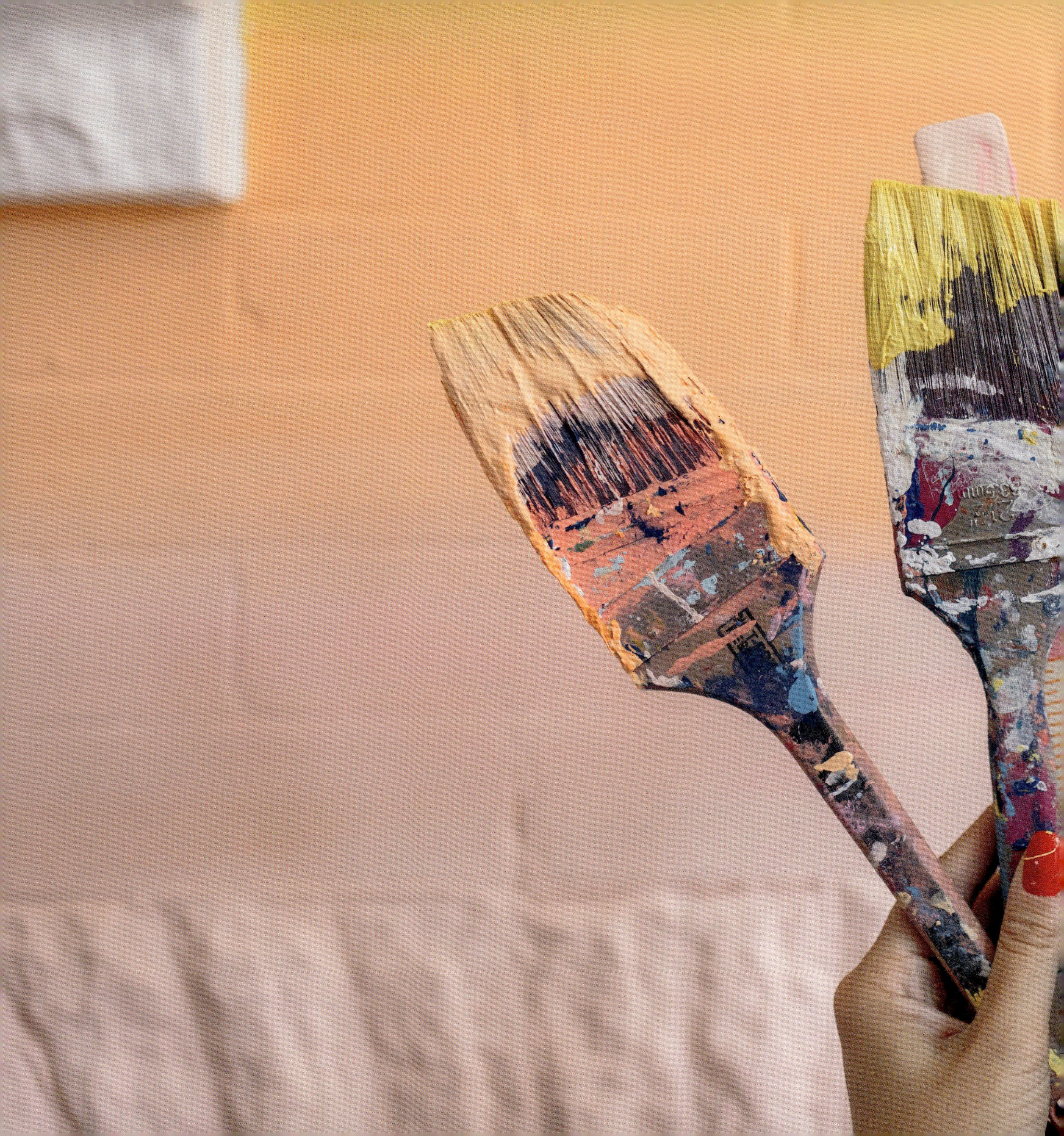

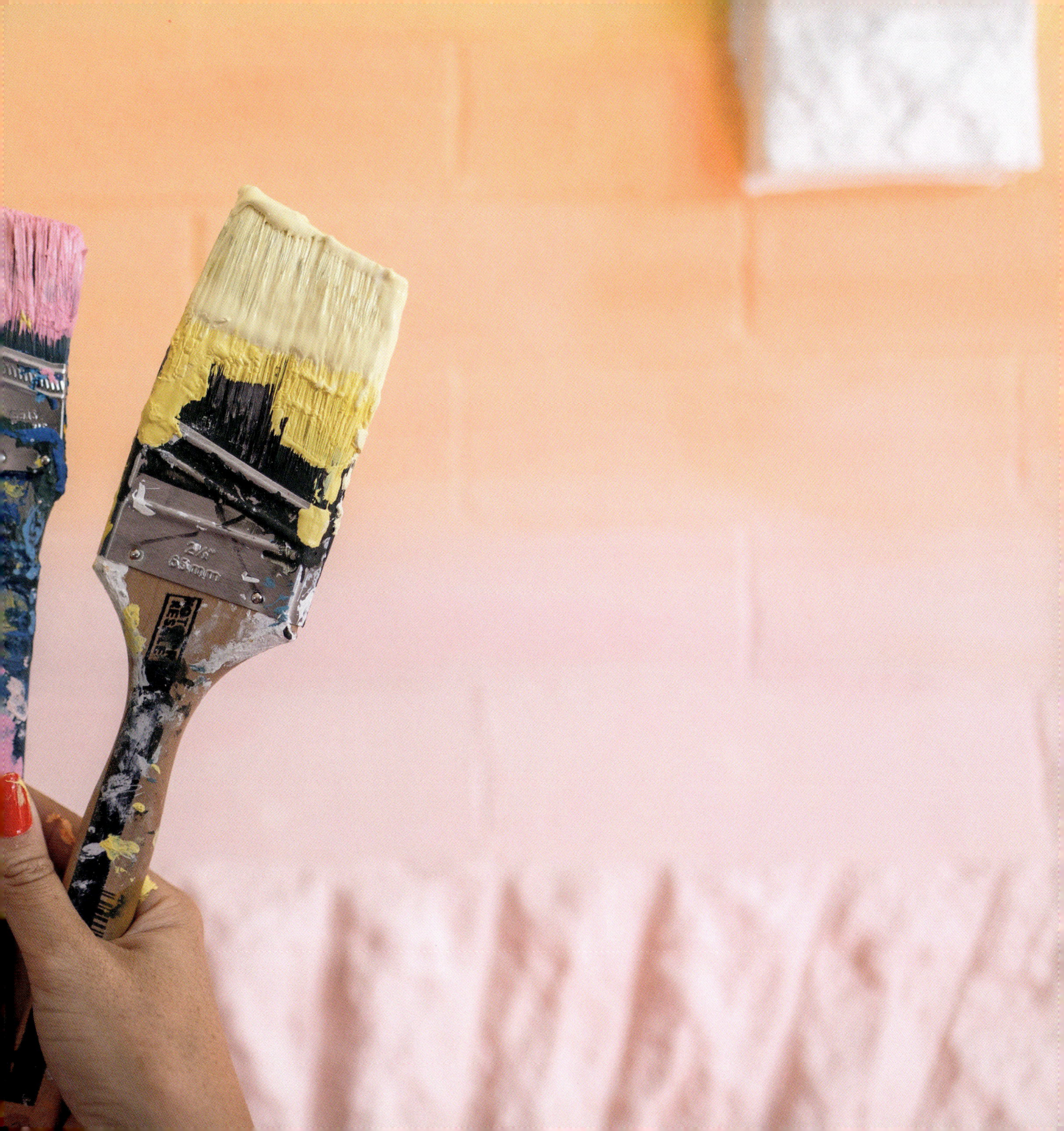

KAPITEL VIER

Von Wand zu Wand

Wenn du bis hierhin gelesen hast, bist du bereit für den interessanten Teil! In diesem Kapitel haben wir 22 Projekte in verschiedenen Wohnungen zusammengestellt, um dir eine Vorstellung von den Möglichkeiten zu geben, die du bei Wandbildern hast. In jeder Schritt-für-Schritt-Anleitung siehst du genau, wie du das Design auf deiner Wand nachmalst. Du musst dich aber nicht an die Farben halten, die wir verwenden – sei kreativ! Du willst dein Zimmer ganz individuell verschönern. Dies ist die Gelegenheit für echte Wandwunder!

Sonnenuntergang-Farbverlauf

DIE FAKTEN

SCHWIERIGKEITSGRAD: mittel

ZEIT: 2 - 3 Stunden (ohne Trocknungszeit)

VERWENDETE FARBEN: Weiß, Gelb, Koralle, Pink

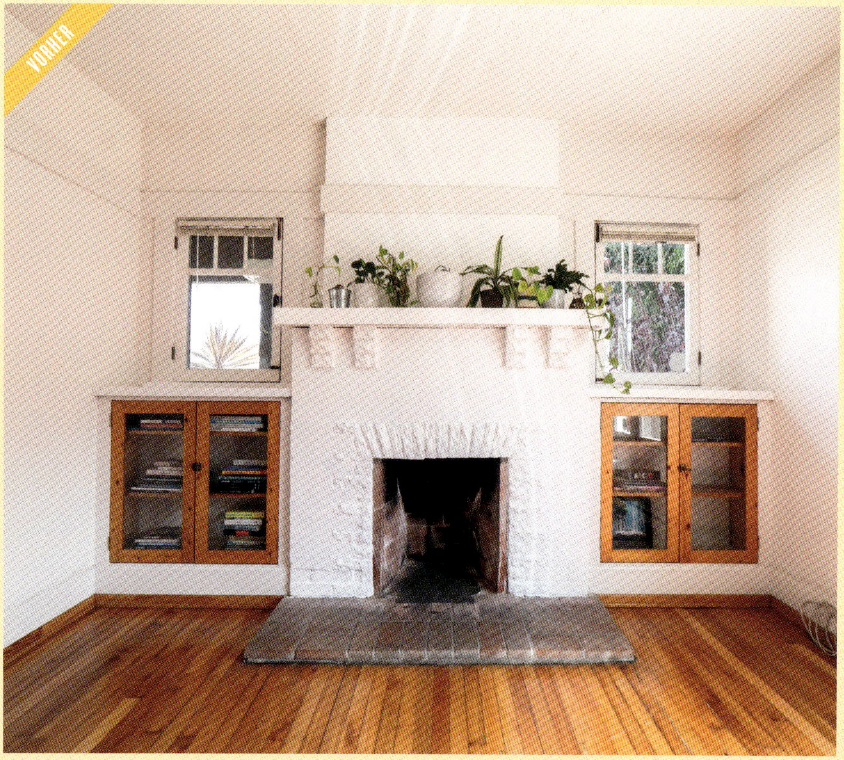

Ein Kamin eignet sich perfekt für einen Hingucker. Als wir diesen Kamin das erste Mal sahen, war er weiß und langweilig. Wir wollten ihn richtig hervorheben! Wir entschieden uns für einen pastelligen Farbverlauf, der den Raum nicht zu stark dominieren würde. Wenn Rosa nicht dein Ding ist, lass dich nicht von den Farben abschrecken. Du könntest Blau- oder Grüntöne verwenden oder einen Farbverlauf von Weiß nach Schwarz. Dein Zimmer, deine Entscheidung.

Ach, und wenn du keinen Kamin hast: kein Problem! Du kannst diese Technik auch an einer Wand oder einem Möbelstück anwenden.

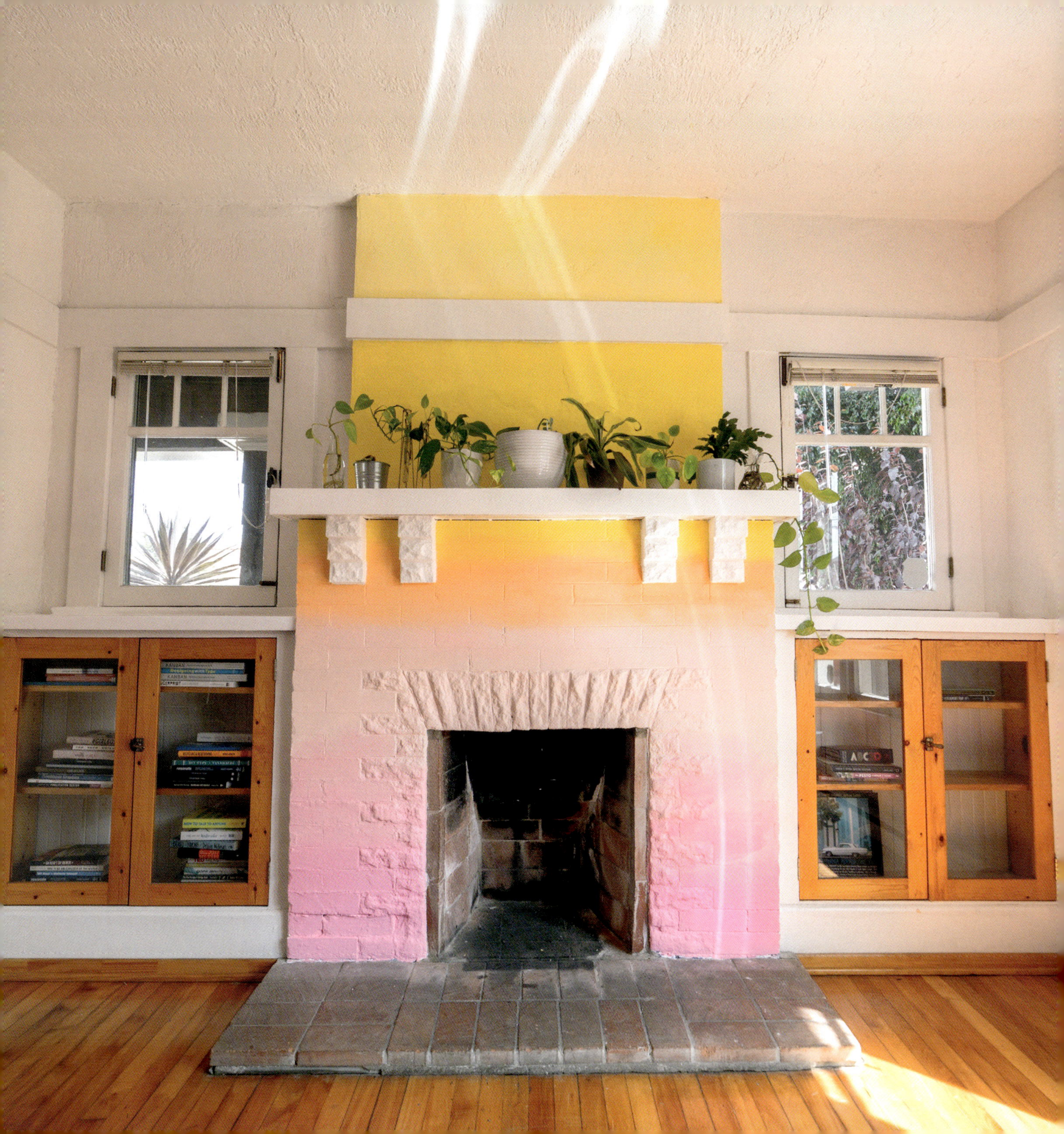

HILFSMITTEL

- ☐ Abdeckvlies
- ☐ 3 - 5 mittelbreite bis breite Pinsel
- ☐ Tritthocker oder Leiter

MATERIAL

- ☐ 1 Rolle Malerband
- ☐ Bleistift
- ☐ 1 Liter Farbe, Weiß
- ☐ 1 Liter Farbe, Gelb
- ☐ 1 Liter Farbe, Koralle
- ☐ 1 Liter Farbe, Pink

VORBEREITUNG

Entferne alles aus deinem Arbeitsbereich, was keine Farbe abbekommen soll. Klebe dann die Ränder der Wand (einschließlich Decke und Boden) sowie alles ab, was die Wand berührt, aber nicht bemalt werden soll. Decke den Boden und die Möbel ab, die du nicht umstellen kannst.

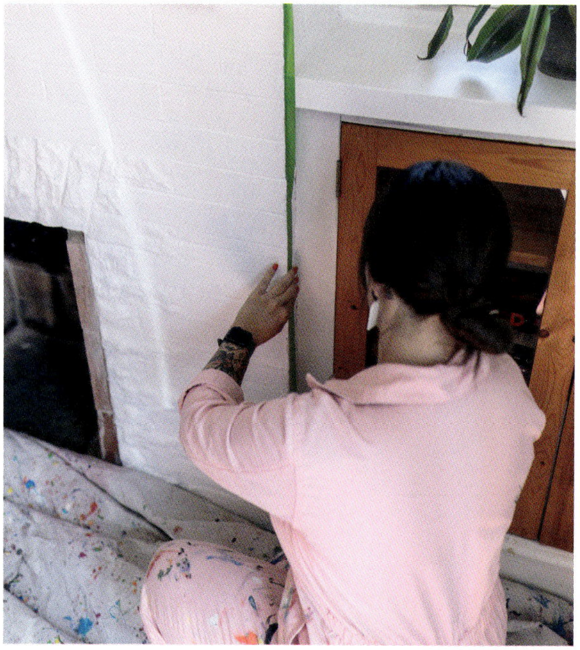

MALEN

1. Markiere zunächst mit dem Bleistift in etwa, wo jede Farbe in die nächste verlaufen soll.

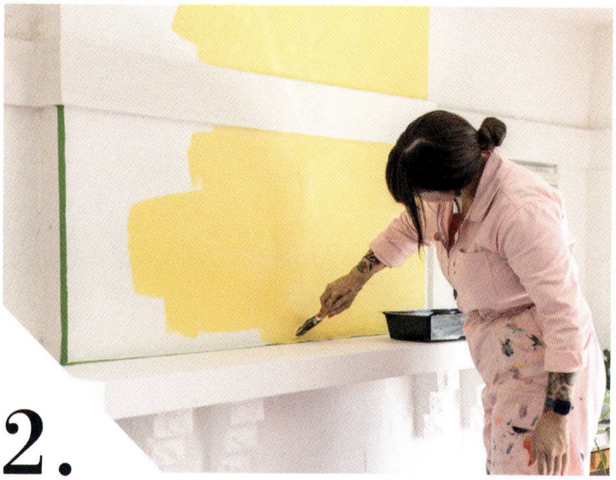

2. Male die Abschnitte in den gewünschten Farben. Wir haben den oberen Abschnitt hellgelb und goldgelb gestrichen, die Mitte in Koralle und den unteren Abschnitt in Hellrosa und Pink. Male erst einfach Farbfelder, ohne die Farben zu vermischen. Trage bei Bedarf mehrere Schichten auf. Achte darauf, dass die Farbe vollständig getrocknet ist, bevor du die nächste Schicht aufträgst.

Um das Hellgelb und Hellrosa zu erhalten, haben wir weiße Farbe mit Goldgelb bzw. Pink gemischt.

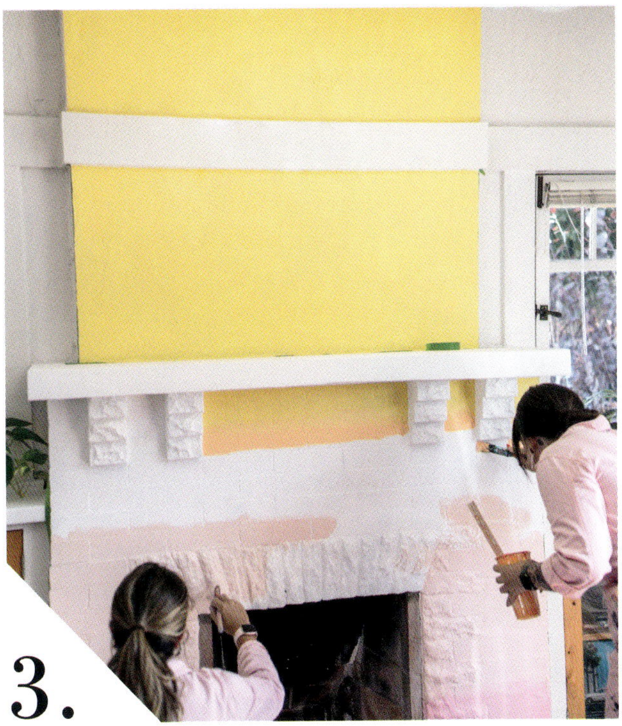

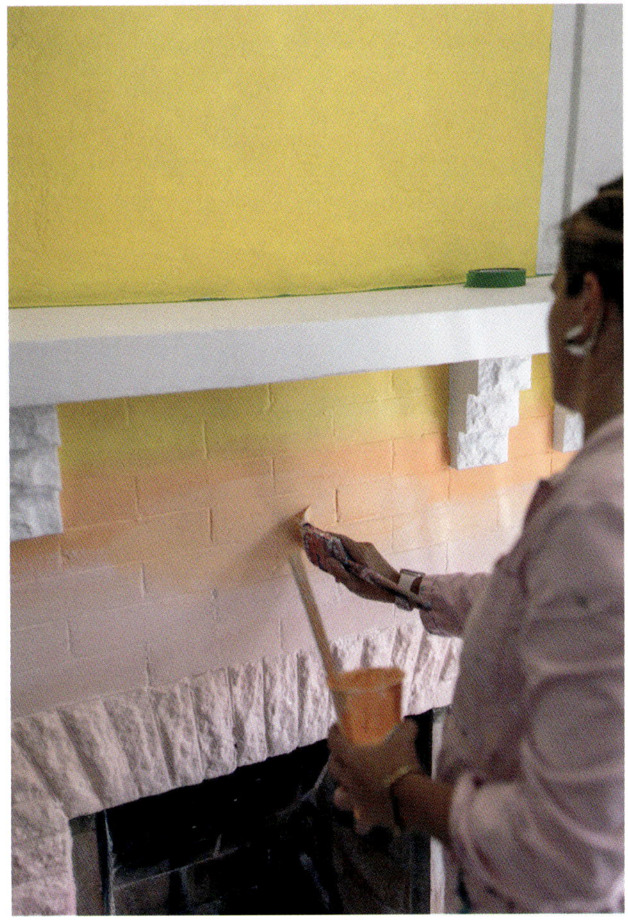

3.

Für den Farbverlauf malst du eine Linie in der oberen Farbe und eine Linie in der unteren Farbe. Achte darauf, dass beide Linien viel Farbe enthalten und sie sich gerade berühren. Streiche mit einem trockenen Pinsel an der Grenze zwischen den Farben hin und her. Vermische die Farben, bis du mit dem Look zufrieden bist.

4.

Wiederhole Schritt 3 überall dort, wo die Farben aufeinandertreffen. Tritt bei der Arbeit immer wieder einen Schritt zurück, um das gesamte Wandbild zu betrachten. Man kann sich manchmal damit aufhalten, ein winziges Detail zu perfektionieren, aber wenn man einen Schritt zurücktritt, merkt man, dass die Wand schon toll aussieht!

5.

Wenn du zufrieden bist, lasse die Farbe trocknen und räume auf. Du hast es geschafft! Wussten wir doch, dass du das kannst!

Palmenblätter

DIE FAKTEN

SCHWIERIGKEITSGRAD: einfach

ZEIT: 1 - 2 Stunden (ohne Trocknungszeit)

KOSTEN: 5 - 10 €

VERWENDETE FARBEN: Grau

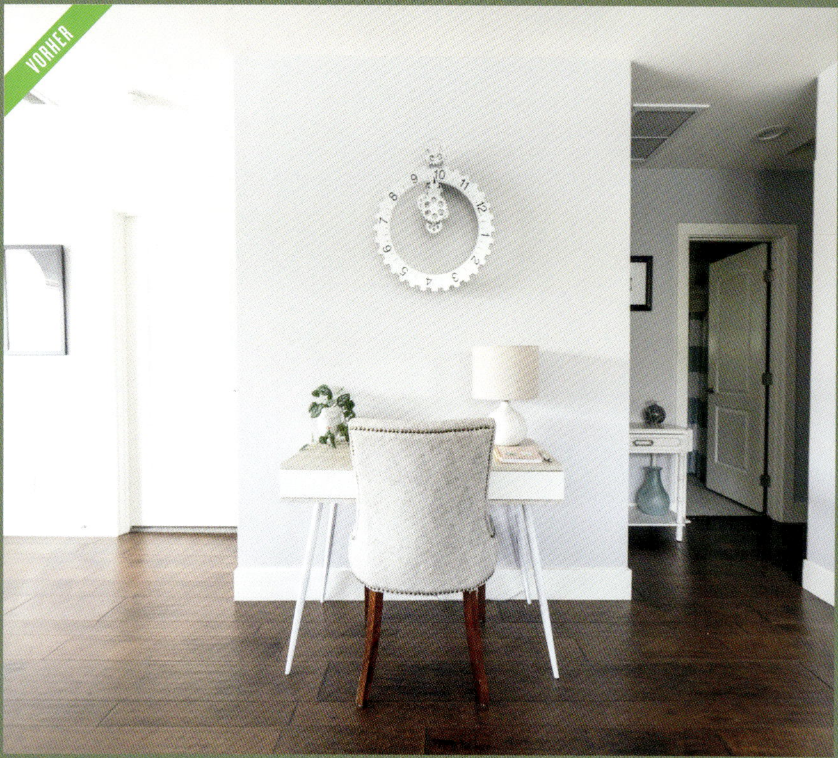

Dieses Design ist toll, um die Natur in dein Zuhause zu bringen, wenn du keinen grünen Daumen hast!
Wir haben Grau verwendet, um einen zurückhaltenden Look zu erzielen, aber du kannst auch eine kräftigere Farbe verwenden. Dieses supereinfache Projekt braucht nicht lange, aber verschönert deinen Raum ungemein!

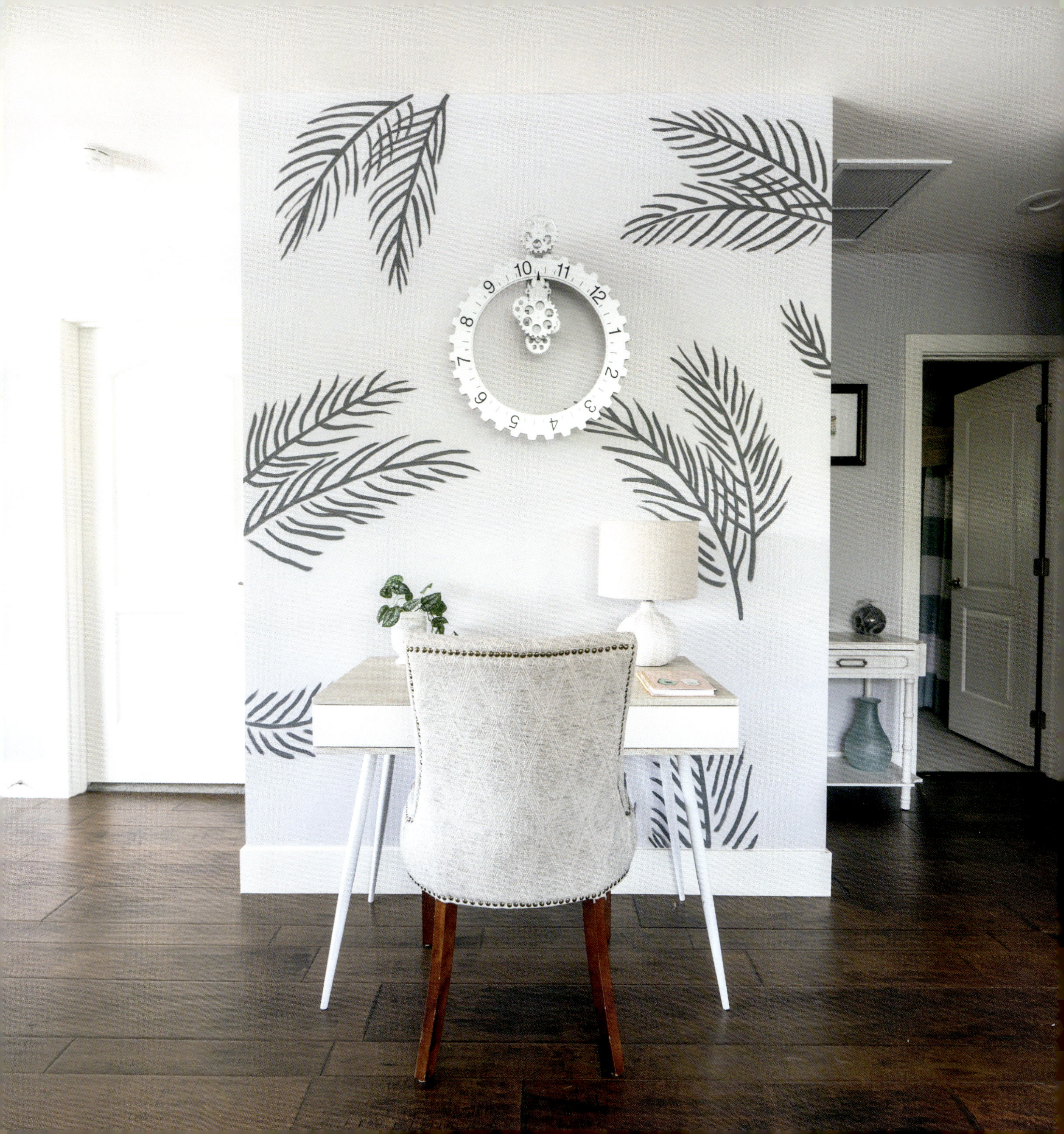
10
11
12
1
2
3
4
5
6
7
8
9

HILFSMITTEL

- ☐ Abdeckvlies
- ☐ 1 - 2 feine Pinsel
- ☐ Tritthocker oder Leiter

MATERIAL

- ☐ 1 Rolle Malerband
- ☐ Kreide oder Bleistift
- ☐ 1 Musterdose Farbe, Dunkelgrau

VORBEREITUNG

Entferne alles aus dem Bereich, was keine Farbe abbekommen soll. Bereite einen schönen freien Platz vor, der schmutzig werden darf (aber hoffentlich nicht zu schmutzig)! Decke den Boden ab und klebe Leisten bzw. benachbarte Wände ab. Fahre mit einer Bank- oder Geschenkkarte über das Klebeband, damit es fest an der Wand sitzt. Sonst kann Farbe darunter-sickern.

VORZEICHNEN

Zeichne die Palmenblätter mit Kreide oder Bleistift leicht vor. Du kannst dabei so detailgenau sein, wie du willst. Wir haben unsere ganz locker gehalten, sodass das Vorzeichnen nicht lange gedauert hat.

Wir zeichnen fast immer mit weißer Kreide vor, weil sie sich nach dem Malen leicht abwischen lässt. Bleistiftlinien sind schwerer zu entfernen, da du sie entweder wegradieren oder übermalen musst. In unserem Fall war die Wand hellgrau, sodass die weiße Kreide zu sehen war.

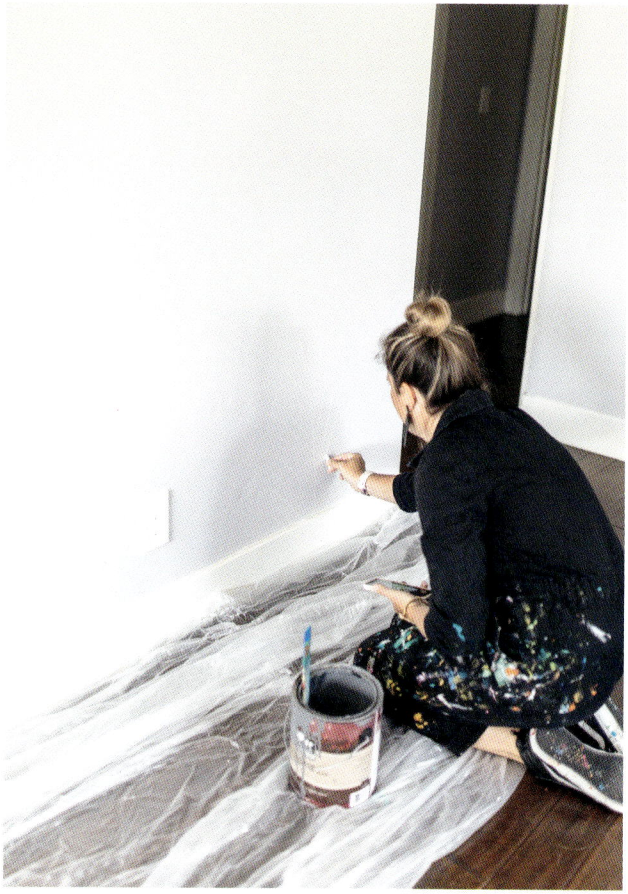

MALEN

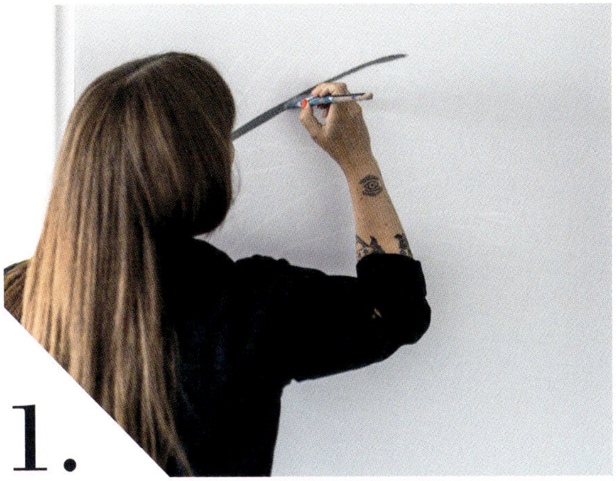

1.

Male den Stiel des Palmenblattes. Das bestimmt, von wo die Blätter abzweigen. Die Blätter müssen nicht perfekt sein. Je weniger Farbe du auf deinem Pinsel hast, desto transparenter sehen die Blätter aus. Nimm nicht zu viel Farbe auf den Pinsel, da sie an Stellen auf die Wand tropfen könnte, wo keine Farbe hin soll.

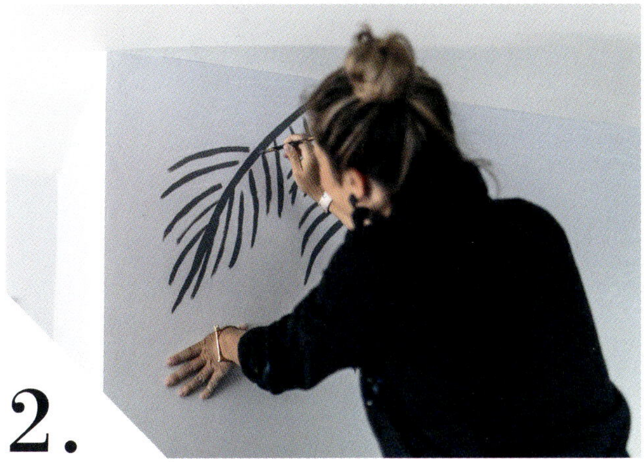

2.

Arbeite möglichst von oben nach unten. Es ist gut, den oberen Teil zuerst fertig zu malen, damit du nicht zu lange auf der Leiter stehen musst. Male erst die Blätter oben, dann die unten.

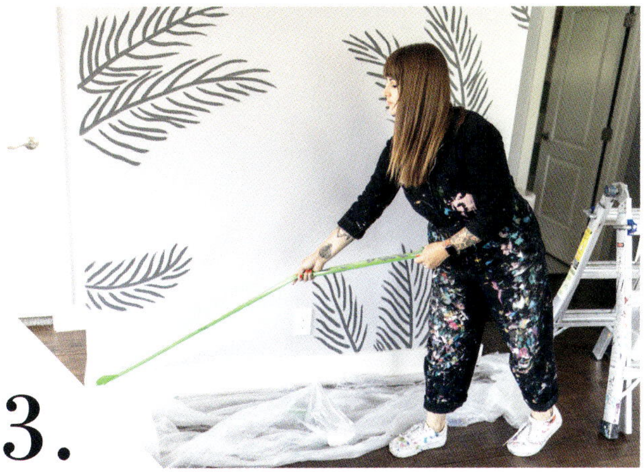

3.

Wenn du mit deinen Blättern zufrieden bist, ziehe das Klebeband ab. Wenn die Farbe trocken ist, wische die Kreide (falls du sie benutzt hast) mit einem feuchten Papiertuch, Schwamm oder Tuch ab. Rolle dann die Abdeckung auf, stelle die Möbel wieder zurück und du bist fertig!

In unserem Design haben wir sechs Gruppen aus Palmenblättern gemalt, aber je nach Wandgröße kannst du mehr oder weniger malen.

Senkrechte Streifen

DIE FAKTEN

SCHWIERIGKEITSGRAD: einfach

ZEIT: 3 - 5 Stunden (ohne Trocknungszeit)

KOSTEN: 20 - 40 €

VERWENDETE FARBEN: Fuchsia, Rot, Koralle, helles Orange, Gelb

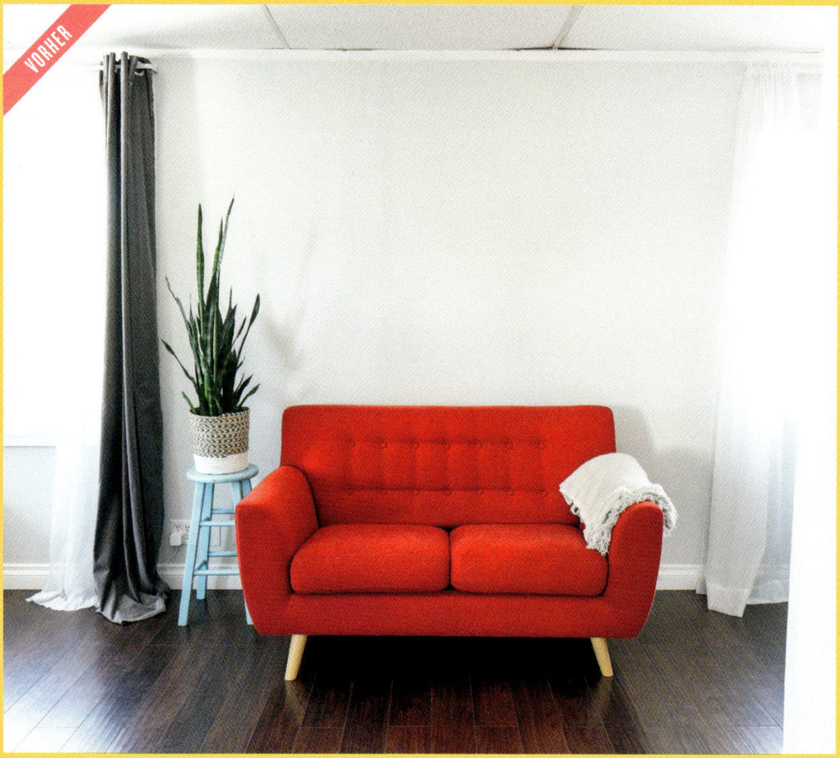

Wenn du eine Wand anmalst, brauchst du sie nicht ganz von oben bis unten zu bemalen. Selbst ein kleiner Bereich kann eine große Wirkung haben. Dieses Regenbogendesign ist perfekt, um etwas Farbe in einen Raum zu bringen. Die Streifen lenken das Auge nach oben, sodass die Decke höher und der Raum größer wirkt. Wir empfehlen, dieses Wandbild hinter einem Möbelstück, wie einem Sofa, Bett, einer Kommode oder einem Kinderbett, zu platzieren. Dadurch wirkt das Zimmer einladend. Wähle Farben, die zu den Möbeln und Objekten in dem Zimmer passen.

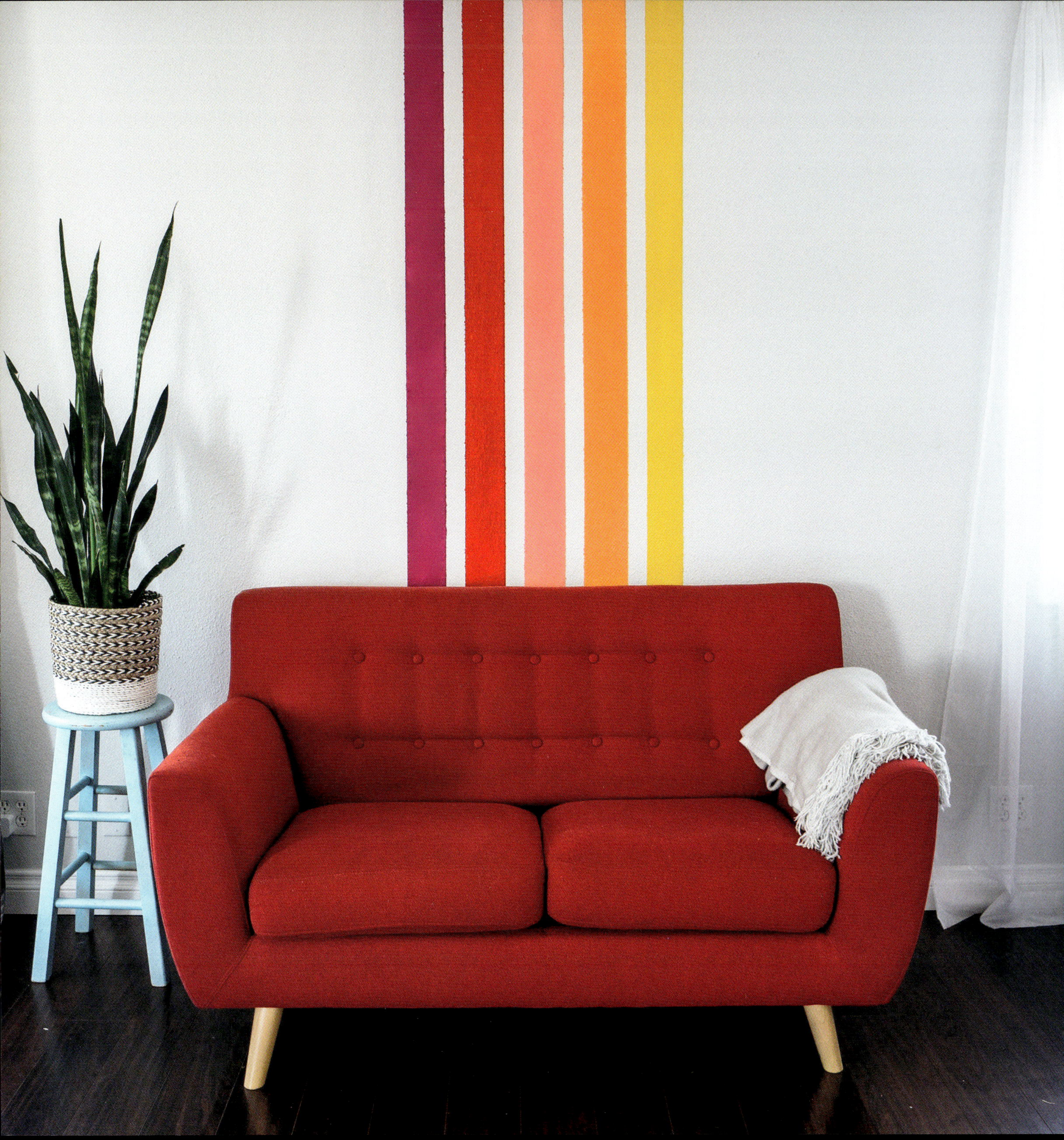

HILFSMITTEL

- ☐ Abdeckvlies
- ☐ Wasserwaage
- ☐ Maßband
- ☐ 5 Pinsel
- ☐ Tritthocker oder Leiter

MATERIAL

- ☐ 1 Rolle Malerband
- ☐ Bleistift
- ☐ 1 Musterdose für jede Farbe

VORBEREITUNG

Klebe die Decke, den Boden und alles andere in dem Bereich ab, das nicht versehentlich Farbe abbekommen soll. Decke den Boden ab.

Wir haben uns für 10 cm breite Farbstreifen mit 5 cm Abstand dazwischen entschieden, d. h., das Wandbild ist insgesamt 70 cm breit. Wir haben das Design an der Wand zentriert, mit 35 cm Abstand auf jeder Seite von der Mittellinie.

MESSEN

Das Design besteht aus fünf bunten Streifen mit Negativ-Raum dazwischen. Entscheide, wie breit die Farbstreifen und die Abstände dazwischen sein sollen. Errechne, wie breit dein Wandbild insgesamt sein wird. Finde mit deinem Maßband den Mittelpunkt der Wand in Querrichtung. Markiere die Punkte für die Streifen auf dem Klebeband unten an der Wand. Wiederhole dies am Klebeband oben an der Wand, damit du genau weißt, wo du die Streifen abkleben musst. Wenn du die gleichen Maße wie wir verwendest, markiere 10 cm, 5 cm, 10 cm, 5 cm, 10 cm, 5 cm, 10 cm, 5 cm, 10 cm – für ein 70 cm breites Wandbild.

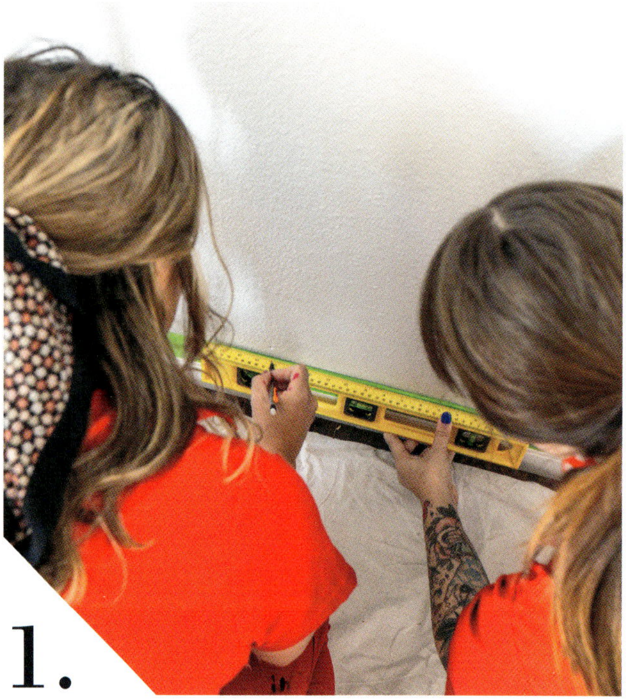

1.

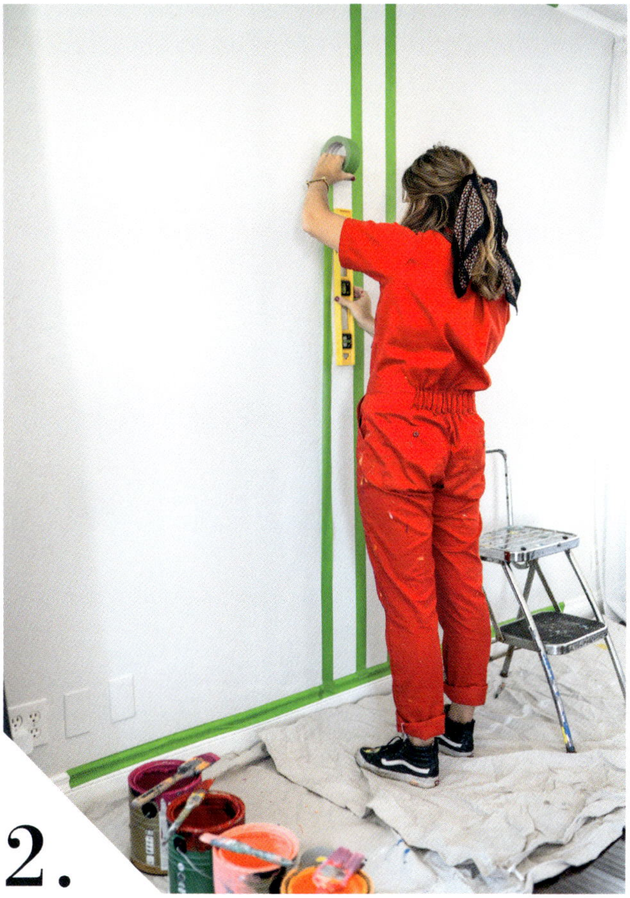

2.

Klebe die Bereiche mit Klebeband ab, die Negativ-Raum zwischen den Farbstreifen sein sollen. Überprüfe mit einer Wasserwaage, ob die Linien und das Klebeband vollkommen gerade sind. Klebe auch die äußeren Ränder des ersten und letzten Streifens ab.

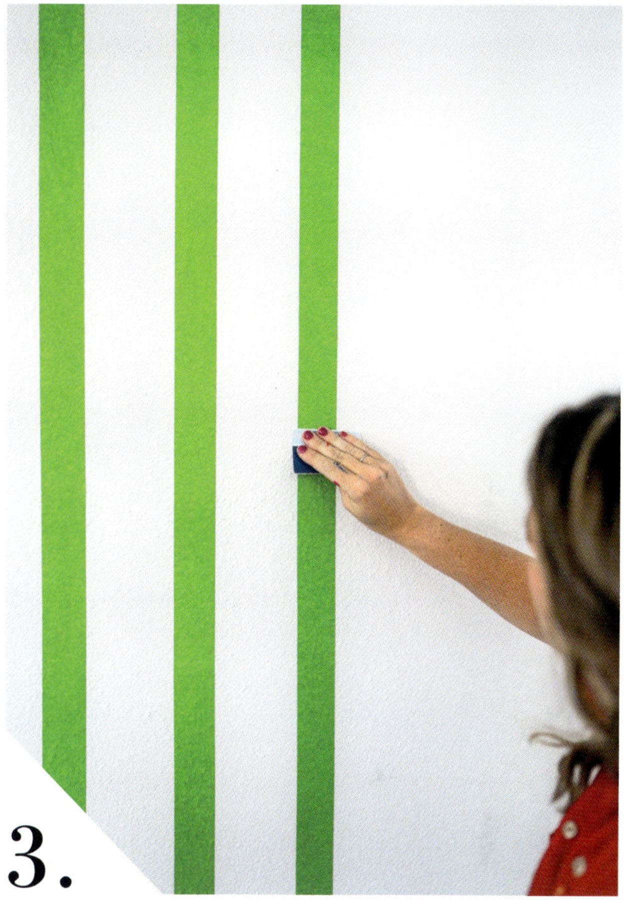

3.

Drücke das Klebeband mit einer Bank- oder Geschenkkarte an, damit die Linien schön klar und präzise werden.

Bei Wandbildern wollen wir uns das Leben so einfach wie möglich machen. Da wir 5 cm breite Abstände zwischen den Farbstreifen haben wollten, haben wir 5 cm breites Klebeband verwendet. Dadurch waren perfekte Abstände garantiert.

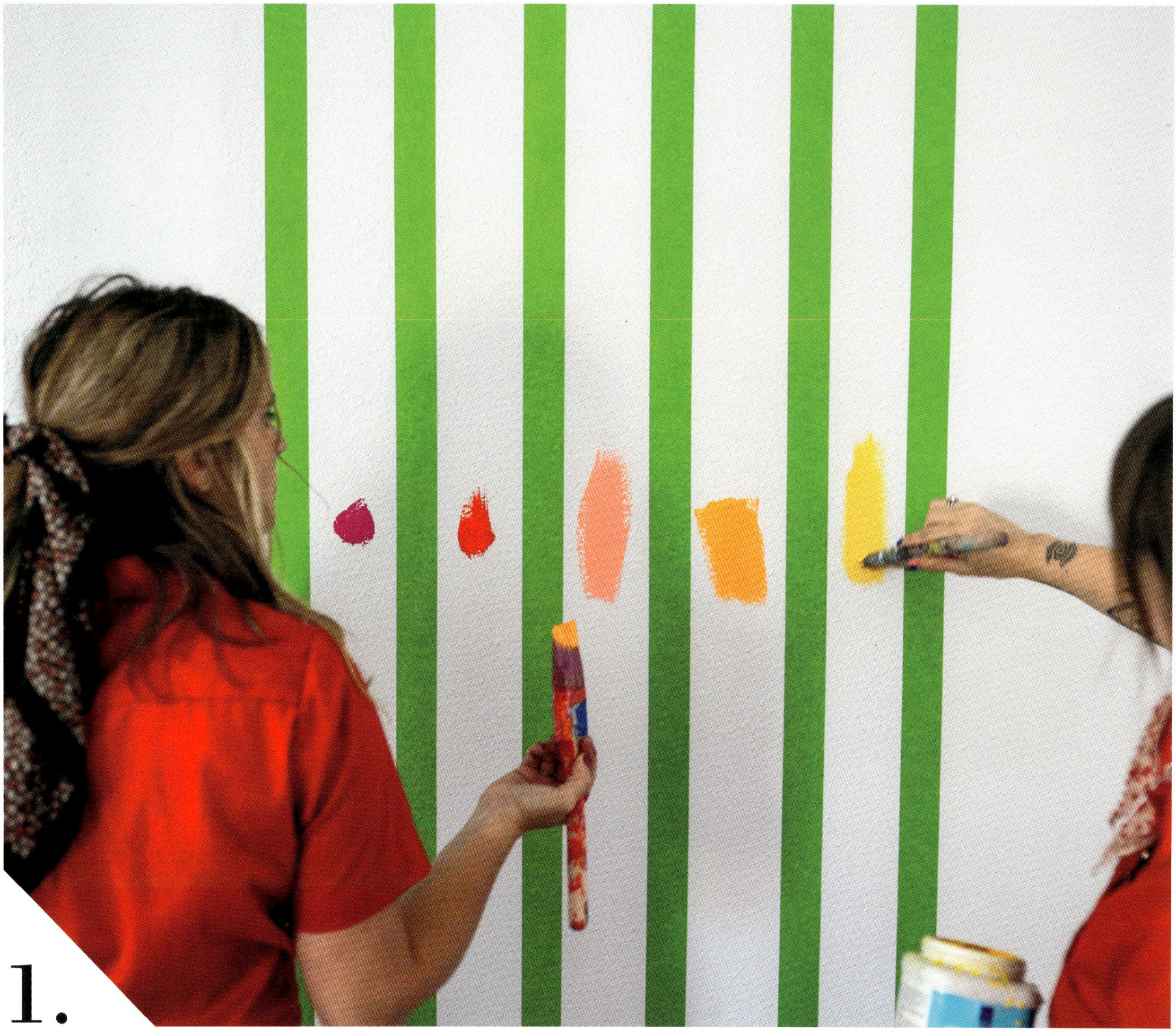

1.

Tupfe auf jedes Segment ein bisschen von der Farbe, in der du es streichen möchtest. Dadurch kommst du nicht durcheinander und streichst versehentlich einen Streifen in der falschen Farbe.

Diesen Trick wenden wir immer an, wenn wir ähnliche Formen in verschiedenen Farben anmalen.

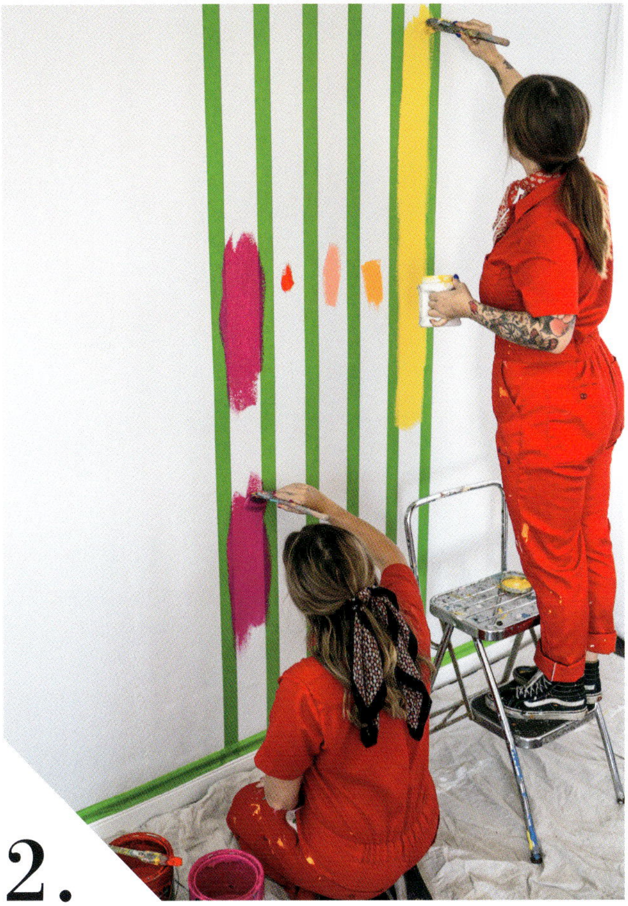

2.

Male nacheinander die einzelnen Abschnitte aus. Wenn du mit warmen Farben arbeitest, brauchst du eventuell mehrere Anstriche, um eine schöne satte Farbe zu erhalten.

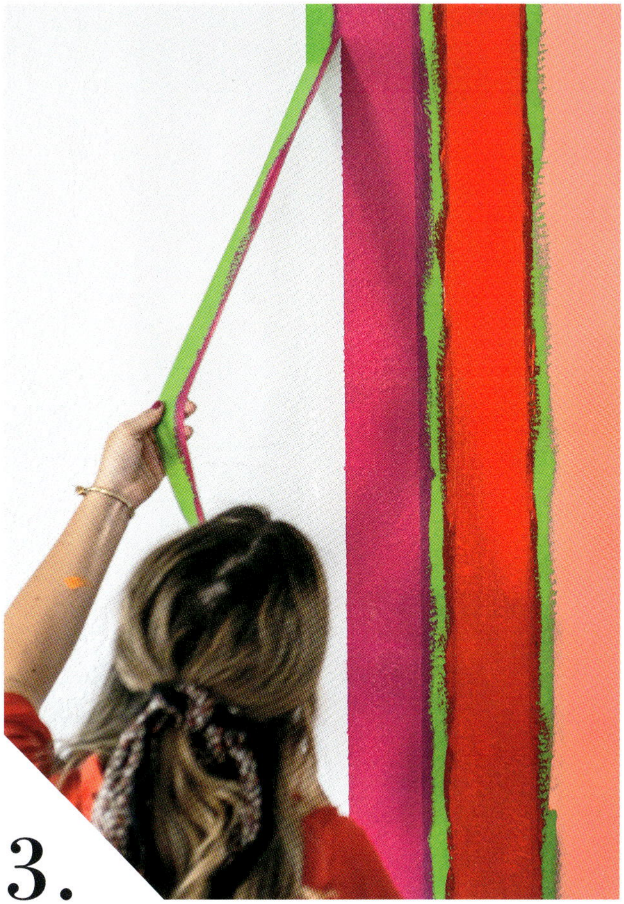

3.

Wenn du mit der Farbe zufrieden bist, warte, bis die Farbe trocken ist, bevor du das Band abziehst. Eventuell musst du mit einem feinen Pinsel etwas ausbessern, falls das Klebeband nicht fest genug angedrückt war.

4. Räume das Zimmer wieder ein und klopfe dir zufrieden auf die Schulter!

Meeres-landschaft

DIE FAKTEN

SCHWIERIGKEITSGRAD: mittel

ZEIT: 5 - 7 Stunden (ohne Trocknungszeit)

KOSTEN: 60 - 80 €

VERWENDETE FARBEN: Hellblau, Hellorange, Braun, Hellbraun, Weiß

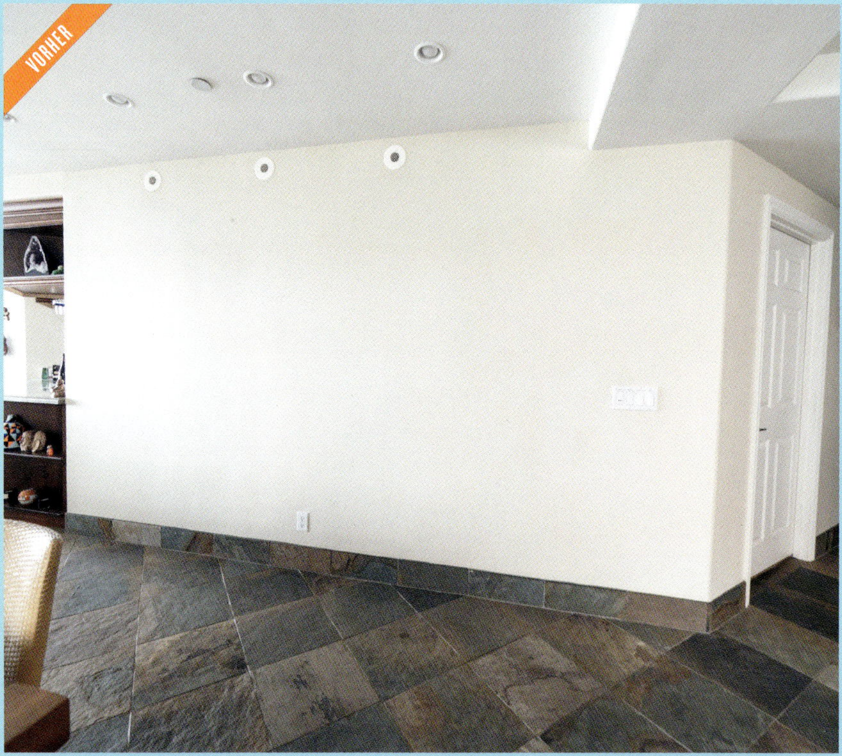

Egal, wo du wohnst, mit diesem einfachen Sonnenuntergang wird dein Zuhause paradiesisch. Wir haben dieses Wandbild in einem Esszimmer gemalt, aber es würde jeden Raum verschönern. Wie wäre es in deinem Schlafzimmer, Büro oder Wohnzimmer?

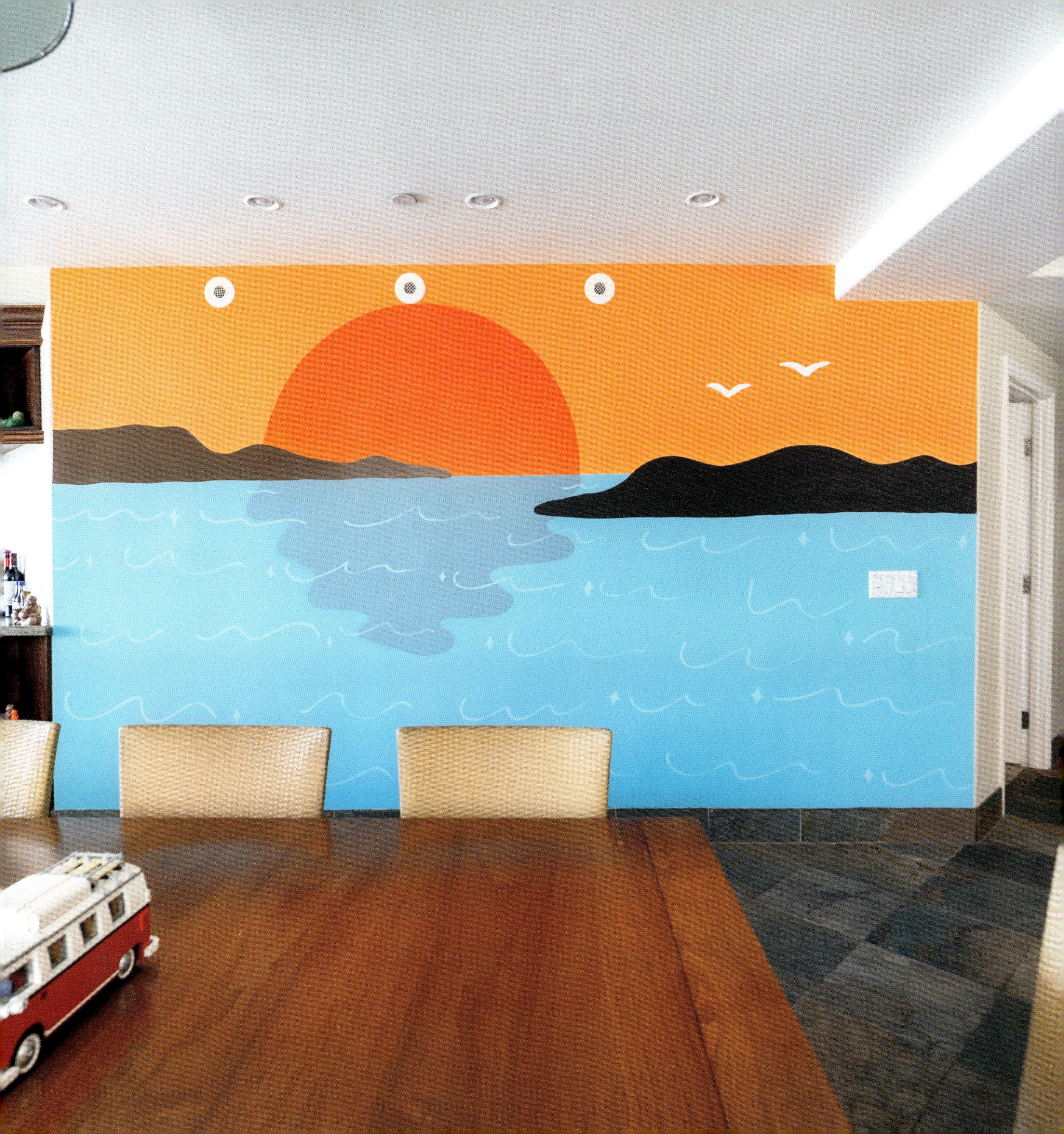

HILFSMITTEL

- ☐ Abdeckvlies
- ☐ 7 - 10 Pinsel in verschiedenen Größen
- ☐ Schnürsenkel oder Schnur
- ☐ gebrauchter Plastikbecher zum Mischen von Farben
- ☐ Tritthocker oder Leiter

MATERIAL

- ☐ 1 Rolle Malerband
- ☐ Kreide oder Bleistift
- ☐ 1 Liter Farbe, Hellblau
- ☐ 1 Liter Farbe, Hellorange
- ☐ 1 Liter Farbe, Braun
- ☐ 1 Liter Farbe, Hellbraun
- ☐ 1 Liter Farbe, Orange
- ☐ 1 Liter Farbe, Schwarz
- ☐ 1 Liter Farbe, Weiß

VORBEREITUNG

Klebe alles ab, was keine Farbe abbekommen soll, einschließlich Decke, Boden und Leisten.
Decke den Boden ab. Jetzt bist du bereit.

Wir haben den Horizont bis etwa zu einem Drittel der Wandhöhe (von der Wandoberseite aus gemessen) gezeichnet. Je nach Möblierung oder Gestaltung deines Zimmers kannst du ihn auch höher oder niedriger anlegen.

VORZEICHNEN

1. Entscheide, wo der Horizont sein soll. Zeichne mit Kreide (falls deine Wand eine andere Farbe als Weiß hat) oder einem Bleistift den Horizont und klebe ihn ab. Zeichne deine Landschaft auf beiden Seiten der Wand. Die Formen müssen nicht perfekt sein. Das hier ist Kunst, alles klar?!

2. Überlege, wo die Sonne sein soll, und zeichne sie vor. Deine Sonne kann größer oder kleiner als unsere sein, ganz wie du willst. Die Sonne braucht noch nicht perfekt rund zu sein. In Schritt 2 der Malanleitung zeigen wir dir, wie du einen perfekten Kreis zeichnest.

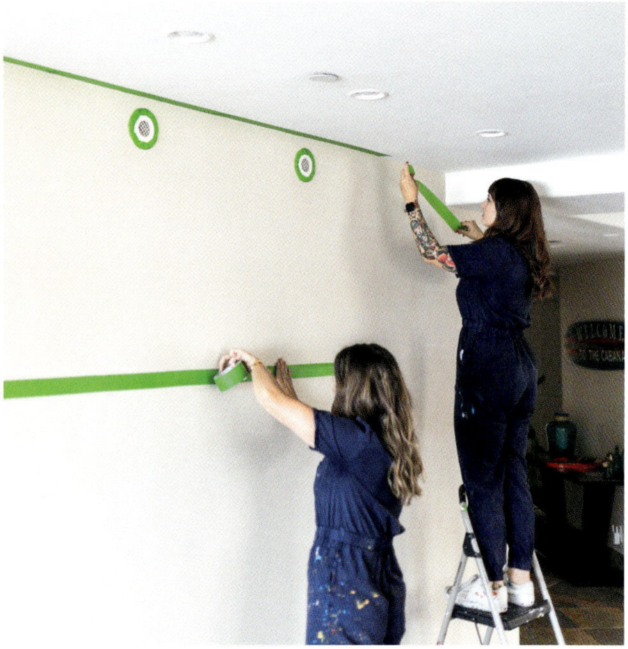

MALEN

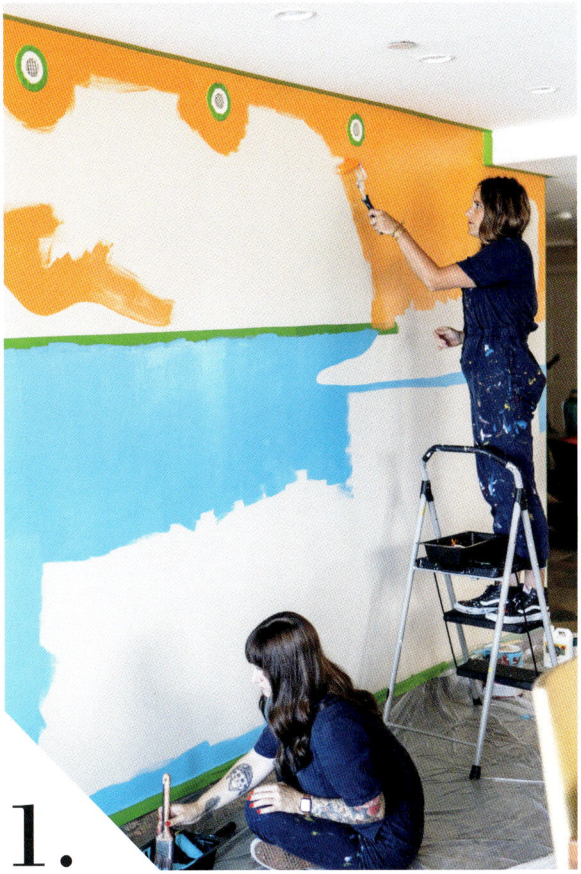

1.

Male zunächst das Wasser hellblau und den Himmel hellorange. Lass die Bereiche trocknen und trage bei Bedarf eine zweite und dritte Farbschicht auf.

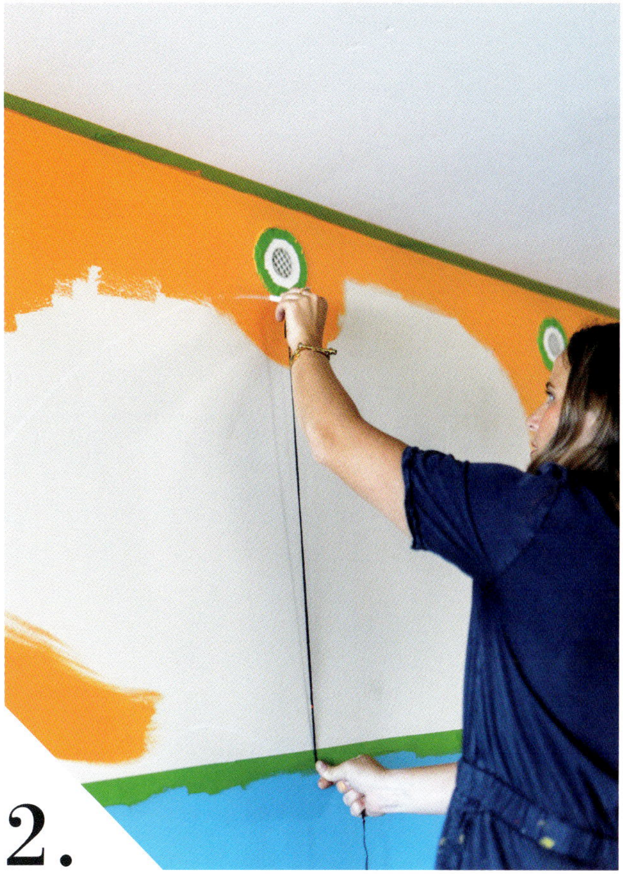

2.

Wenn alles trocken ist, markiere mit Kreide oder Bleistift, wo die Mitte der Sonne sein wird. Halte ein Ende einer Schnur oder eines Schnürsenkels mit einer Hand am Mittelpunkt. Mit der anderen Hand ziehst du die Schnur nach oben, wo der obere Rand der Sonne sein soll. Halte dort den Bleistift oder die Kreide. Zieh die Schnur straff und zeichne eine Kreisform.

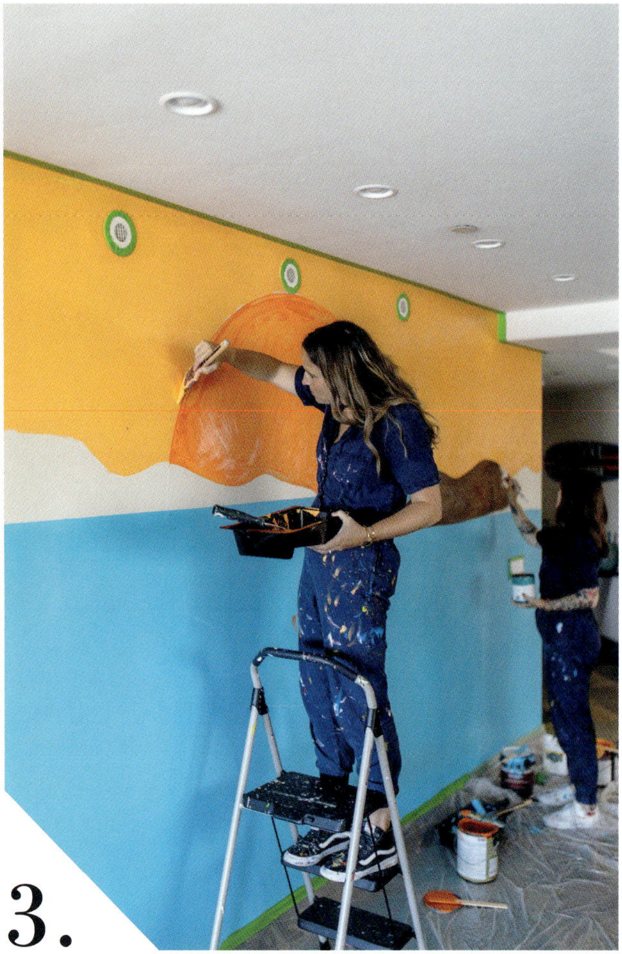

3.

Male die beiden Landstücke in Braun und Hellbraun aus. Dies sind letztendlich nur Formen, du musst sie nicht genau entsprechend deinem Umriss malen. Male die Sonne sorgfältig orange aus.

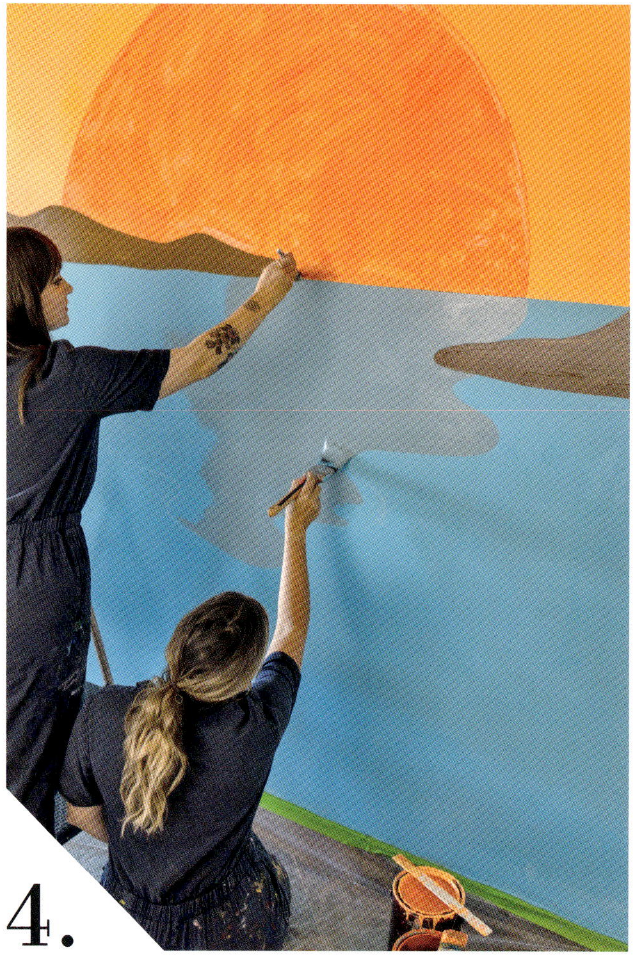

4.

Während diese Formen trocknen, zeichne die Spiegelung der Sonne auf dem Wasser. Sie braucht nicht perfekt zu sein. Es soll eine wellige, längere Form der Sonne sein. Mische in einem Becher Hellblau mit ein bisschen Schwarz, um die Farbe der Spiegelung zu erhalten. Wenn du die gewünschte Farbe hast, male die Spiegelung aus.

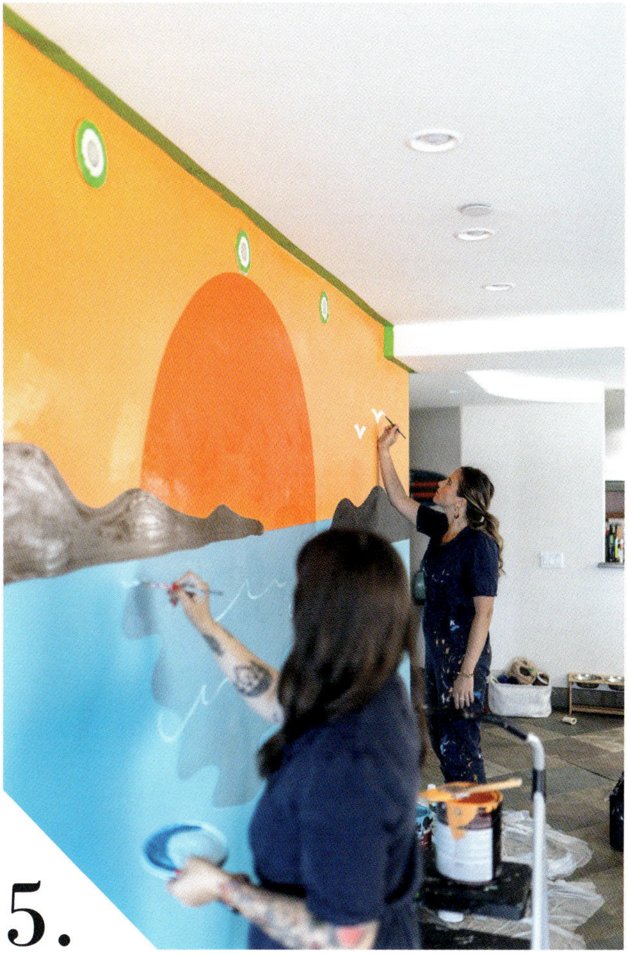

5.

Wenn die Farbe trocken ist, kannst du mit weißer Farbe Wellenlinien und Sterne auf dem Wasser hinzufügen. Wenn du ein paar Vögel malen willst wie wir, zeichne sie im Himmel vor und male sie mit einem feinen Pinsel und weißer Farbe aus.

Wir haben erst Kreide und dann Farbe für die Wellenlinien verwendet, aber wenn du richtig mutig bist, lege gleich mit Farbe los.

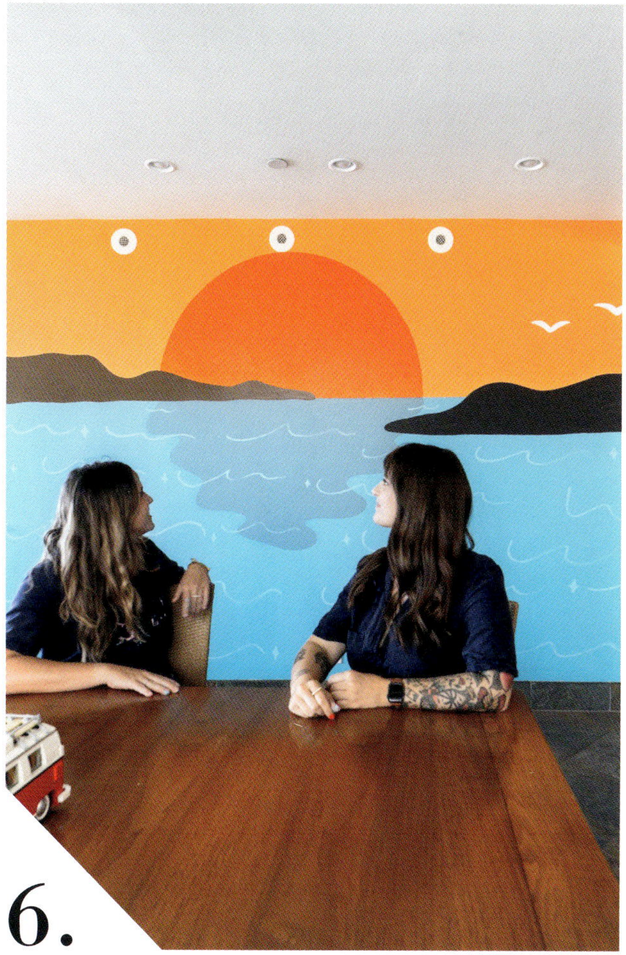

6.

Tritt einen Schritt zurück und sei stolz auf dich und dein Werk. Sieht es nicht fantastisch aus? Räume auf und stelle die Möbel zurück.

Transparente Formen

DIE FAKTEN

SCHWIERIGKEITSGRAD: mittel

ZEIT: 5 - 7 Stunden (ohne Trocknungszeit)

KOSTEN: 60 - 80 €

VERWENDETE FARBEN: Gelb, Dunkelgrün, Grau, leuchtendes Blau

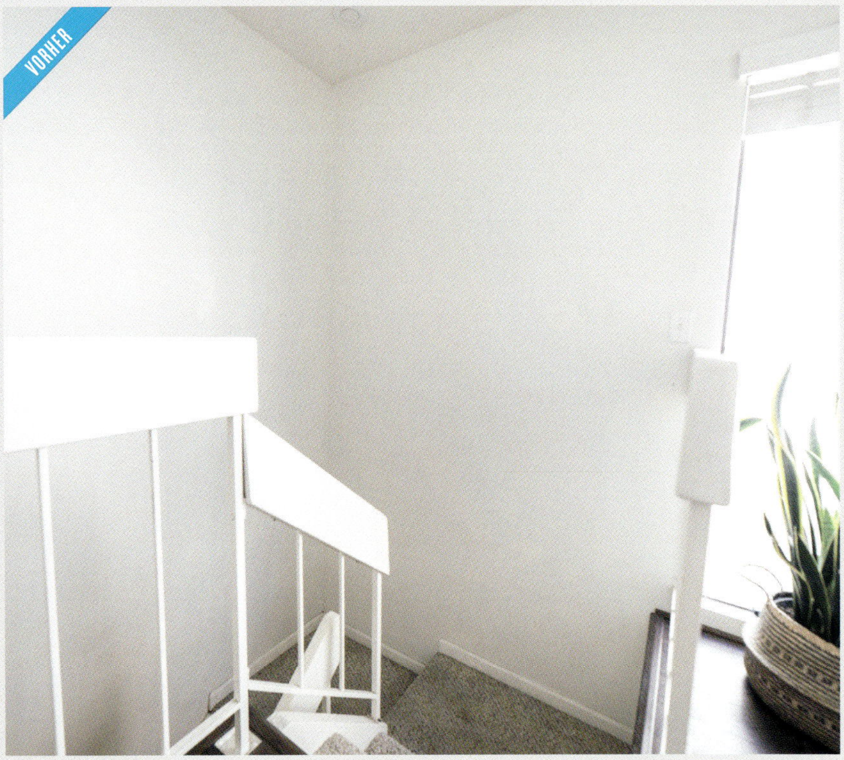

Dieses Design ist für alle unsere Seelenfreunde, die nicht gerne Wasserwaagen verwenden und alles perfektionieren. Wenn du keine Angst hast, frei Hand unregelmäßige Formen zu malen, ist dies für dich! Du bist Perfektionistin? Blättere einfach weiter bis zum nächsten Projekt.

Wir lieben dieses Design, da es problemlos angepasst werden kann: Ort, Farben, Zimmer. Es muss nicht die ganze Wand ausfüllen. Es passt in eine Ecke. Es kann auf die Decke oder den Boden reichen. Sei kreativ! Wir dachten, dieses Design würde gut in dieser Ecke oben an der Treppe wirken.

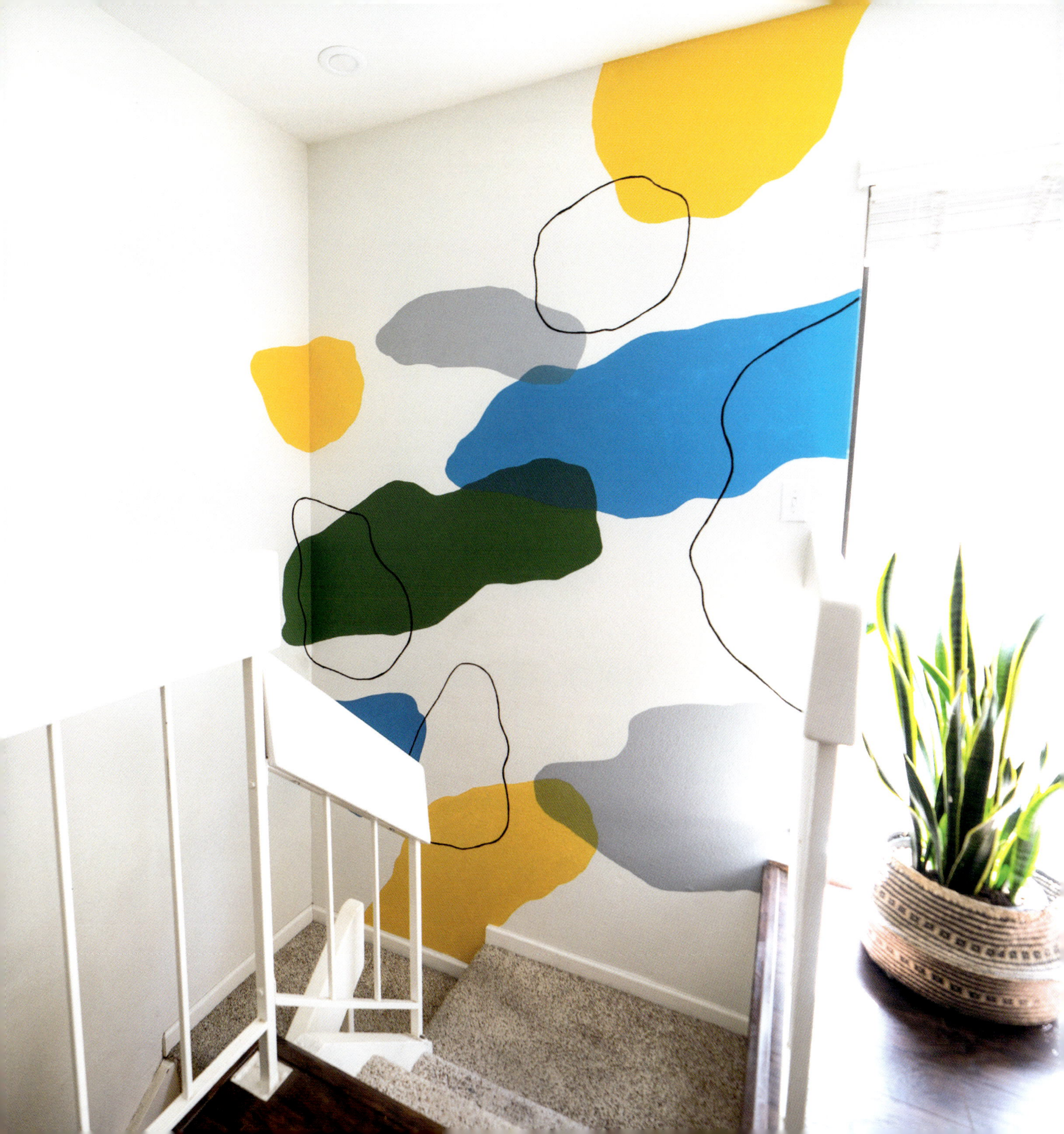

HILFSMITTEL

- ☐ Abdeckvlies
- ☐ 4 - 6 Pinsel in verschiedenen Größen
- ☐ gebrauchte Becher, um Farben anzumischen
- ☐ 1 - 3 Posca-Markerstifte in Schwarz

MATERIAL

- ☐ 1 Rolle Malerband
- ☐ Kreide oder Bleistift
- ☐ 1 Musterdose oder 1 Liter Farbe (je nach Größe der Wand), Gelb
- ☐ 1 Musterdose oder 1 Liter Farbe, Dunkelgrün
- ☐ 1 Musterdose oder 1 Liter Farbe, Grau
- ☐ 1 Musterdose oder 1 Liter Farbe, Leuchtendblau

VORBEREITUNG

Decke alles ab, was keine Farbe abbekommen soll. Klebe den Boden, die Decke und Leisten mit Malerband ab und decke den Boden mit Abdeckvlies ab.

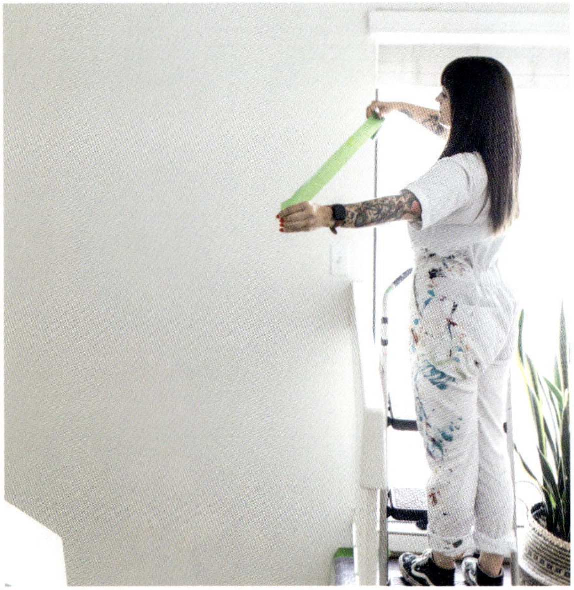

VORZEICHNEN

Hier kannst du richtig kreativ werden! Nimm dir einen Bleistift (wenn die Wand weiß ist) oder Kreide (wenn du auf farbigem Untergrund arbeitest) und zeichne ein paar Formen vor. Sie sollten verschiedene Größen haben und einige Formen sollten sich überlappen, um einen schönen geschichteten Effekt zu erzielen. Die schwarzen Linien brauchst du nicht vorzuzeichnen; du malst sie später auf.

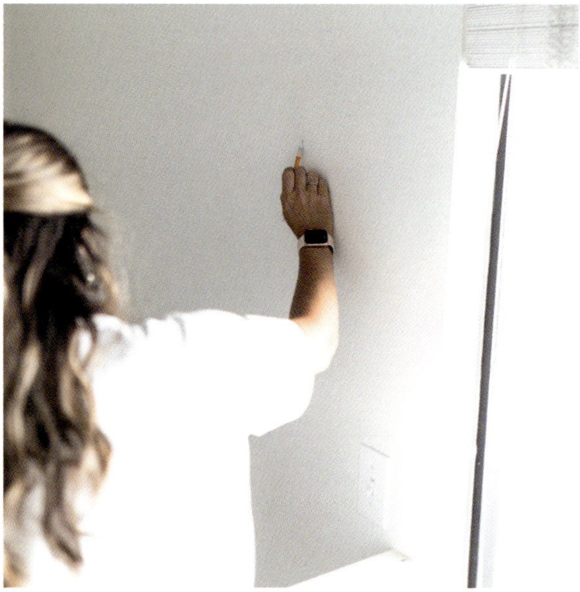

MALEN

Wir tupfen gerne ein bisschen Farbe auf oder schreiben den Namen der Farbe mit Bleistift auf, damit wir immer wissen, welche Form welche Farbe haben soll.

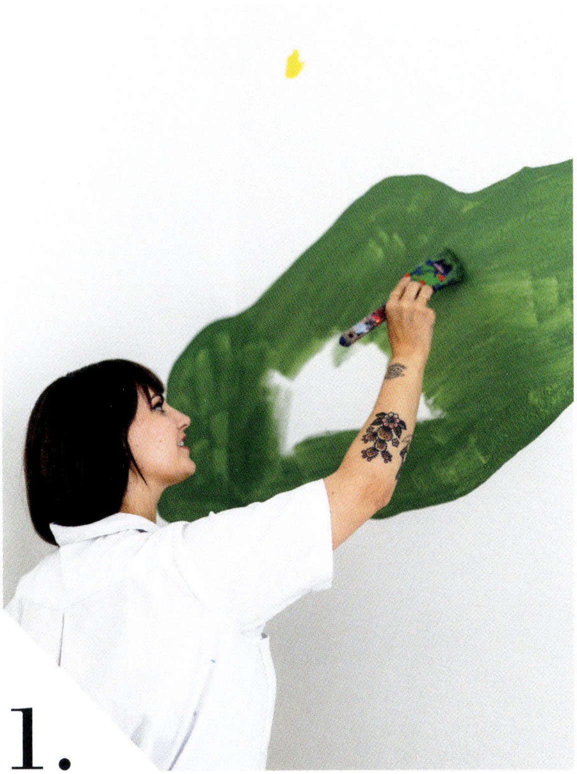

1.

Entscheide, welche Form welche Farbe haben soll. Lasse die überlappenden Abschnitte für später. Arbeite jeweils mit einer Farbe, male die Formen aus, bis alle Formen fertig sind. Wenn die Farbe trocken ist, male bei Bedarf eine weitere Schicht.

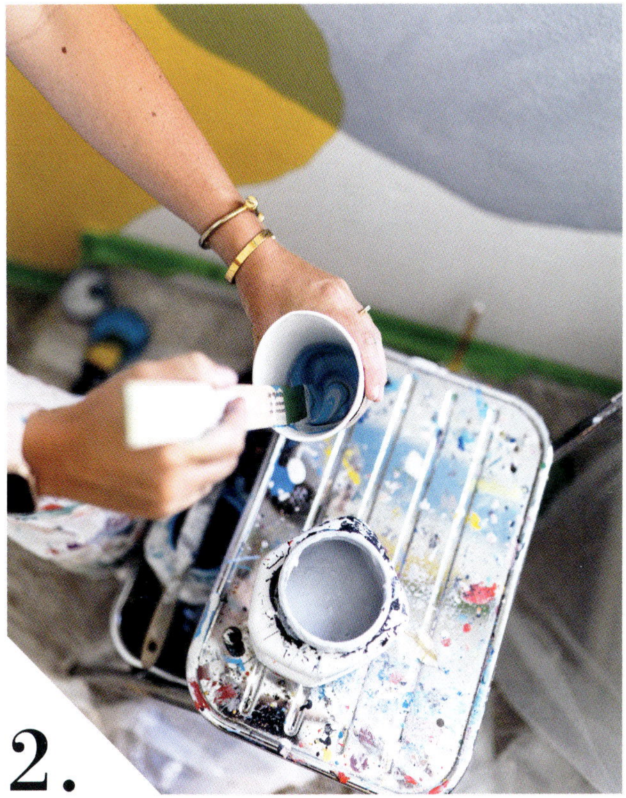

2.

Um einen geschichteten, transparent wirkenden Effekt zu erzielen, mische die beiden überlappenden Farben.

Überall dort, wo sich blaue und graue Formen überlappen, haben wir eine Mischung aus blauer und grauer Farbe verwendet.

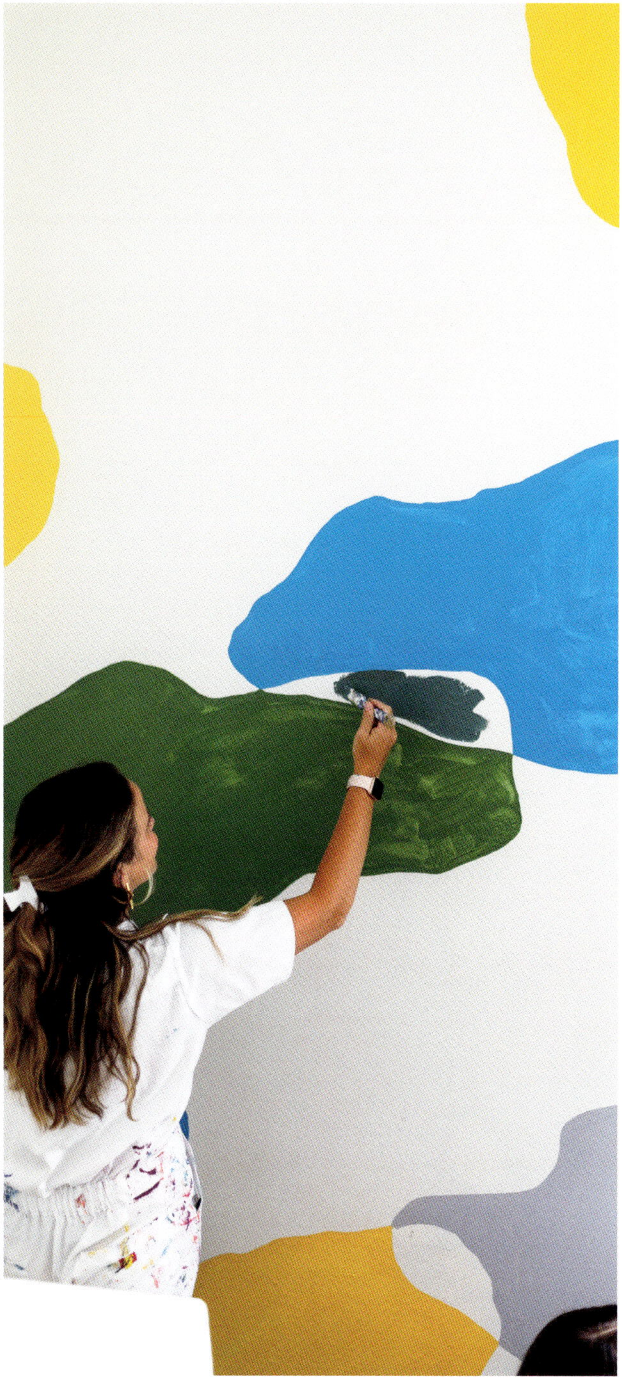

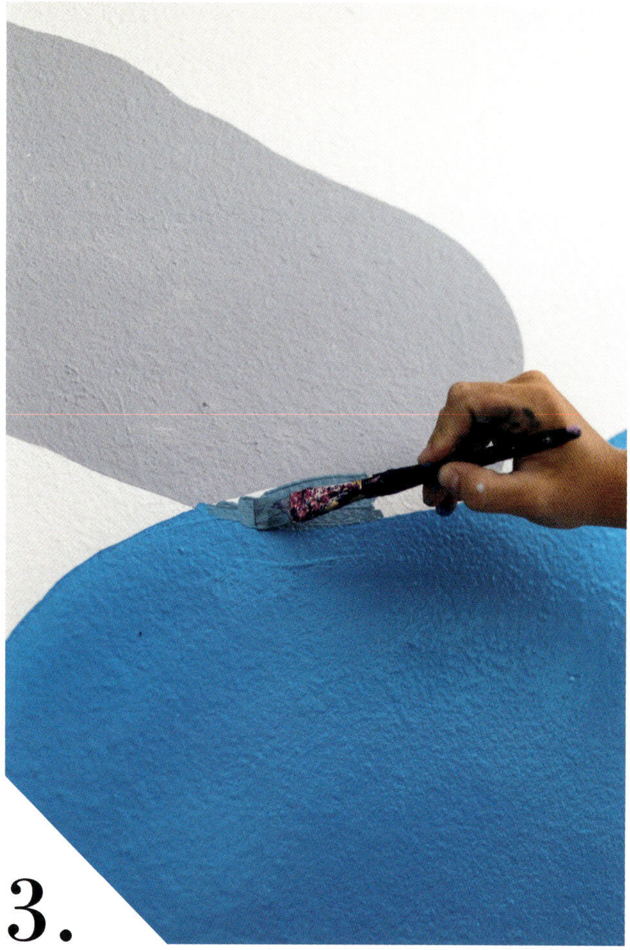

3.

Male die Bereiche, in denen die Formen sich überlappen, mit dieser neuen Farbe aus. Lass die Farbe trocknen und trage dann bei Bedarf eine zweite Farbschicht auf.

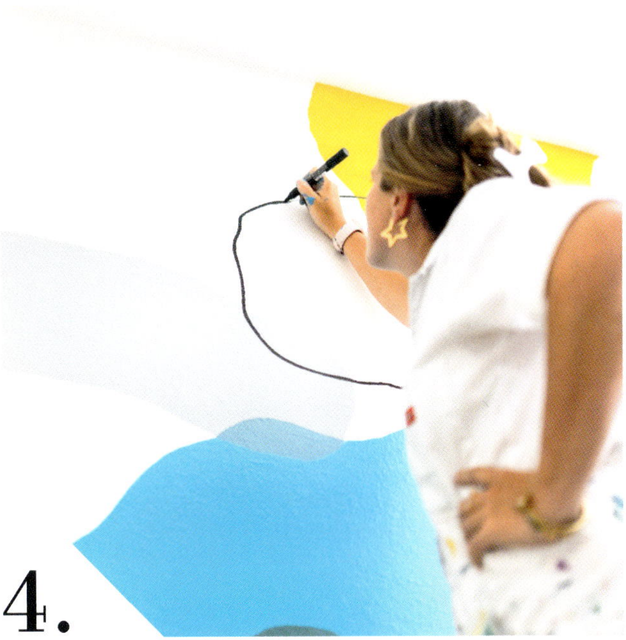

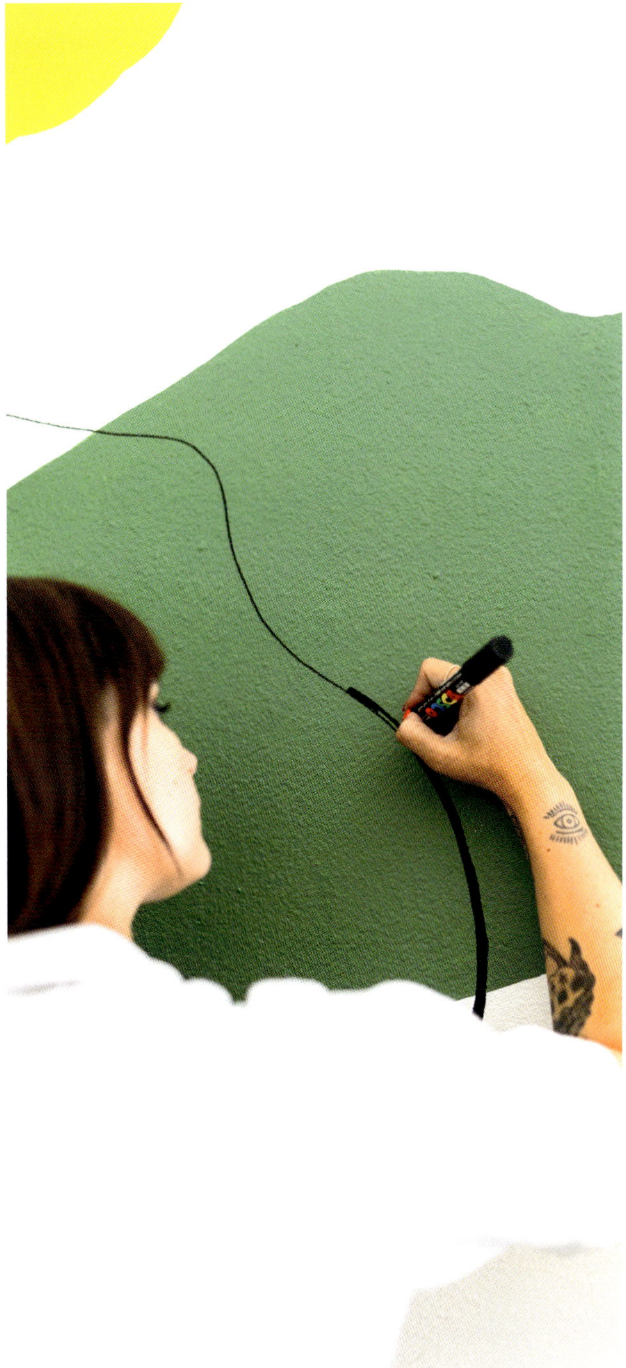

4.

Wenn dir das Wandbild so schon gefällt, ist dein Werk fertig! Wenn du schwarze Linien hinzufügen möchtest wie bei unserem Wandbild, zeichne mit deinem Bleistift unregelmäßige Formen über die Farbfelder. Male die Bleistiftstriche mit einem schwarzen Markerstift nach. Du kannst die Linien so schmal oder breit machen, wie es dir gefällt.

Wir haben unsere Linien 1 cm breit gemacht. Aber es ist deine Wand. Mach sie schmaler oder breiter, ganz wie du willst!

5.

Deine Arbeit ist vollbracht! Du bist hoffentlich stolz auf dein klecksiges Meisterwerk. Bringe zum Schluss noch dein Zimmer wieder in Ordnung.

Punktmuster

DIE FAKTEN

SCHWIERIGKEITSGRAD: mittel

ZEIT: 2 - 4 Stunden (ohne Trocknungszeit)

KOSTEN: 20 - 30 €

VERWENDETE FARBEN: Smaragdgrün und Schwarz

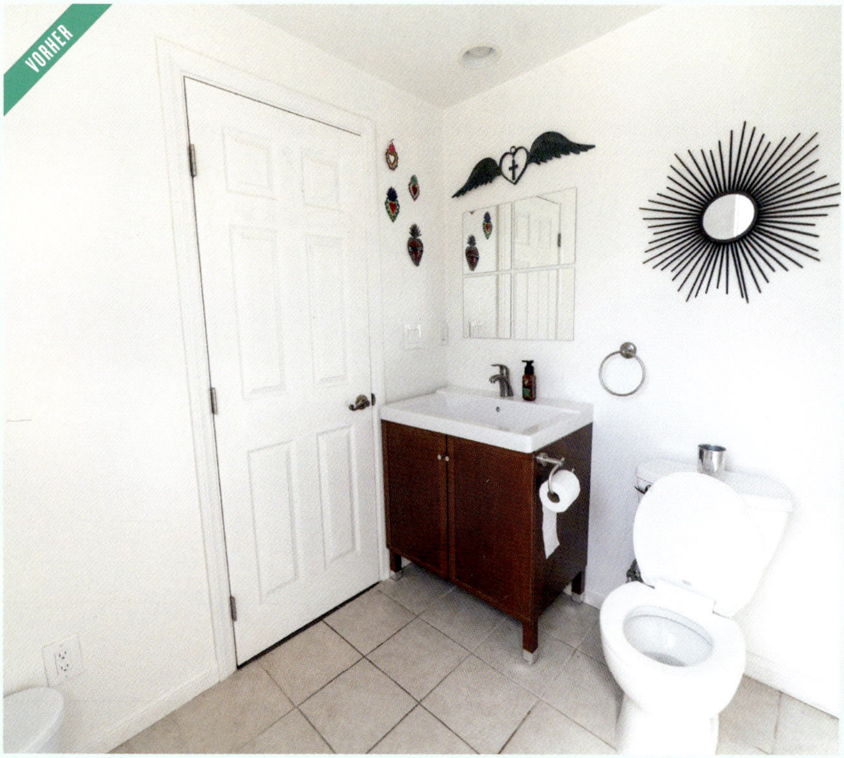

Badezimmer werden bei der Deko oft vernachlässigt und erhalten nicht die Farbe und Liebe, die sie verdienen. Wir wollen das ändern. Dieses Badezimmer war recht unscheinbar, sodass wir richtig loslegen wollten. Da es ein kleines Zimmer ist, wollten wir nichts zu Dominantes machen, aber die Eigentümerin hatte keine Angst vor einem markanten Design.

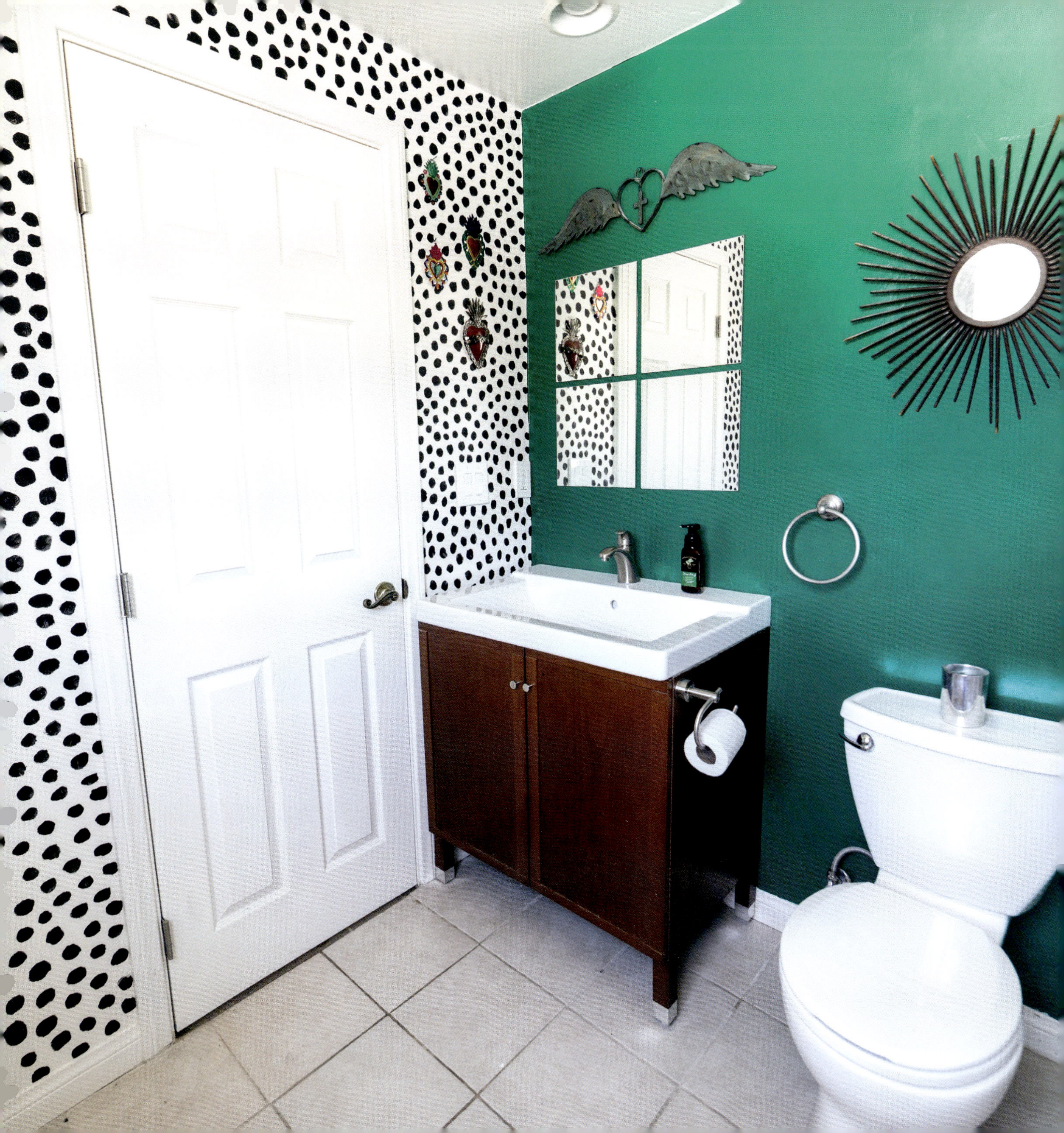

HILFSMITTEL

- ☐ Abdeckvlies
- ☐ Walze und Farbwanne
- ☐ 3–4 feine Pinsel
- ☐ Tritthocker oder Leiter

MATERIAL

- ☐ 1 Rolle Malerband
- ☐ 1 Liter Farbe, Smaragdgrün
- ☐ 1 Musterdose Farbe, Schwarz

VORBEREITUNG

Klebe alles ab, was keine Farbe abbekommen soll. Klebe lieber zu viel als zu wenig ab. Entferne außerdem die Wanddeko, wie Spiegel. Decke dann den Boden, das Waschbecken und die Toilette mit dem Abdeckvlies ab. Wenn du eine Plastikfolie verwendest, lohnt es sich, sie an den Fußleisten anzukleben, damit sie sich beim Malen nicht verschiebt.

MALEN

1. Fülle deine Wanne mit smaragdgrüner Farbe und beginne, die großen Bereiche auszumalen. Nimm dir Zeit und versuche zu vermeiden, dass die Farbe tropft. Manche Farben und Marken brauchen mehr als zwei Farbschichten – du solltest mit zwei bis vier Anstrichen rechnen. Warte, bis die vorherige Schicht trocken ist, bevor du mehr Farbe aufträgst, da sich sonst die vorherige Schicht löst.

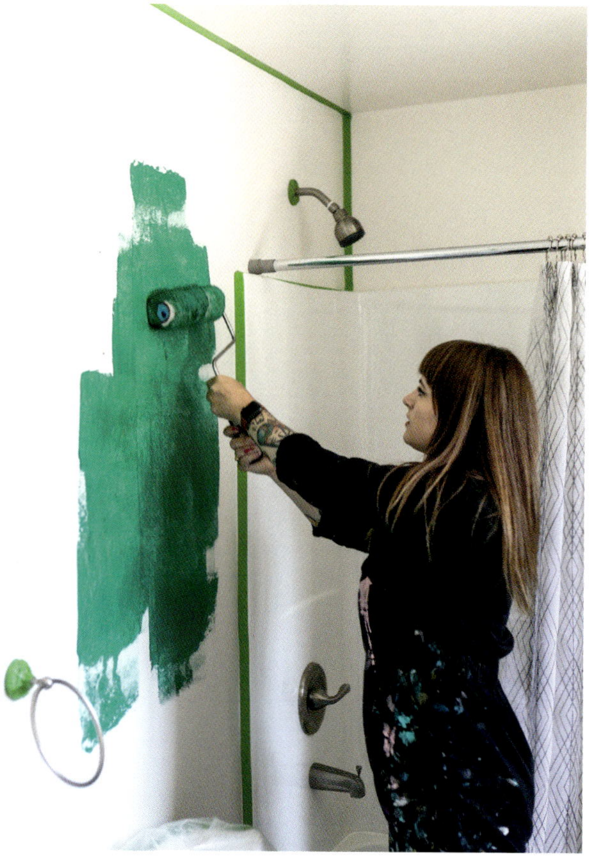

Wir haben mit der grünen Wand begonnen, aber es ist ganz deine Entscheidung!

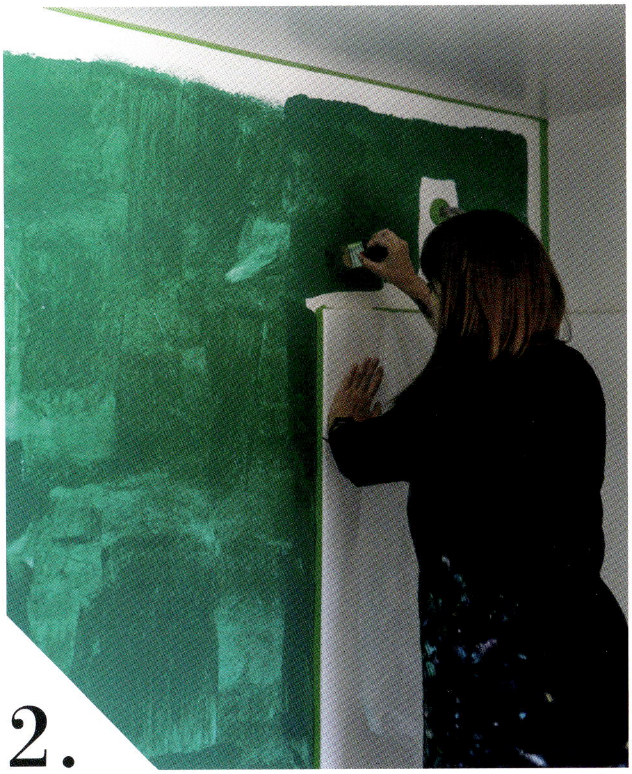

2.

Verwende einen schmalen bis mittelbreiten Pinsel, um an den Rändern und schwer zugänglichen Bereichen (wie hinter der Toilette) zu streichen. Ein Pinsel lässt sich besser kontrollieren als eine Walze. Glücklicherweise schauen nicht viele Menschen hinter die Toilette. Keine Sorge also, wenn du dort nicht perfekt malst! Nimm dir aber die Zeit, um sorgfältig um das Waschbecken, die Dusche und andere sichtbaren Kanten zu streichen. Verwende einen noch feineren Pinsel, wenn du mehr Kontrolle brauchst. Es dauert länger, aber du bist vielleicht entspannter dabei.

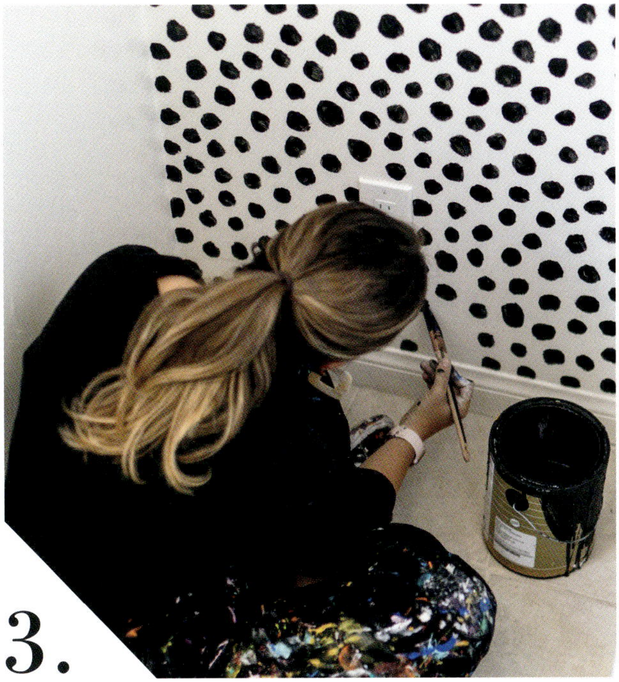

3.

Für die Wand mit Punktemuster machst du kleine Farbpunkte mit einem feinen Pinsel und drehst dazu den Pinsel. Durch das Drehen des Pinsels entsteht die Kreisform. Deine Punkte sollten etwa 2,5 cm breit sein und die Abstände zwischen ihnen sollten gleich sein. Sie brauchen aber nicht perfekt zu sein. (Wenn du perfekte Kreise möchtest, nimm eine Schablone.) Punkte auf die gesamte Wand zu malen, ist richtig meditativ. Gehe so nah an den Rand, wie du dich traust. Es ist schön, wenn einige Punkte am Rand wie abgeschnitten sind, als wäre es eine perfekt zugeschnittene Tapete. Bei schwarzer Farbe sollte eine Farbschicht reichen, aber du kannst die Punkte ausbessern, die durchscheinend wirken.

4.

Wenn du mit deinem Werk zufrieden bist, kannst du aufräumen. Entferne das Malerband und bessere mit feinen Pinseln bei Bedarf nach. Wasche deine Pinsel aus und nimm deinen Walzenkopf vom Griff. Tritt dann einen Schritt zurück und bewundere deine Arbeit!

Farbfelder

DIE FAKTEN

SCHWIERIGKEITSGRAD: einfach

ZEIT: 1–2 Stunden (ohne Trocknungszeit)

KOSTEN: 20-50 €

VERWENDETE FARBEN: Dunkles Pink und Apricot

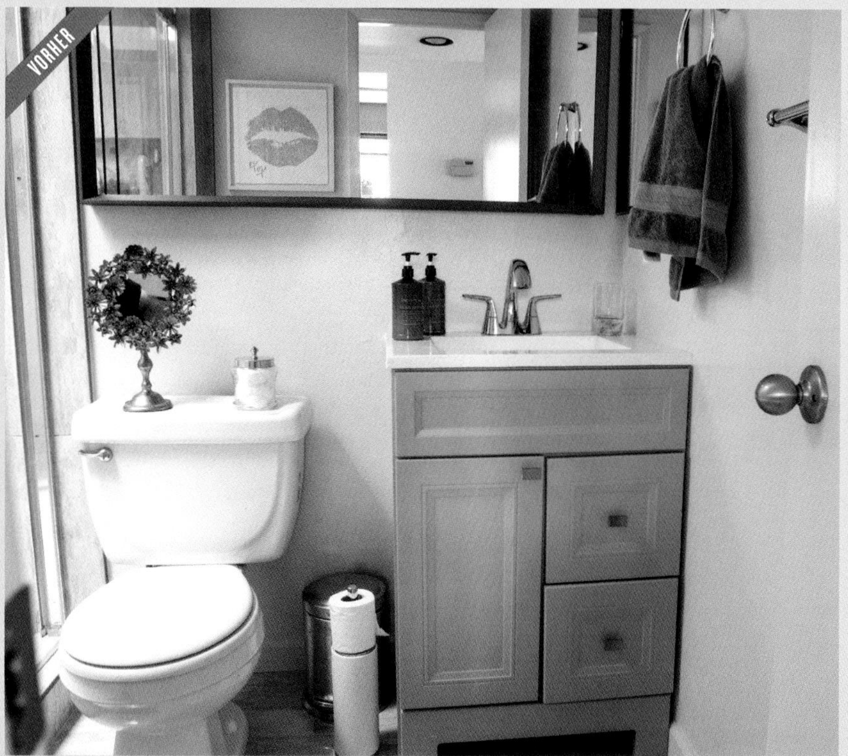

Mit dieser Methode bringst du ganz einfach Farbe in dein Badezimmer. Da dieses Badezimmer kein Fenster hat, haben wir leuchtende Farben gewählt, damit der Raum nicht zu dunkel wirkt.

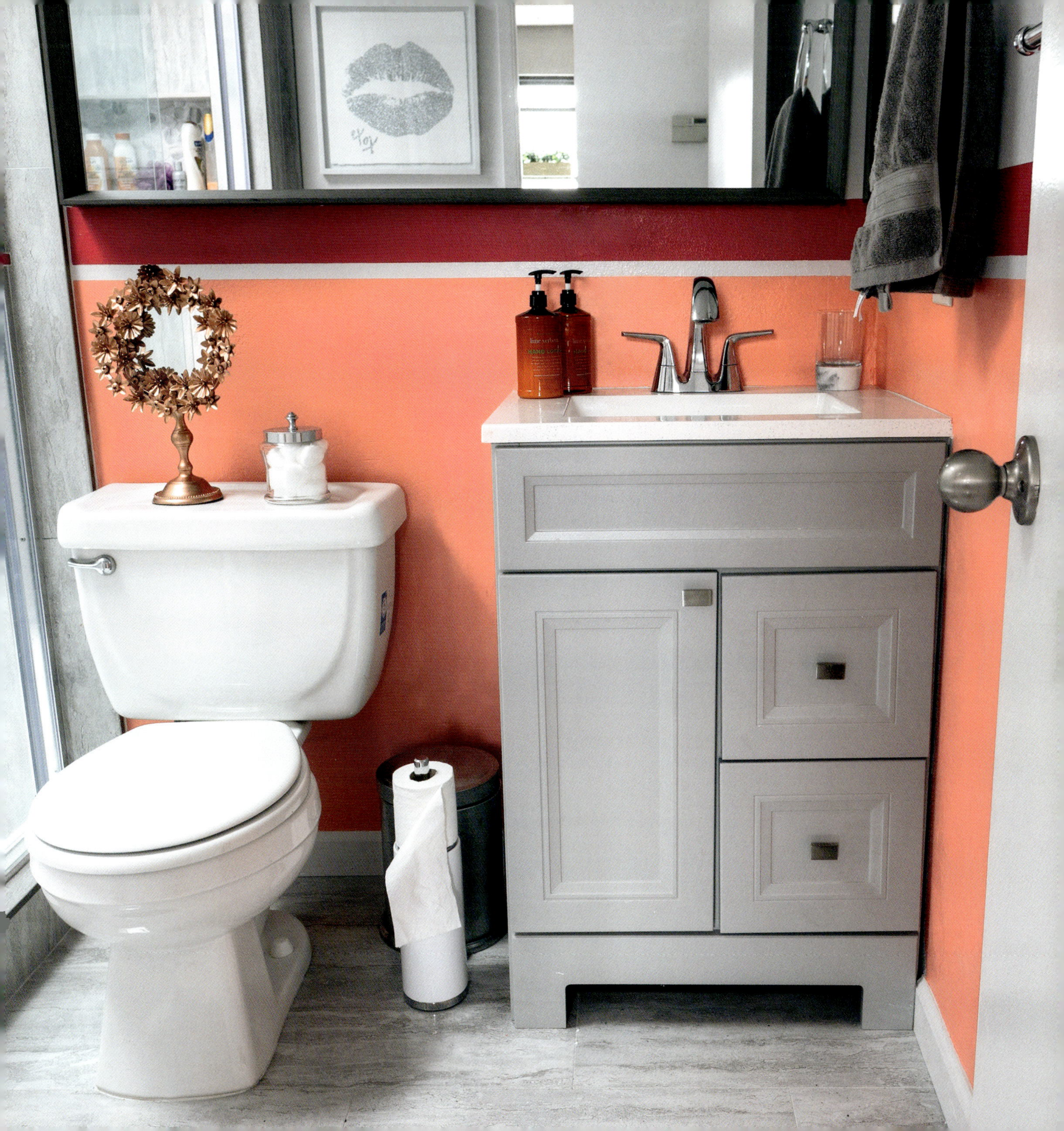

HILFSMITTEL

- ☐ Abdeckvlies
- ☐ Maßband
- ☐ Wasserwaage
- ☐ 3 - 4 Pinsel in verschiedenen Größen
- ☐ Walze und Farbwanne

MATERIAL

- ☐ 1 Rolle Malerband
- ☐ Bleistift
- ☐ 1 Musterdose Farbe, dunkles Pink
- ☐ 1 Liter Farbe, Apricot

VORBEREITUNG

Klebe alles ab, was keine Farbe abbekommen soll, und schütze den Boden und die Toilette mit Abdeckvlies.

MESSEN UND ABKLEBEN

1. Miss vom Boden bis zum Rand des Waschbeckens. Markiere mit dem Bleistift an der Wand, wo der obere Rand des Abschnitts in Apricot und der untere Rand des Negativ-Raums sein soll. Wiederhole diese Markierung der Wand entlang in Abständen, um die Oberseite des Bereiches in Apricot anzuzeigen. Wasserhähne und dergleichen behindern dich manchmal beim Malen. Mach dir deshalb das Leben leicht und male in diesen Bereichen nur mit der unteren Farbe.

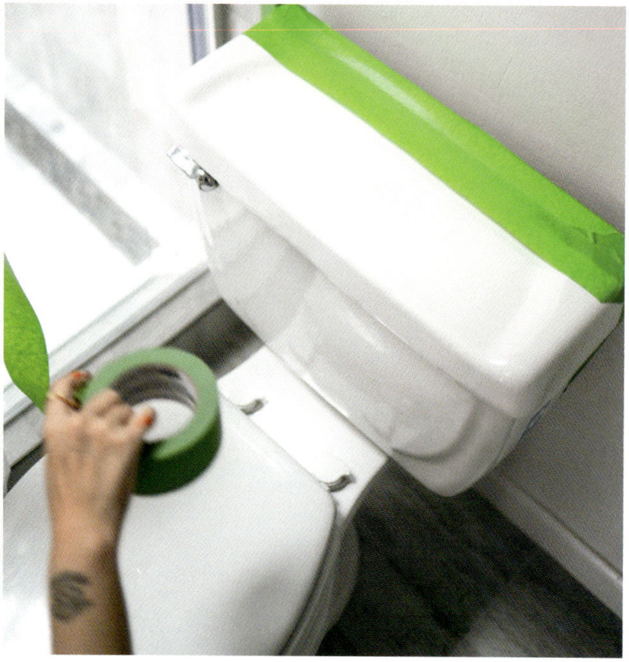

Wir haben die Farbfelder in diesem Wandbild am Waschbecken ausgerichtet. Der Negativ-Raum liegt etwa ein Drittel unter dem Spiegel und über dem Waschbecken. Je nach Konfiguration deines Badezimmers kannst du den Negativ-Raum höher oder niedriger legen. Die Farbfelder können die Wand unterteilen, wie du willst – du musst nur die Linien sorgfältig messen und markieren.

2. Klebe mit dem Malerband eine gerade Kante und verbinde dabei die Markierungen aus Schritt 1. Gehe dabei langsam vor, um korrigieren zu können. Prüfe mit einer Wasserwaage, ob deine Klebebandlinie parallel zum Boden verläuft, und bessere bei Bedarf nach. Drücke das Malerband mit einer Bank- oder Geschenkkarte an. Das Malerband muss so gut wie möglich an der Wand sitzen, damit keine Farbe daruntersickert. Es erzeugt den Negativraum zwischen den beiden Farbfeldern.

3. Entscheide, wie breit der obere Streifen werden soll. Miss von der Oberseite des Malerbandes und markiere mit dem Bleistift, wo der Abschnitt in dunklem Pink enden soll. Verbinde die Markierungen mit Malerband. Prüfe dann mit der Wasserwaage, ob die Linie parallel zum Boden verläuft. Drücke das Malerband sorgfältig an.

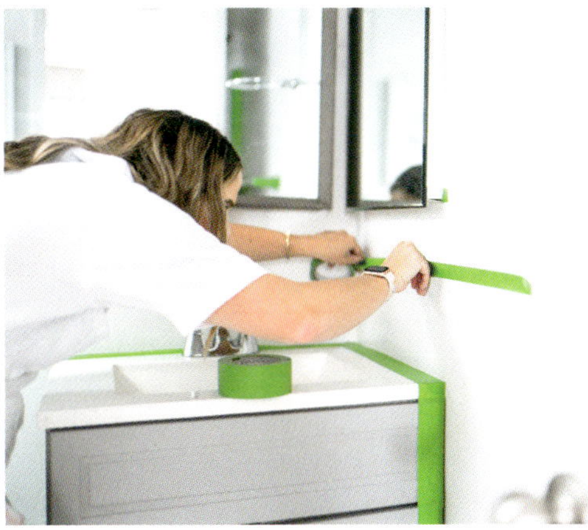

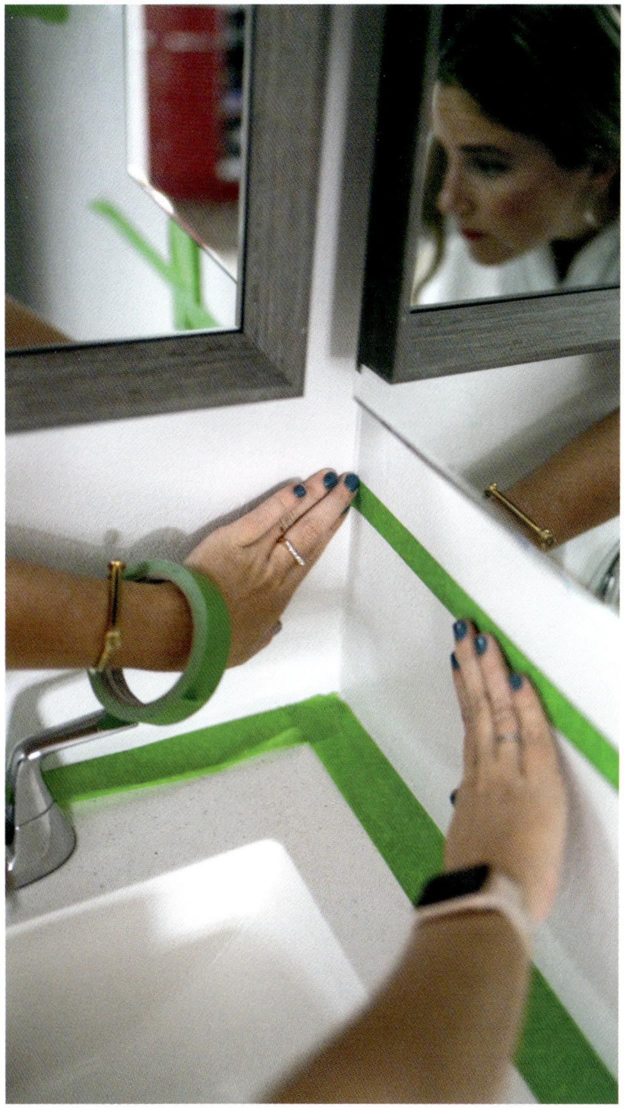

MALEN

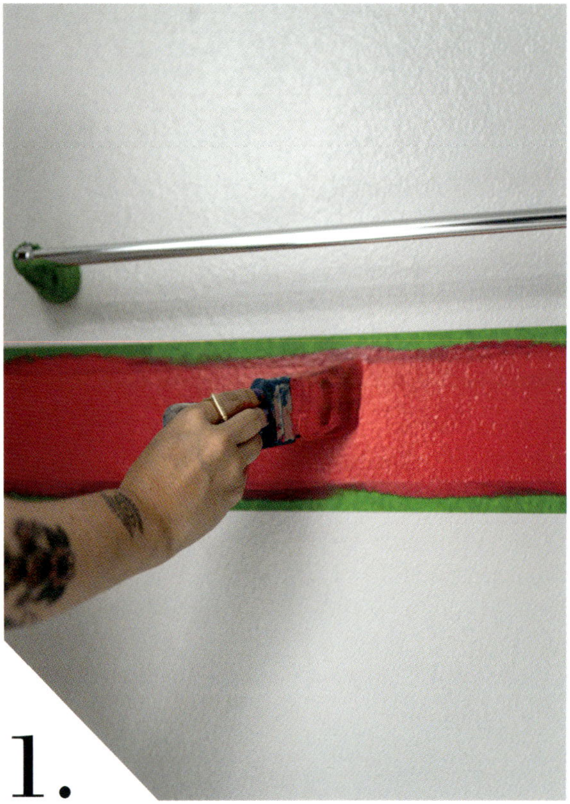

1.

Male den Streifen in dunklem Pink mit einem mittelbreiten Pinsel. Falls dein Pinsel etwas breiter als der Streifen ist, kein Problem: Das Malerband schützt die Ränder des Streifens.

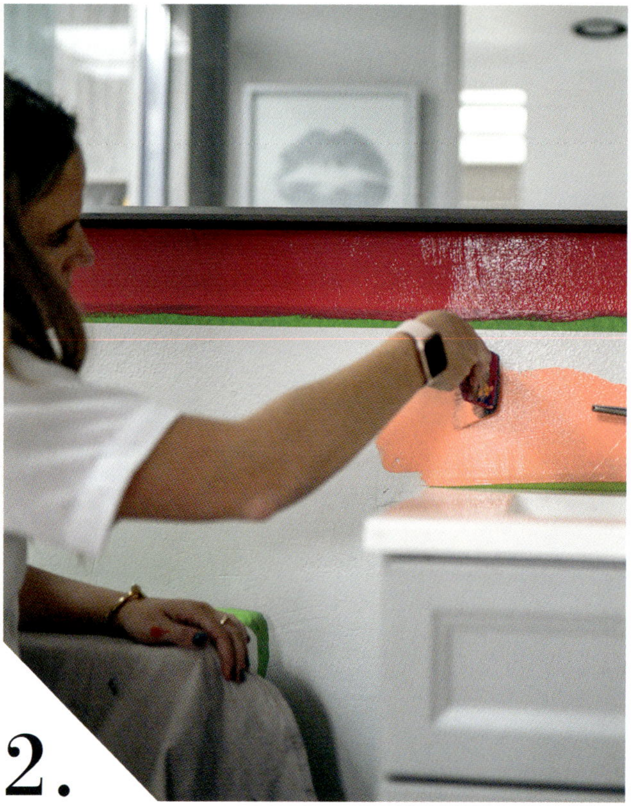

2.

Male mit einem schmaleren Pinsel in Apricot um das Waschbecken, die Toilette usw. Je feiner der Pinsel ist, desto einfacher erreichst du schwierige Ecken. Male anschließend die größeren Flächen mit einem breiteren Pinsel oder einer Walze aus.

Verschiedene Farben brauchen unterschiedlich viele Anstriche. Wenn mehrere Farbschichten notwendig sind, lasse die Farbe zwischendurch ausreichend lange trocknen. Falls du einen Ventilator hast, kannst du mit ihm die Trocknungszeit verkürzen.

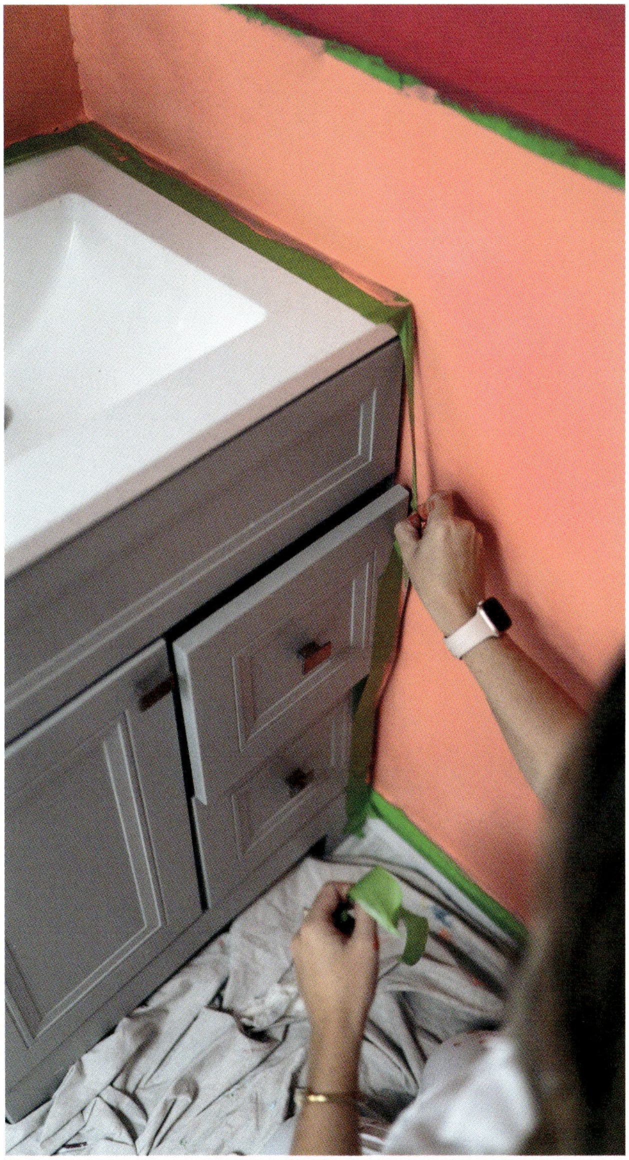

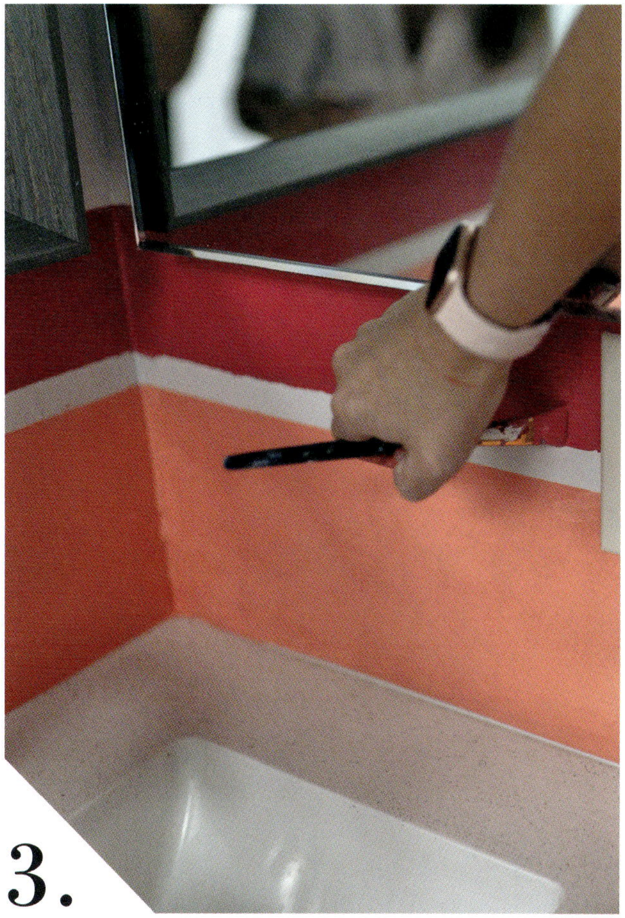

3.

Wenn die Farben gleichmäßig aussehen und es keine durchscheinenden Flecken mehr gibt, ziehe das Malerband ab. Zum Ausbessern nimmst du bei Bedarf einen extrafeinen Pinsel.

Einfacher Schriftzug

DIE FAKTEN

SCHWIERIGKEITSGRAD: mittel

ZEIT: 5 - 7 Stunden (ohne Trocknungszeit)

KOSTEN: 60 - 80 € für Material, Preis für Projektor kann variieren

VERWENDETE FARBEN: Waldgrün, Zartrosa, Weiß

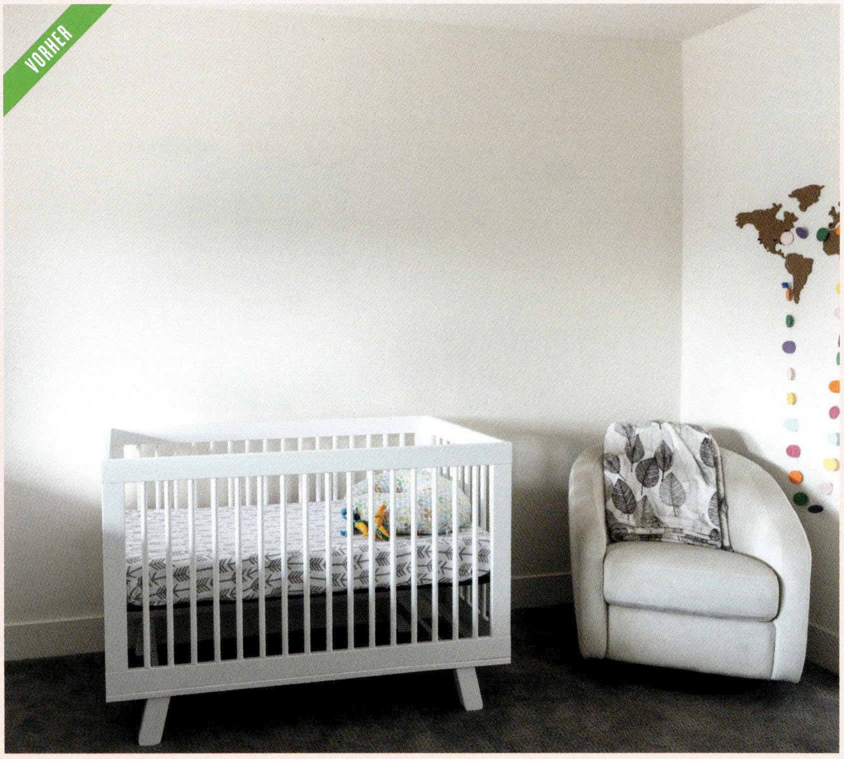

Wir wollten gern ein Zimmer für ein kleines Mädchen anmalen, ohne dass es zu rosa und prinzessinnenhaft aussieht. Wir wollten zeigen, dass auch ein grün gestrichenes Zimmer feminin wirken kann. Und dass ein einfaches Design große Wirkung haben kann.

Für dieses Design haben wir einen kurzen Text mit einem einfachen Blumenbild kombiniert. Weil die Buchstaben perfekt werden sollten, haben wir den Text mit einem Projektor an die Wand gestrahlt. Wenn du dieses Design nacharbeiten möchtest, kannst du es herunterladen.

HINWEIS: Ein Projektor kann teuer sein, aber wir wollten dir zeigen, wie man mit dieser tollen Methode komplizierte Bilder auf die Wand überträgt. Es gibt Projektoren zum Filme zeigen – vielleicht hast du ja sogar einen oder kennst jemanden, der einen hat.

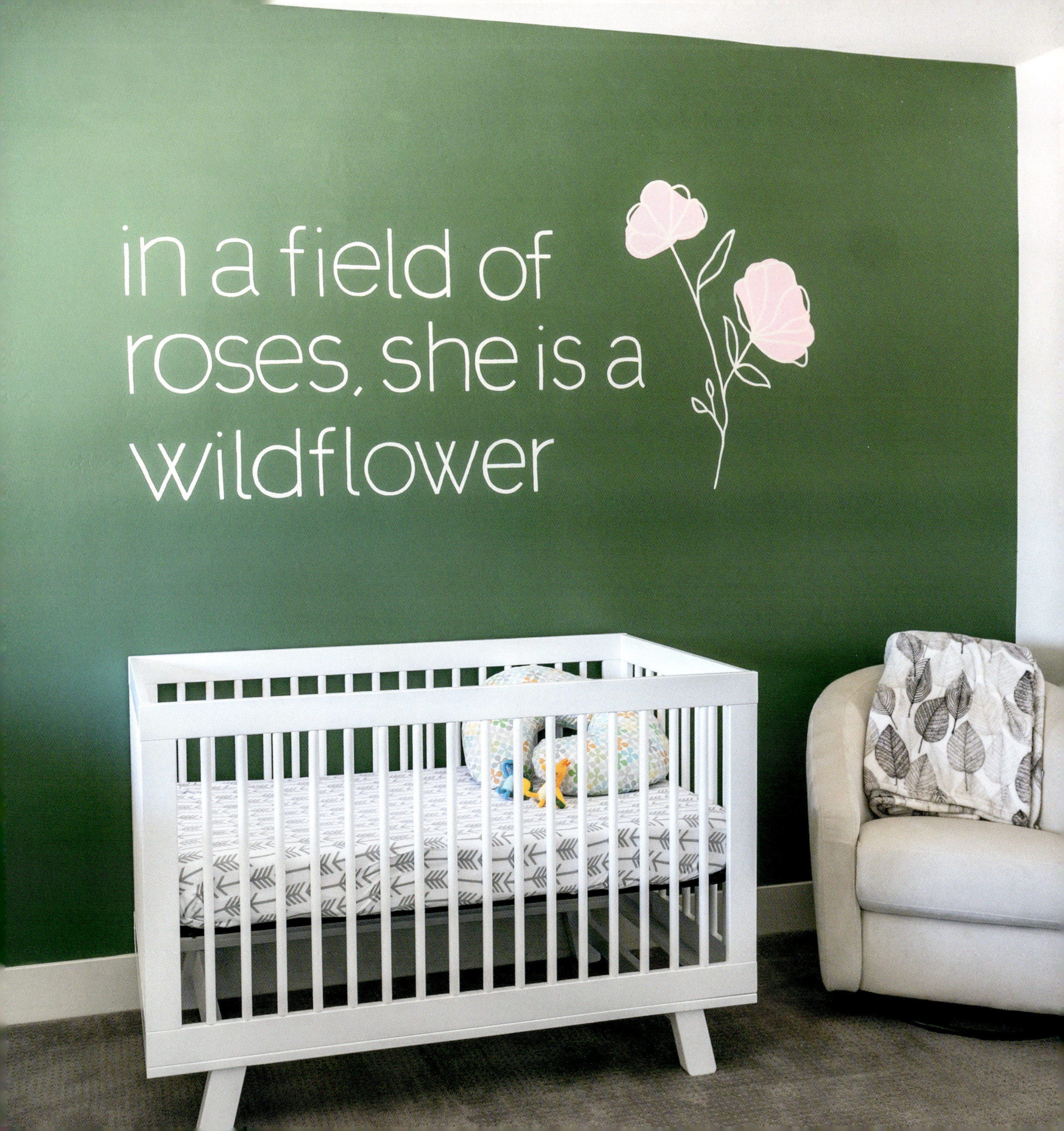
in a field of
roses, she is a
wildflower

HILFSMITTEL

- ☐ Abdeckvlies
- ☐ 3 - 4 Pinsel in verschiedenen Größen
- ☐ Walze und Farbwanne
- ☐ heruntergeladenes Design, optional (siehe Seite 198)
- ☐ Projektor
- ☐ Wasserwaage
- ☐ Maßband
- ☐ Tritthocker oder Leiter

MATERIAL

- ☐ 1 Rolle Malerband
- ☐ Bleistift
- ☐ Kreide
- ☐ 1 Liter Farbe, Waldgrün
- ☐ 1 Musterdose Farbe, Rosa
- ☐ 1 Liter Farbe, Weiß

VORBEREITUNG

Klebe alles ab, was keine Farbe abbekommen soll, einschließlich der Ränder der Wand und der Leisten. Decke den Boden ab.

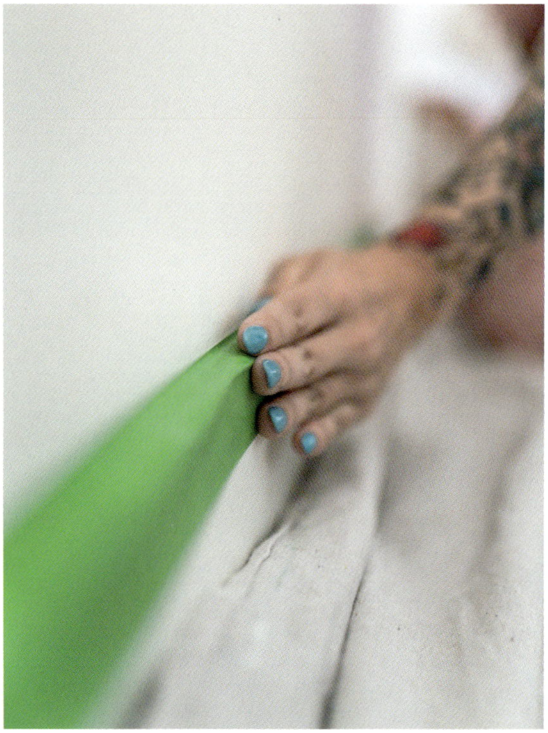

MALEN

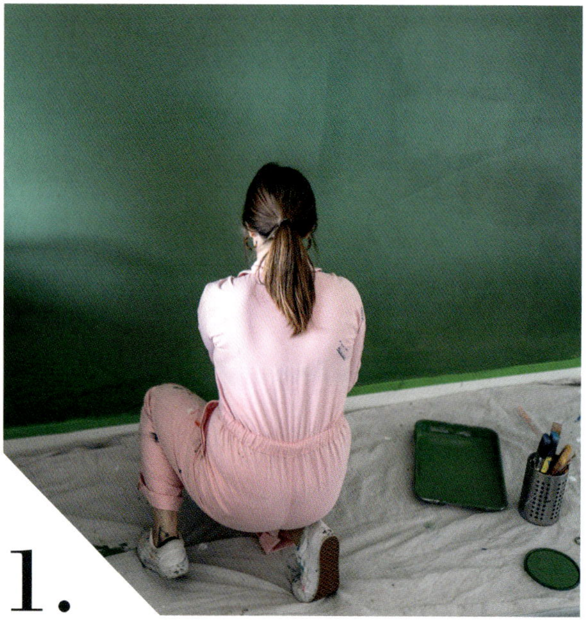

1.

Male zunächst den Hintergrund. Verwende einen 5 cm breiten Pinsel für die Ränder. Male dann den Hauptbereich der Wand mit einer Walze aus. Du brauchst wahrscheinlich zwei Anstriche. Lasse die erste Farbschicht vollständig trocknen, bevor du den zweiten Anstrich aufträgst. Wickele deine Pinsel in Plastikfolie, während die erste Schicht trocknet. Während du wartest, könntest du … spazieren gehen, eine gute Freundin anrufen, einen neuen Tanz von einem Online-Video lernen, dir Mittagessen machen. Du weißt, was wir meinen.

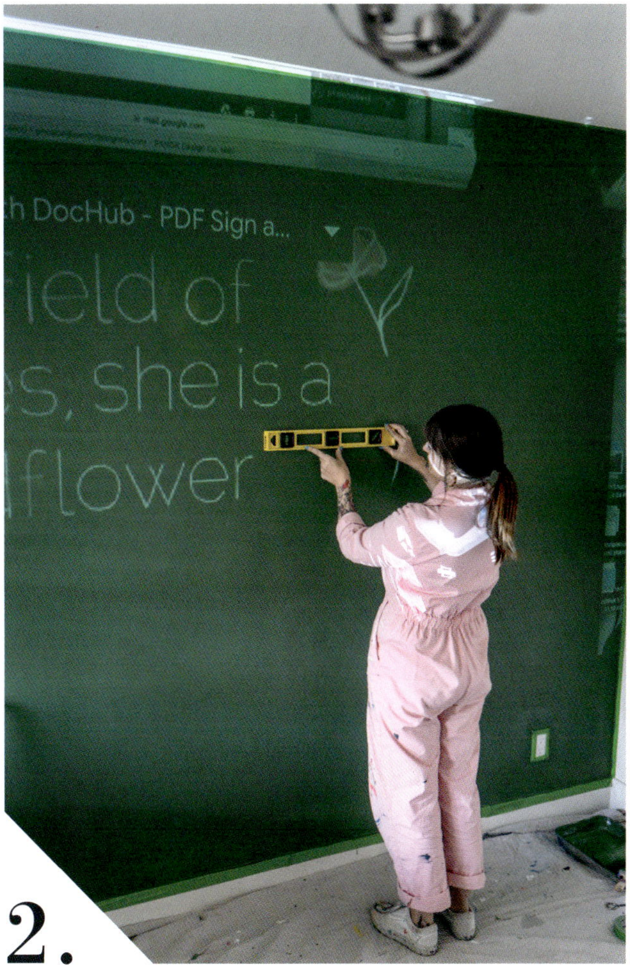

2.

Entscheide, wo der Text stehen soll, dann projiziere das Design an die Wand. Kontrolliere mit einer Wasserwaage, ob die Buchstaben gerade sind. Markiere die Linien dann mit einem Bleistift an der Wand.

Beim Nachzeichnen solltest du etwas seitwärts stehen, damit du den Projektor nicht blockierst. Dies fühlt sich anfangs etwas komisch an, aber du wirst dich dran gewöhnen.

in a field of roses, she is a wildflower

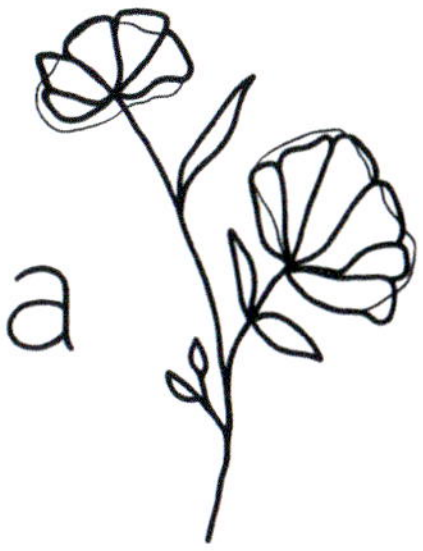

Wenn wir an einem komplizierten Design arbeiten bzw. das Wandbild absolut perfekt werden muss, benutzen wir gerne einen Projektor. Die meisten Projektoren lassen sich mit einem HDMI-Kabel direkt an einen Laptop anschließen, sodass du alles, was du auf deinem Bildschirm siehst, an die Wand projizieren kannst.

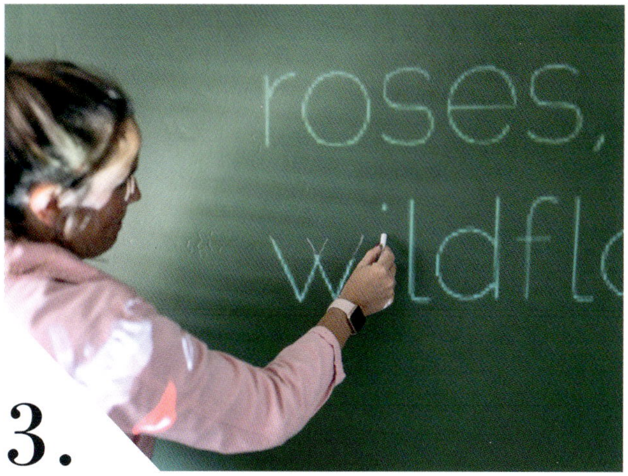

3.

Male die Konturen mit Kreide nach. Du kannst Fehler mit einem nassen Waschlappen korrigieren. Du kannst stattdessen auch einen Bleistift verwenden. In diesem Fall solltest du nur sehr leicht aufdrücken, da sich Bleistiftlinien nicht sehr gut mit hellen Farben übermalen lassen.

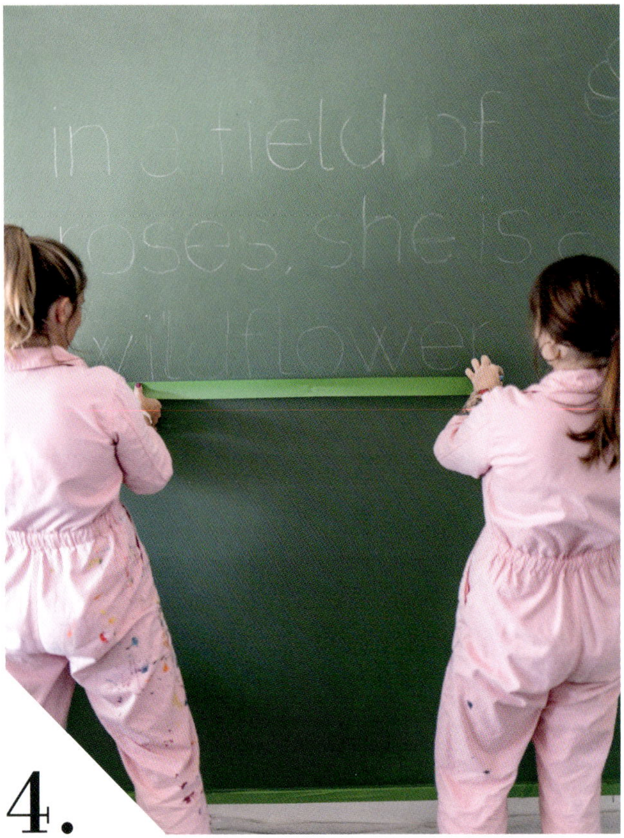

4.

Wenn du das Design nachgezeichnet hast, miss noch einmal alles nach, prüfe, ob alles gerade ist, und nehme letzte Korrekturen vor. Klebe die oberen und unteren Ränder der Buchstaben mit Malerband ab, damit alles präzise und sauber wird.

5. Male die rosafarbene Hintergrundform für die Blumen. Wenn diese trocken ist, male die weißen Linien auf das Rosa.

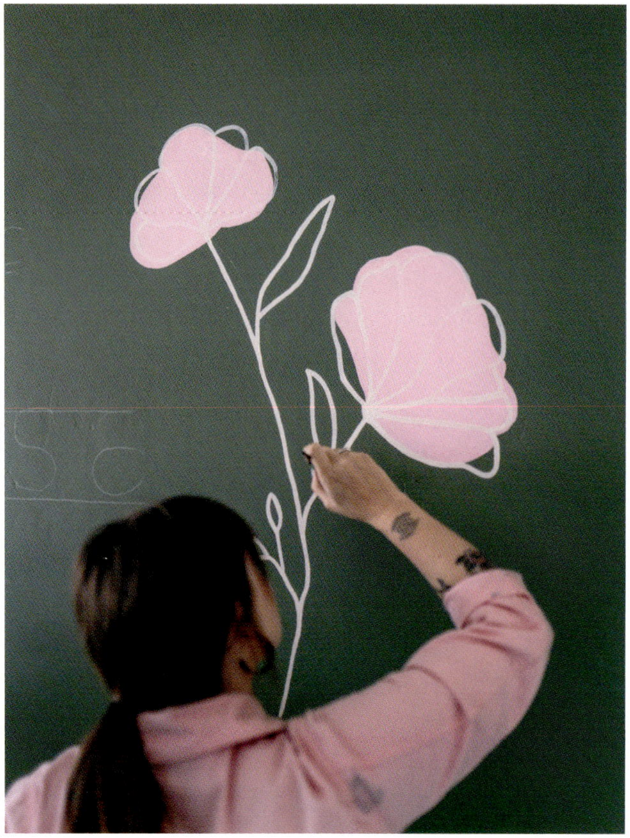

Wir haben ein abstraktes Design für die Blumen gewählt, mit Rosa als Hintergrund und weißen Linien darauf.

6. Male die Buchstaben sorgfältig mit einem feinen Pinsel. Die Gesamtbreite der Borsten bestimmt die Dicke deiner Linien. Wenn die Linien nicht perfekt sind, ist das kein Problem. Halte etwas Hintergrundfarbe bereit, damit du am Ende letzte Korrekturen machen kannst.

7. Nach letzten Ausbesserungen bist du fertig und kannst das Zimmer wieder einräumen.

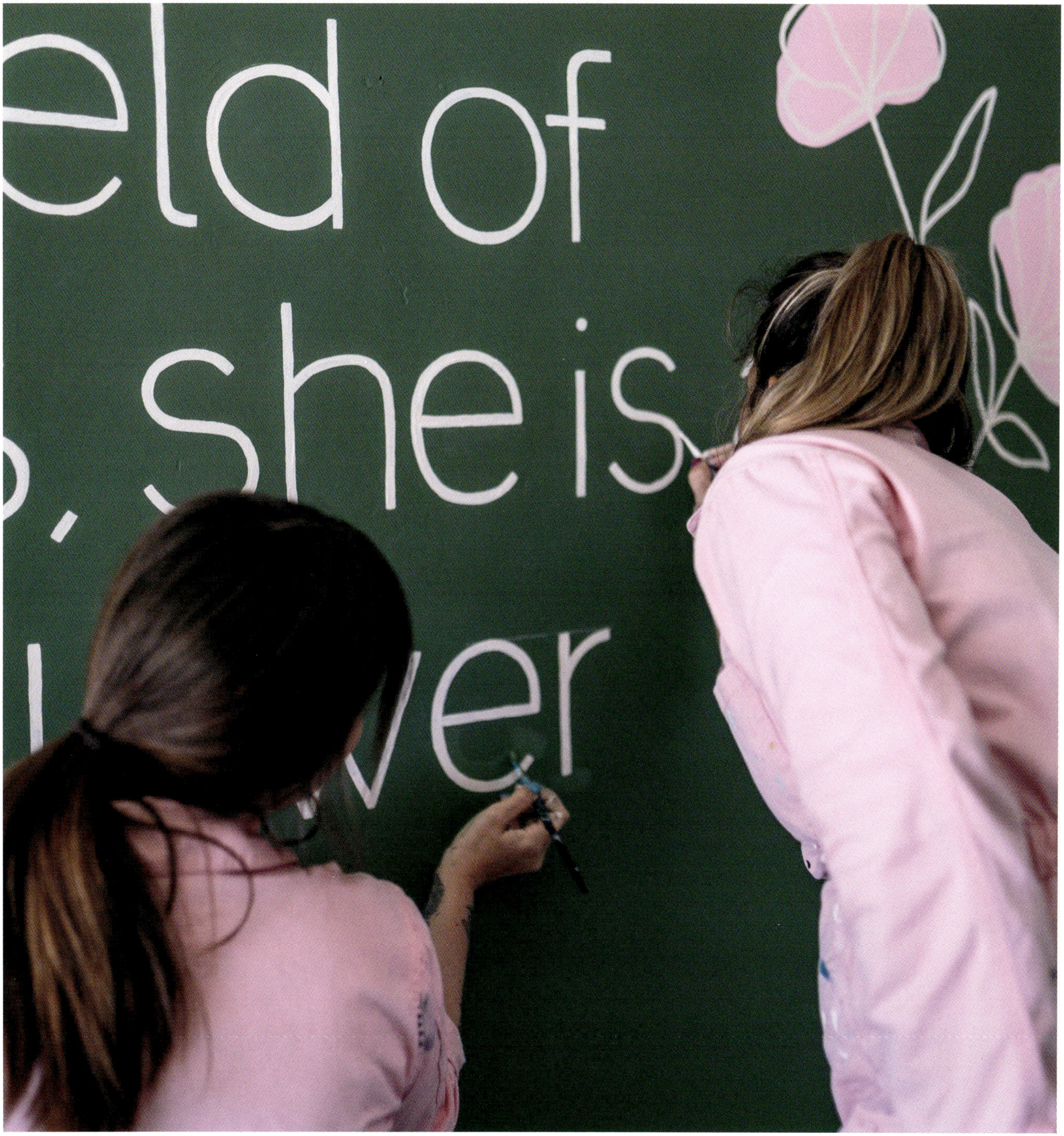
eld of
she is
wer

Markante Rauten

DIE FAKTEN

SCHWIERIGKEITSGRAD: mittel

ZEIT: 2½ Stunden (ohne Trocknungszeit)

KOSTEN: 60 - 80 €

VERWENDETE FARBEN: Weiß, Hellblau, Lila

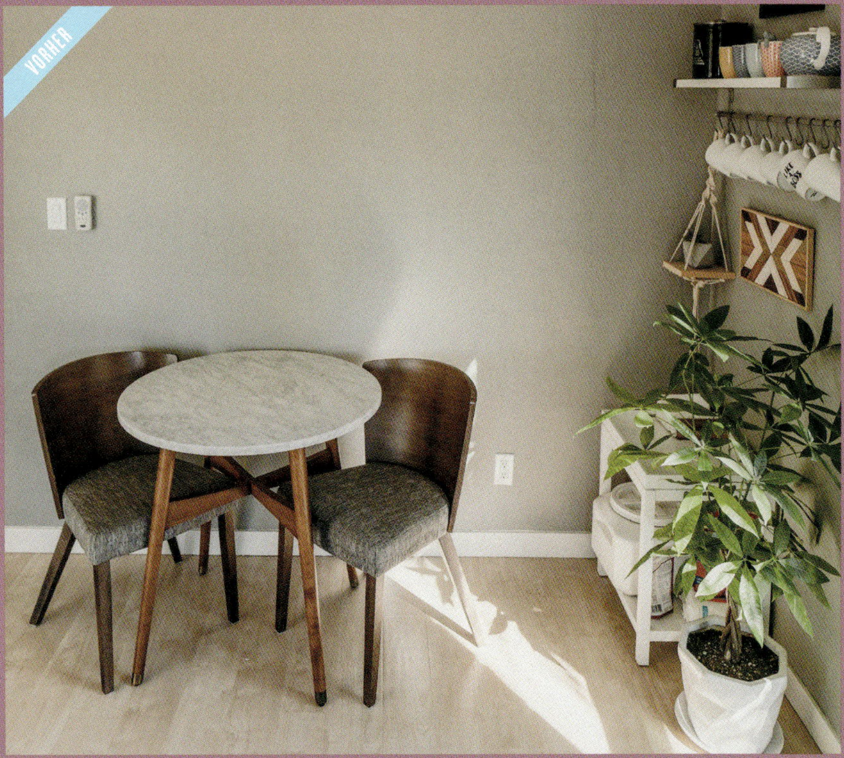

Dieses Projekt ist für alle, die sich nicht an eine ganze Wand wagen, sich aber trotzdem ein individuelles Design wünschen. Du kannst das Wandbild so groß oder klein machen, wie du willst. Sei kreativ! Bei diesem Design brauchst du auch nichts frei Hand zu zeichnen oder zu malen, weil alles mit Malerband gemacht wird. Es ist allerdings nicht ideal, wenn deine Wand strukturiert ist – es sei denn, kleine Unregelmäßigkeiten machen dir nichts aus.

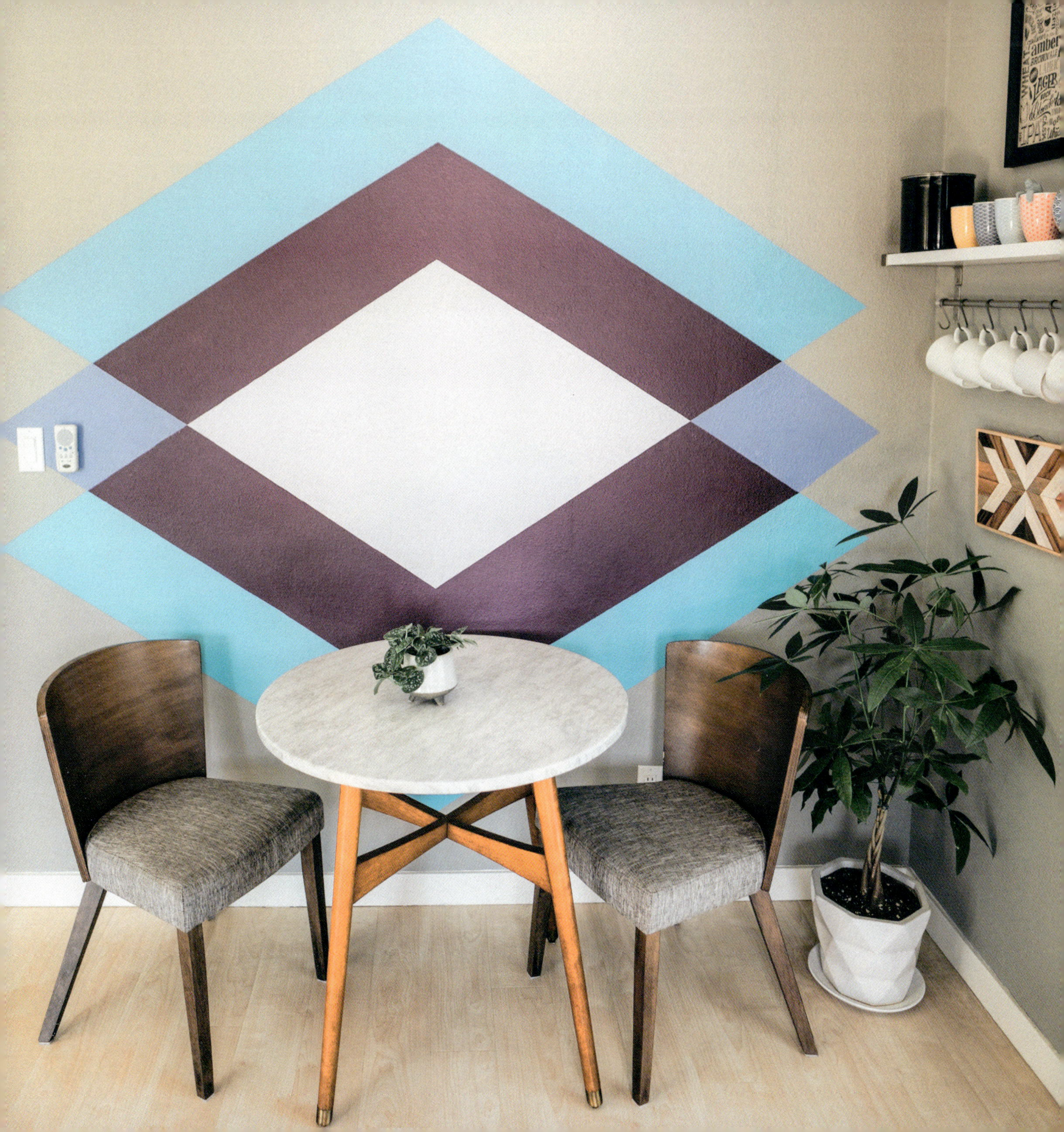
LAGER

HILFSMITTEL

- ☐ Abdeckvlies
- ☐ Maßband
- ☐ 8 feine bis mittel-breite Pinsel
- ☐ gebrauchte Becher zum Mischen von Farben
- ☐ Tritthocker oder Leiter

MATERIAL

- ☐ Kreide
- ☐ 1 Rolle Malerband
- ☐ 1 Liter Farbe, Weiß
- ☐ 1 Liter Farbe, Hellblau
- ☐ 1 Liter Farbe, Lila

VORBEREITUNG

Räume alle Möbel aus dem Bereich und decke den Boden ab.

MESSEN UND ABKLEBEN

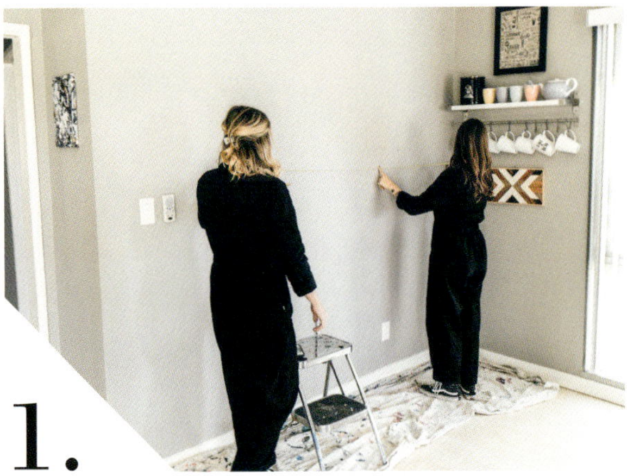

1.

Dieses Design ist symmetrisch. Suche zunächst die Mitte deiner Wand in horizontaler und vertikaler Richtung. Markiere sie mit Kreide. Das ist der Mittelpunkt deines Wandbildes.

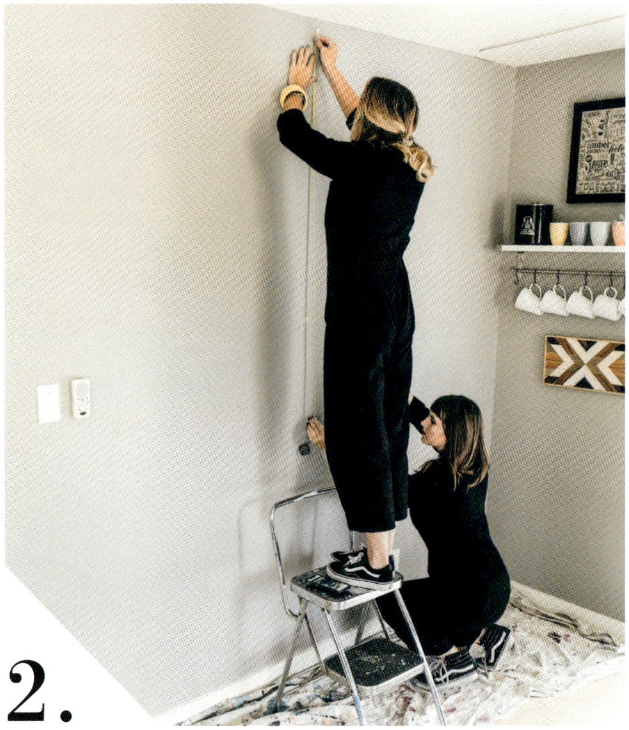

2.

Miss und markiere 90 cm über, unter sowie rechts und links von diesem Mittelpunkt.

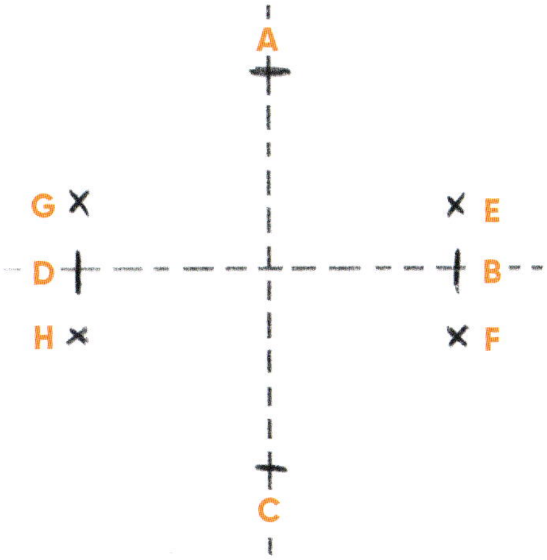

3.

Miss und markiere 30 cm über und unter den Markierungen links und rechts von denen aus Schritt 2. Verbinde sie mit Klebeband mit dem obersten und untersten Punkt.

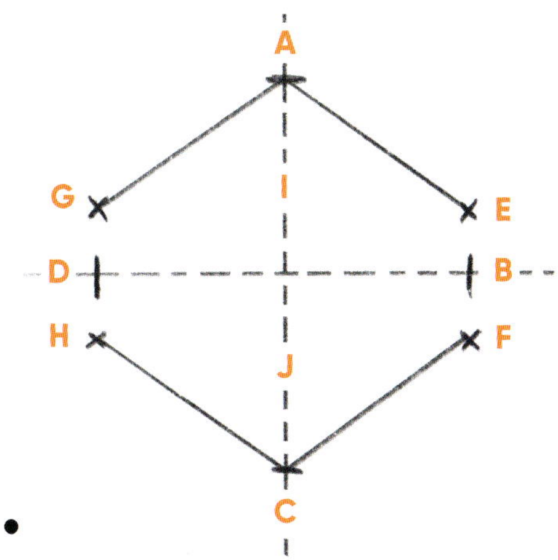

4.

Markiere entlang der vertikalen Mittellinie zwei Punkte parallel zur linken und rechten Markierung aus Schritt 3. Verbinde den neuen oberen Mittelpunkt mit Klebeband mit der linken und rechten Markierung unter der horizontalen Mittellinie und den neuen unteren Mittelpunkt mit der linken und rechten Markierung über der horizontalen Mittellinie. Dadurch erhältst du die Raute in der Mitte.

Drücke das Malerband beim Abkleben fest an und glätte es mit einer Bank- oder Geschenkkarte. Dadurch sickert keine Farbe unter das Klebeband.

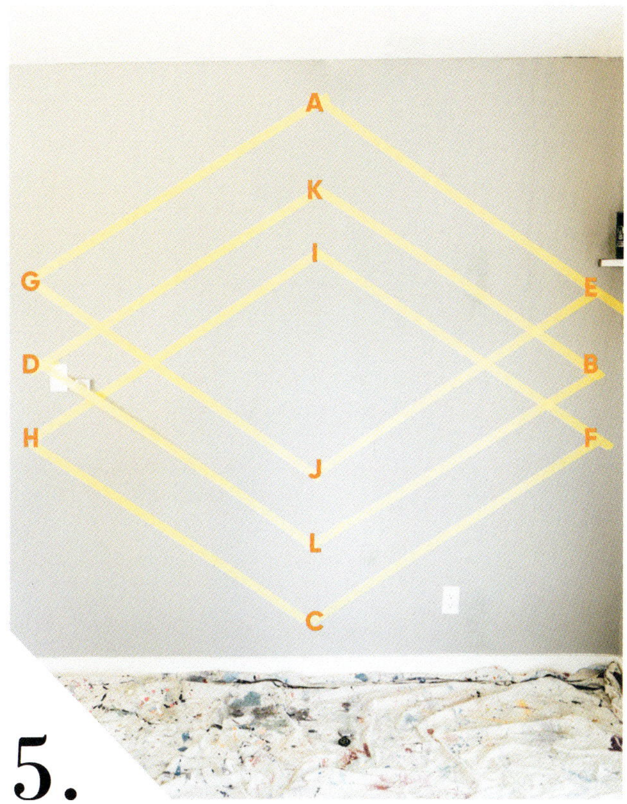

5.

Miss und markiere entlang der vertikalen Mittellinie den Mittelpunkt zwischen den oberen Ecken der oberen und unteren Raute und den Mittelpunkt zwischen den unteren Ecken der oberen und unteren Raute. Verbinde diese neuen Markierungen mit Klebeband mit der linken und rechten Markierung entlang der horizontalen Mittellinie, um die dritte Raute zu bilden.

MALEN

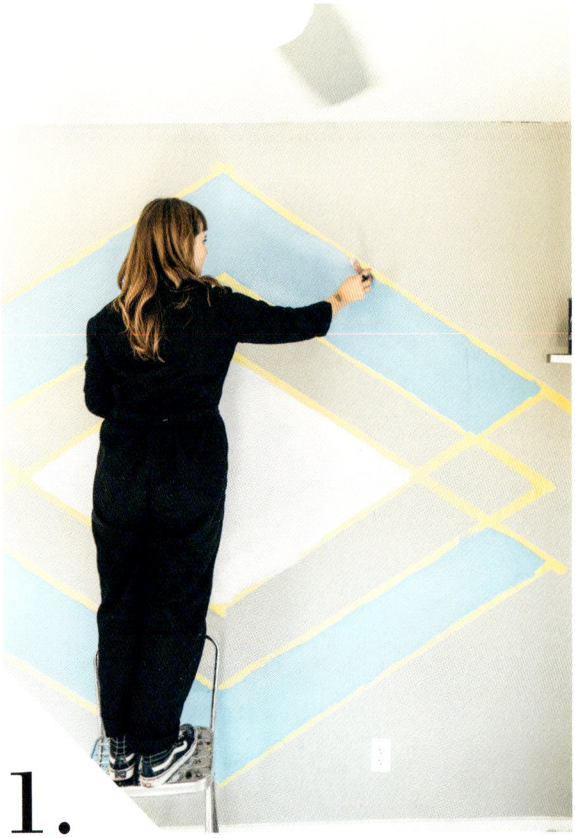

1.

Male die mittlere Raute mit einem mittelbreiten Pinsel weiß aus. Male dann die obere und untere Form hellblau aus. Wiederhole dies nach Bedarf, bis die Formen gleichmäßig ausgemalt sind. Lass die Farbe zwischen den Anstrichen trocknen.

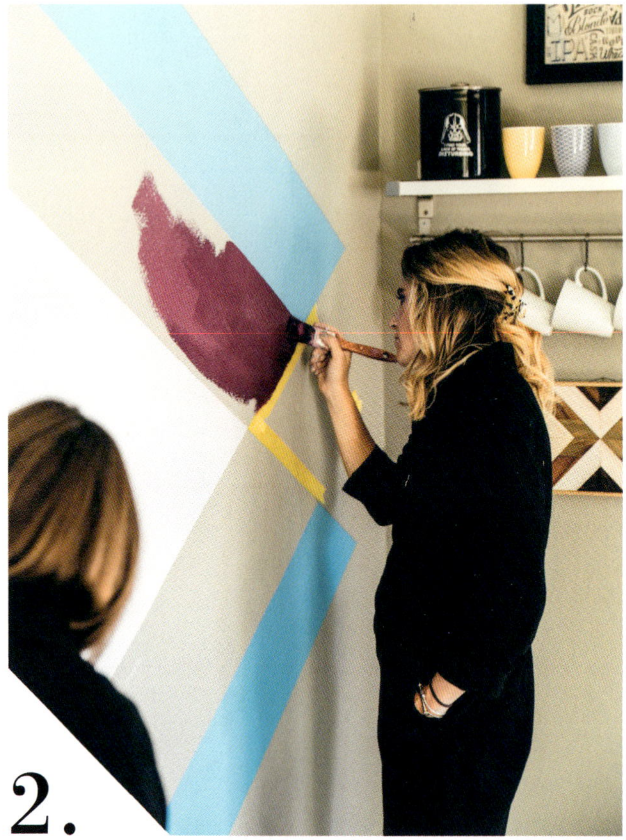

2.

Wenn diese Formen opak sind, ziehe das Malerband um diese Formen ab. Verbinde die Kanten der hellblauen Formen und der weißen Raute wie gezeigt mit neuem Malerband. Male lila zwischen die hellblauen Formen und die weiße Raute. Arbeite langsam und sorgfältig an den weißen und blauen Rändern, um gerade Linien zu erhalten. Wenn du Bedenken hast, dass lila Farbe auf den weißen oder blauen Bereich gelangt, lass diese Formen vollständig trocknen, klebe ihre Ränder ab und male dann den Bereich dazwischen lila aus.

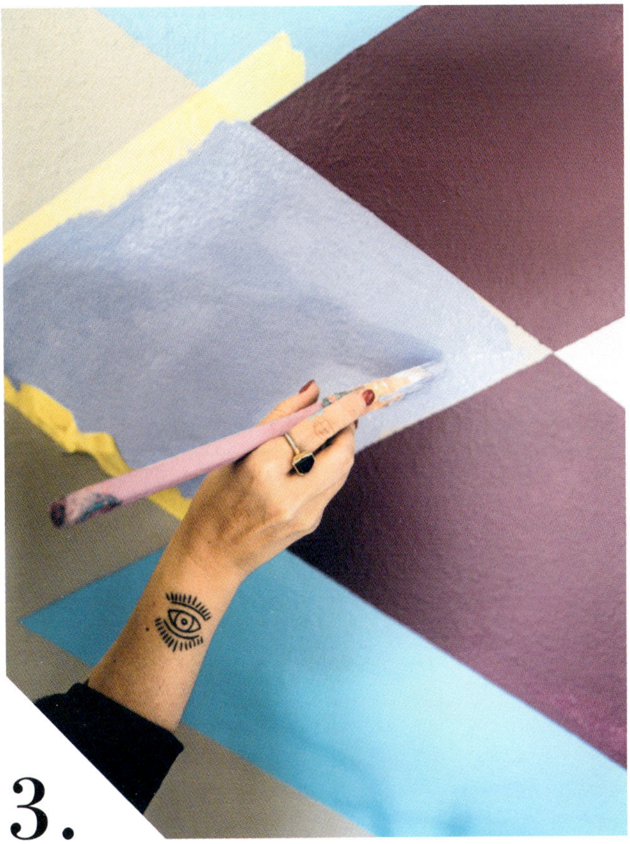

3.

Wenn die Farbe trocken und gleichmäßig ist, ziehe das Klebeband von Schritt 2 ab und bilde deine letzten Klebebandrauten. Verbinde die Ränder der lilafarbenen Abschnitte mit den Mittelpunkten ganz links und ganz rechts. Tritt einen Schritt zurück, um zu prüfen, ob alles symmetrisch aussieht. Mische dann in einem Becher dein Lila und Hellblau zusammen. Wenn du mit der Farbe zufrieden bist, male die verbleibenden zwei Rauten aus, bis sie gut decken.

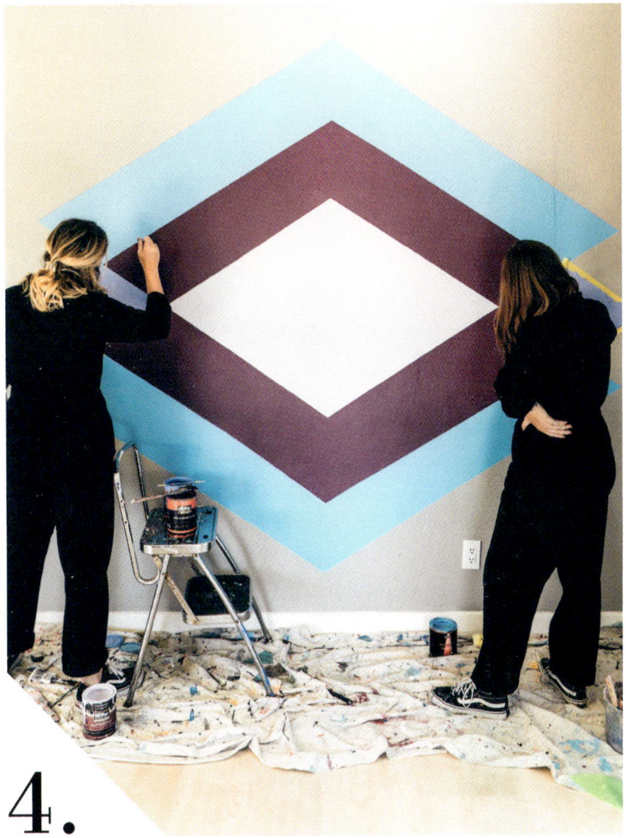

4.

Wenn die Farbe getrocknet ist, ziehe die letzten Reste Malerband ab. Mit einem feinen Pinsel kannst du gegebenenfalls Ausbesserungen vornehmen. Wische überschüssige Kreide mit einem feuchten Schwamm oder Papiertuch ab. Räume dann dein Material weg, stelle die Möbel wieder an Ort und Stelle und bewundere dein neues Wandbild!

Schwammpinsel-Muster

DIE FAKTEN

SCHWIERIGKEITSGRAD: einfach

ZEIT: 2 - 3 Stunden (ohne Trocknungszeit)

KOSTEN: 20 - 40 €

VERWENDETE FARBEN: Hellblau und Weiß

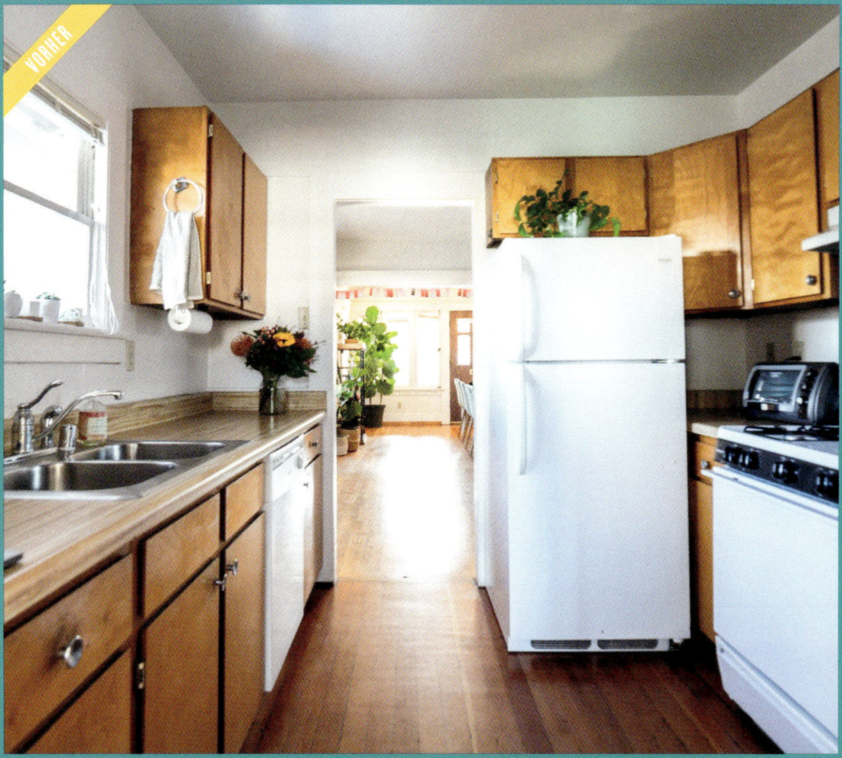

Wer sagt, dass man viel Geld für neue Fliesen ausgeben muss, um eine Küche aufzumöbeln? Farbe ist eine einfache und kostengünstige Alternative.
Du kannst diese Technik in der Küche oder aber in jedem anderen Raum anwenden. Um das Projekt anzupassen, wähle einfach die passenden Farben für dein Projekt.

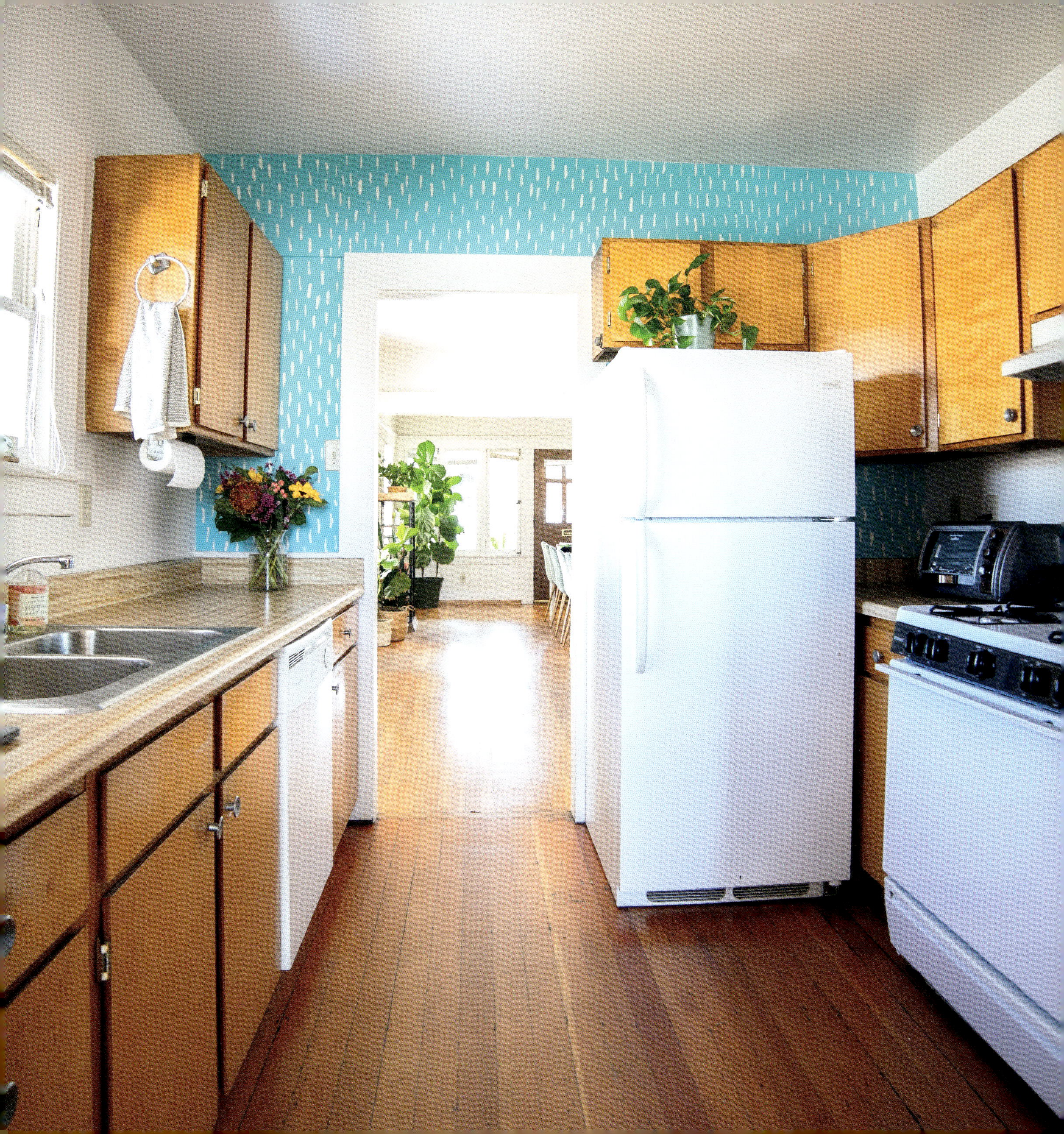

HILFSMITTEL

- ☐ Abdeckvlies
- ☐ Walze und Farbwanne
- ☐ 2 Pinsel in unterschiedlichen Größen
- ☐ 1 Schwammpinsel
- ☐ Tritthocker oder Leiter

MATERIAL

- ☐ 1 Rolle Malerband
- ☐ 1 Liter Farbe, Hellblau
- ☐ 1 Musterdose Farbe, Weiß

VORBEREITUNG

Klebe alle Ränder der Wand ab, einschließlich Boden, Decke, Leisten und alles, was keine Farbe abbekommen soll. Decke den Boden ab.

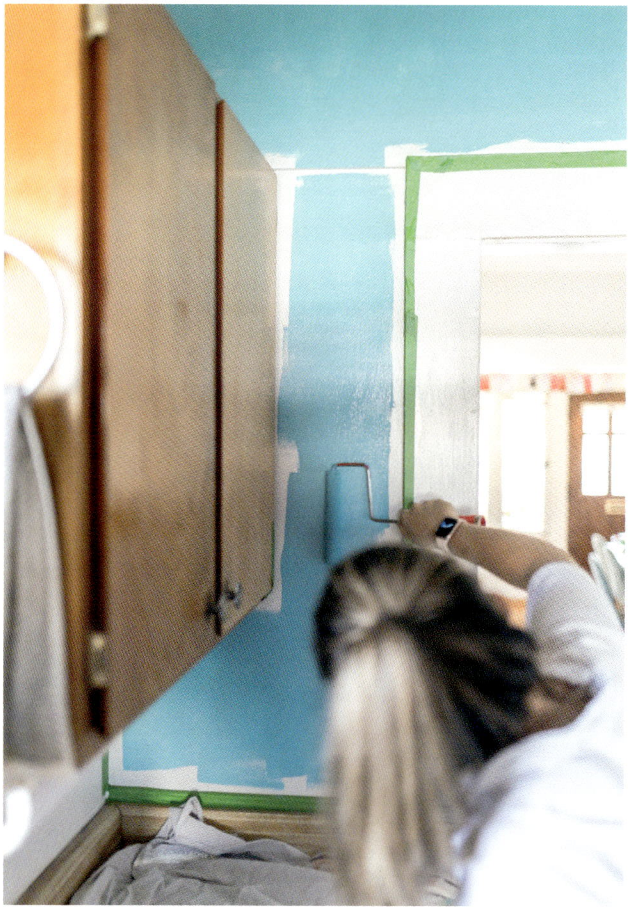

MALEN

1. Male den Hintergrund mit einer Walze oder Pinseln Hellblau an. Wenn die Farbe nicht so deckt wie gewünscht, lass sie trocknen und male eine zweite (oder sogar dritte) Schicht.

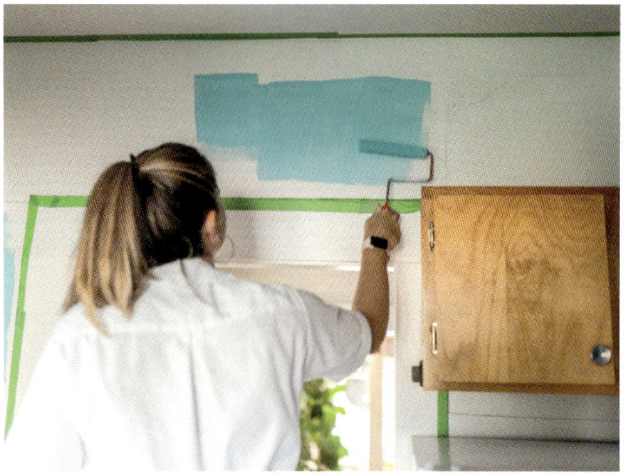

2. Wenn der Hintergrund vollständig getrocknet ist, ist es Zeit für das Muster im handgemalten Look – soll heißen, es braucht nicht perfekt auszusehen. Hab einfach Spaß am Tun! Tupfe mit etwas weißer Farbe mit deinem Schwammpinsel mehrere senkrechte Linien mit ein paar Zentimetern Abstand auf die Wand. Fülle so die gesamte Wand. Und denke dran: Es muss nicht perfekt sein. Das unterstreicht den künstlerischen Effekt.

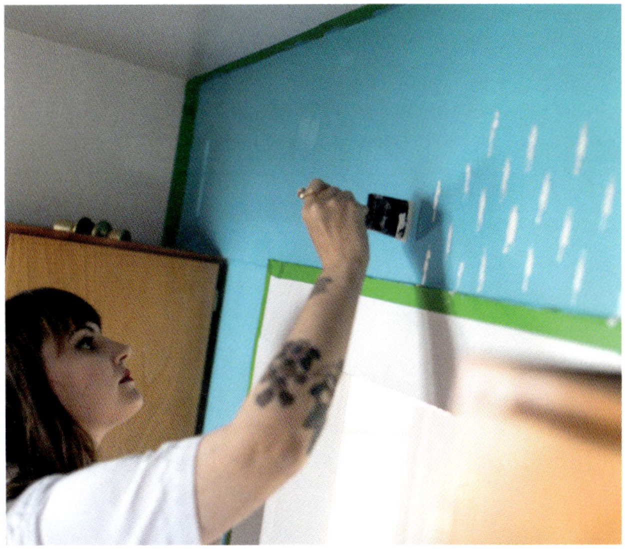

Wir haben versucht, die Schwammtupfer immer gleichmäßig versetzt aufzutragen.

3. Räume auf, während die Farbe trocknet. Siehst du, es war gar nicht schwer!

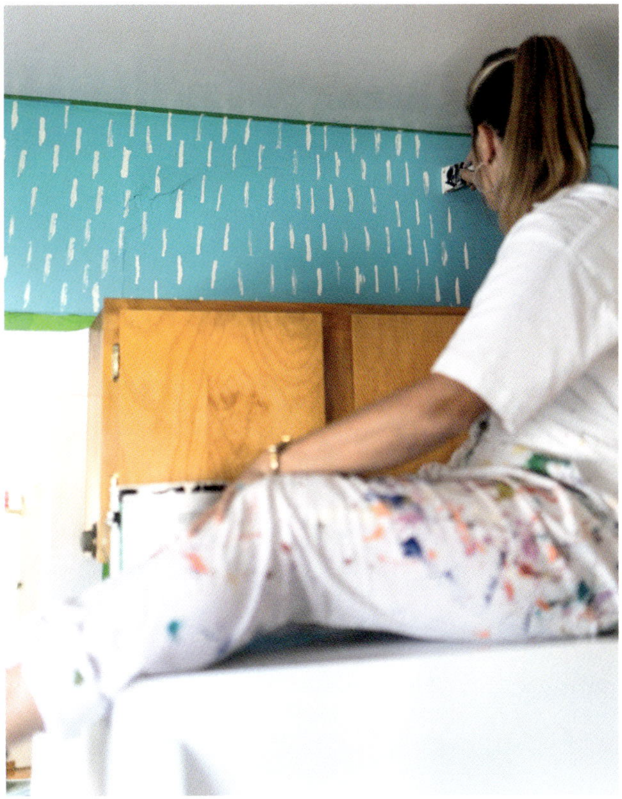

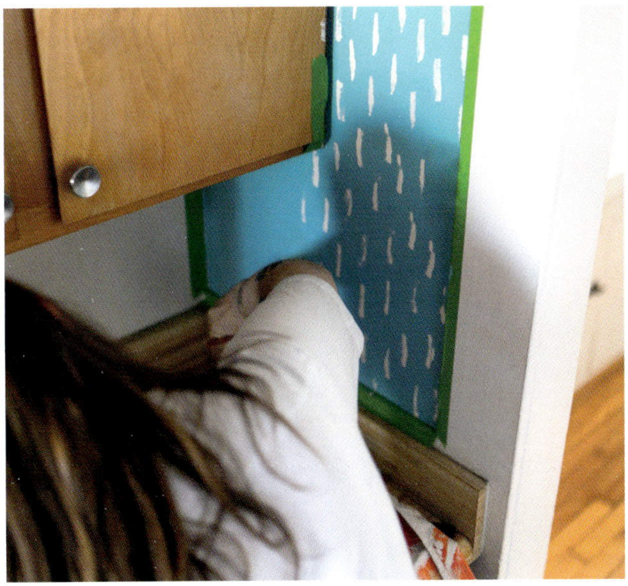

Geometrische Formen

DIE FAKTEN

SCHWIERIGKEITSGRAD: mittel

ZEIT: 3 - 5 Stunden (ohne Trocknungszeit)

KOSTEN: 60 - 80 €

VERWENDETE FARBEN: Pink, Koralle, Grau

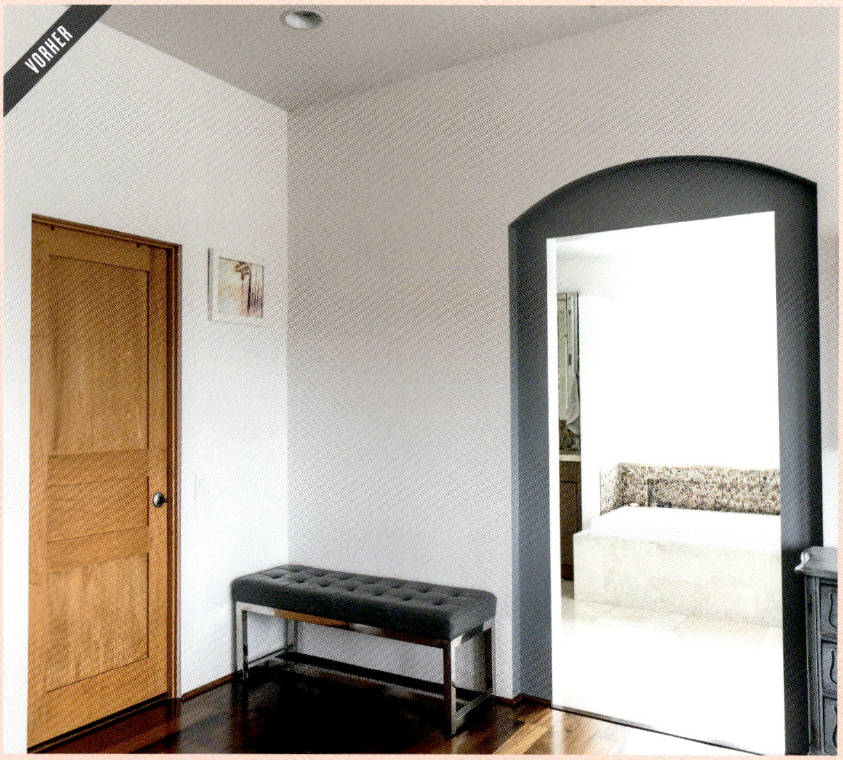

Wahrscheinlich hast du in deiner Wohnung auch eine Ecke, mit der du nichts anzufangen weißt. Wir haben uns dieses geometrische Design genau für solche Ecken ausgedacht. Es hat dem Raum sofort eine kreative Atmosphäre verliehen. Mit aufgemalten Vierecken und Kreisen bringst du Kunst in ein Zimmer, ohne viel Geld in einer Galerie ausgeben zu müssen.

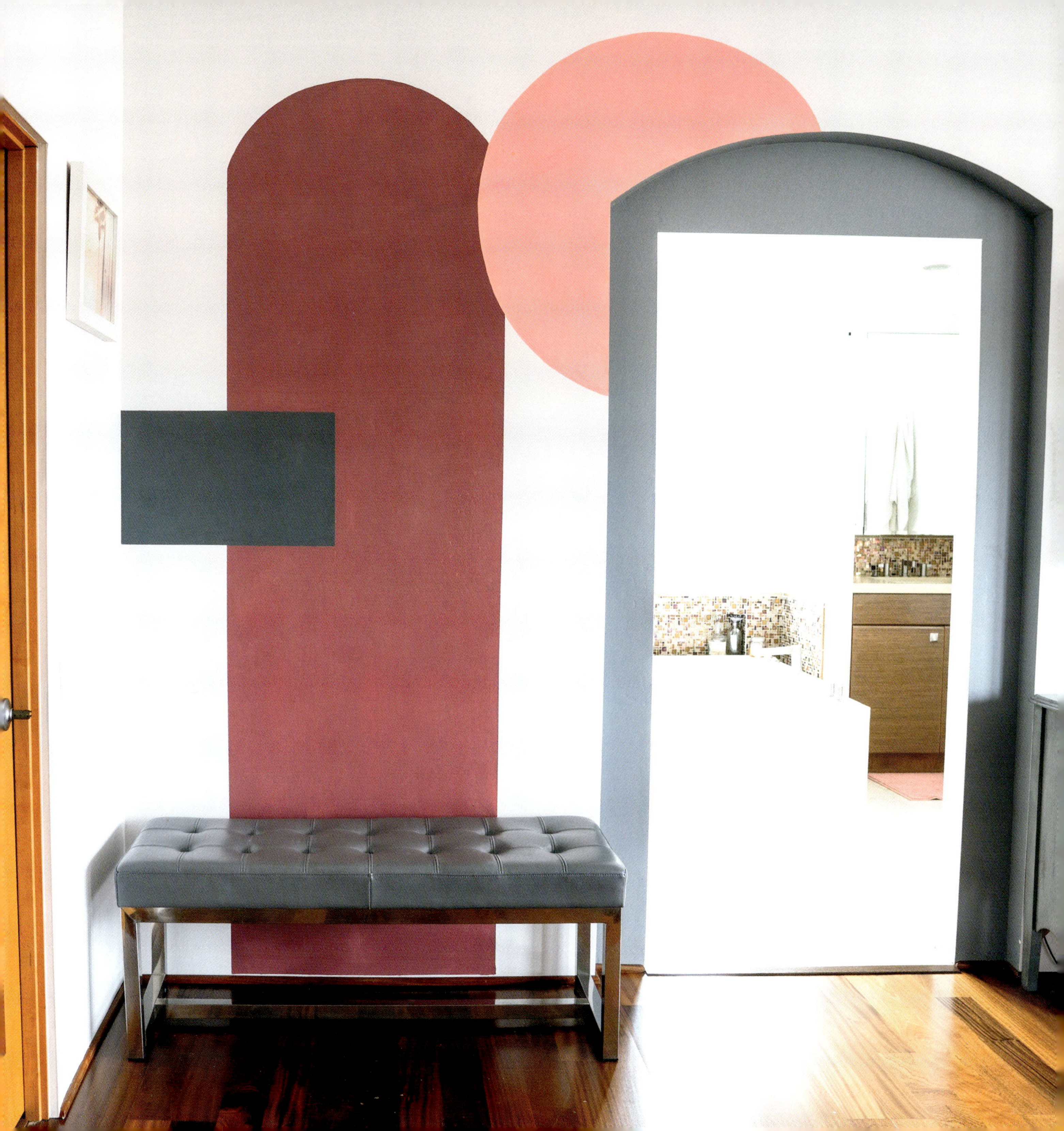

HILFSMITTEL

- ☐ Abdeckvlies
- ☐ Maßband
- ☐ Schnürsenkel oder Schnur
- ☐ 5 - 6 Pinsel in unterschiedlichen Größen
- ☐ Tritthocker oder Leiter

MATERIAL

- ☐ 1 Rolle Malerband
- ☐ Bleistift
- ☐ 1 Liter Farbe, Pink
- ☐ 1 Liter Farbe, Koralle
- ☐ 1 Liter Farbe, Grau

VORBEREITUNG

Klebe die Ränder der Wand ab, einschließlich Decke, Leisten und allem, was keine Farbe abbekommen soll. Decke den Boden ab.

MESSEN

Da deine Wand wahrscheinlich nicht die gleiche Größe hat wie die hier abgebildete, zeigen wir dir, wie du dieses Design proportional zur Größe deiner Wand erstellst.

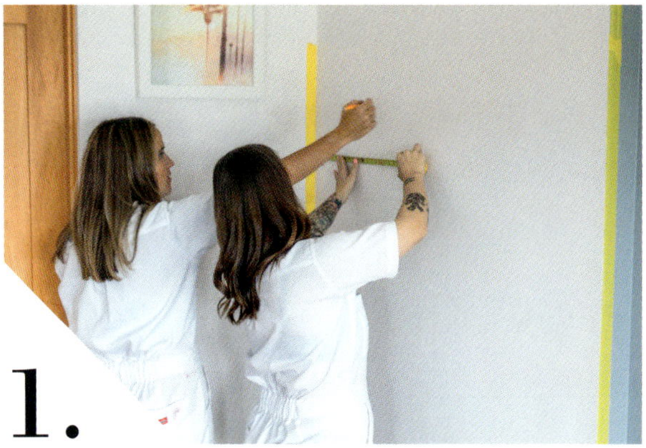

1. Suche mit dem Maßband die Mitte deiner Wand in Höhe und Breite. Markiere die Mitte mit einem Stück Klebeband.

2. Dieser Mittelpunkt wird die obere rechte Ecke des Rechtecks. Miss von dem Mittelpunkt 35,5 cm nach unten und klebe die äußeren Ränder des Rechtecks ab, das bis zum Ende der Wand nach links reichen soll.

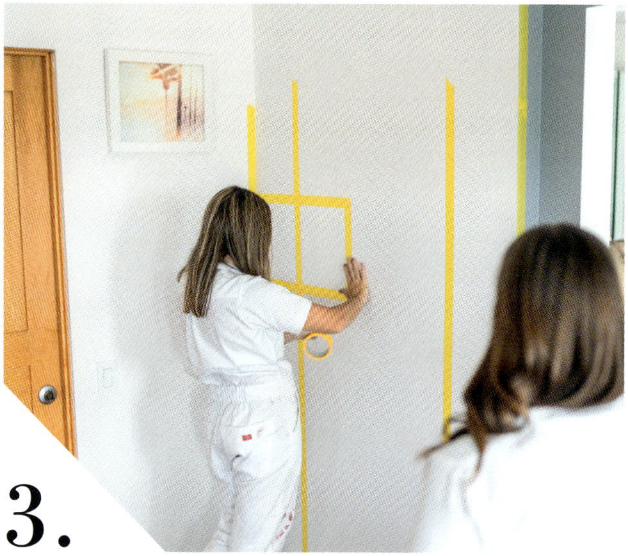

3. Miss 20 cm von beiden Seiten der Wand und klebe an diesen Stellen Linien parallel zum Ende der Wand ab. Das sind die Begrenzungen deiner mittleren langen Form.

KREISE ZEICHNEN

Erinnerst du dich an den Geometrieunterricht, als du alles über Durchmesser, Radius und Umfang von Kreisen gelernt hast und dachtest, du bräuchtest das ganz sicher niemals im echten Leben? Nun, heute brauchst du es! Wir zeigen dir, wie du mit einem Bleistift und einer Schnur Kreise und Halbkreise zeichnest. Wir verwenden dazu Roxys Schnürsenkel.

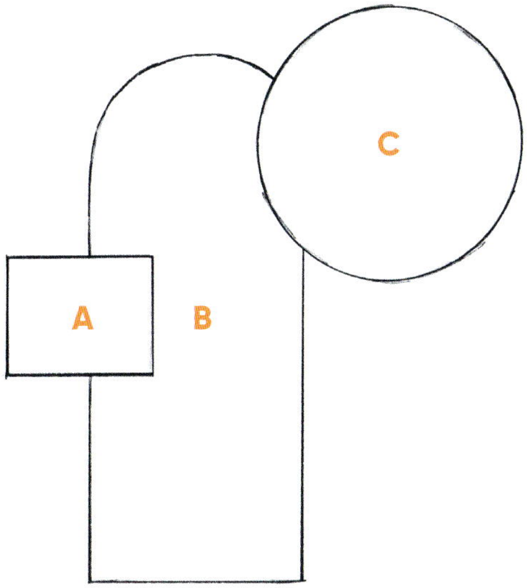

Es braucht vielleicht ein paar Anläufe, bis der Kreis perfekt ist. Drücke daher nicht zu stark mit dem Bleistift auf.

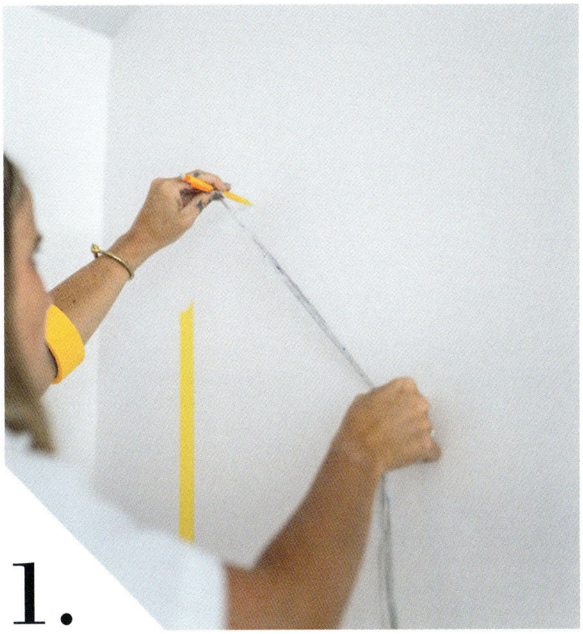

1.

Oben an der großen mittleren Form markierst du mit einem Stück Malerband, wo der Mittelpunkt des oberen Bogens sein wird. Miss die Breite der langen mittleren Form und falte deine Schnur auf die Hälfte dieser Abmessung. Wickele oder knote das eine Ende der Schnur um den Bleistift und setze den Bleistift an der Ecke des Rechtecks an. Ziehe die Schnur straff und halte das andere Ende fest an der Wand. Du bildest quasi einen selbst gemachten Zirkel. Mit straff gespannter Schnur zeichnest du mit dem Bleistift nach oben und weiter zum anderen Rand der langen mittleren Form. Du solltest jetzt einen perfekten Halbkreis haben.

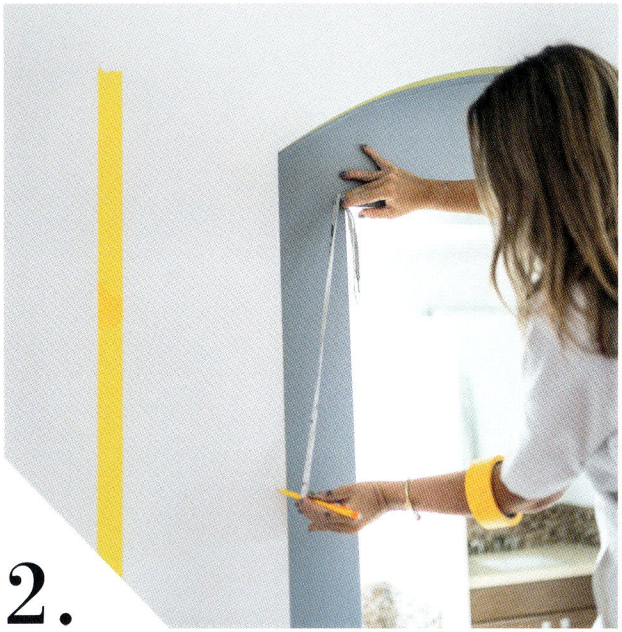

2.

Entscheide, wie groß der vollständige Kreis werden soll. Suche dir den Mittelpunkt des Kreises. Wiederhole den Vorgang von Schritt 1 und zeichne den Kreis.

MALEN

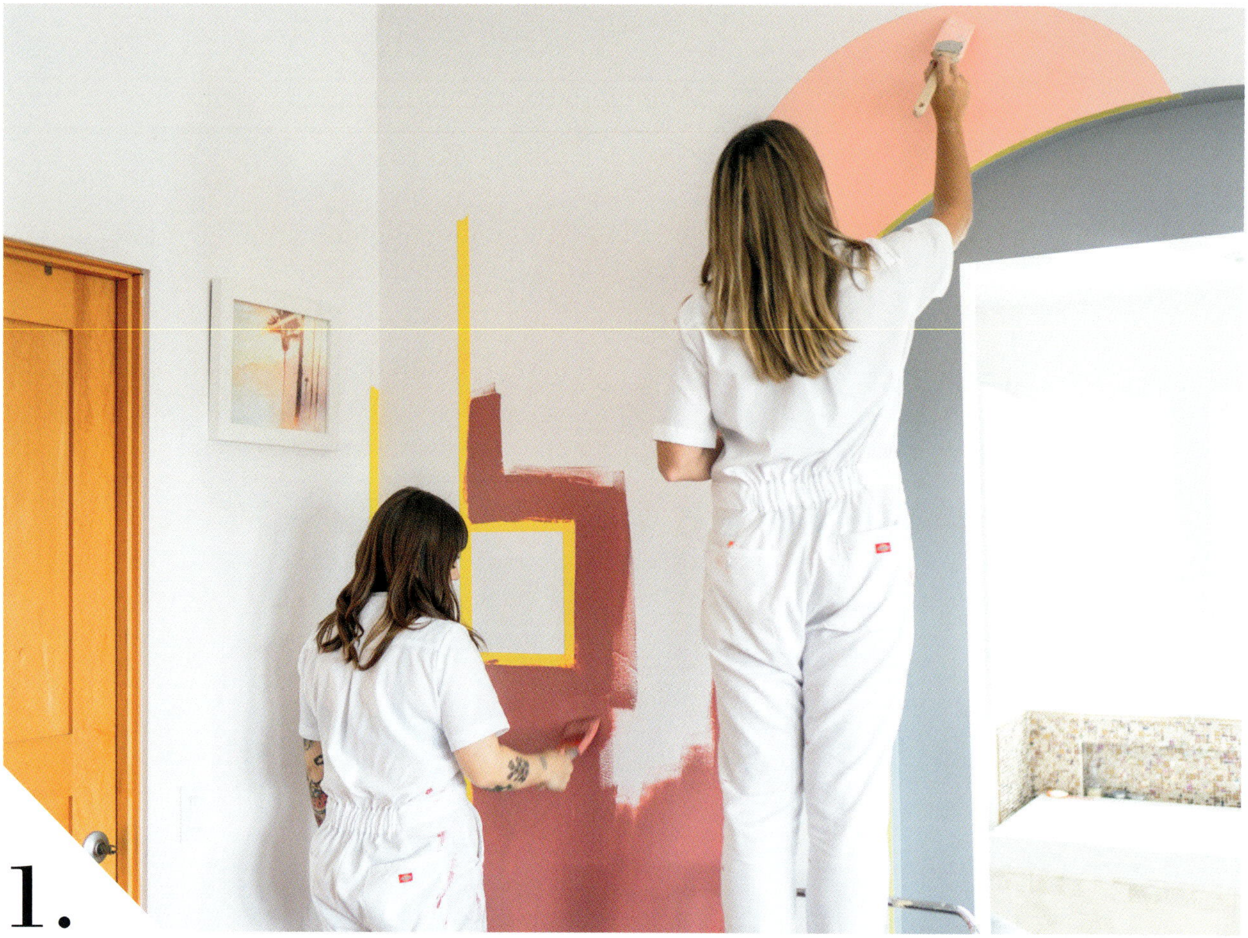

1.

Male die pinkfarbene Form und die Form in Koralle nacheinander. Warte, bis die Farbe trocken ist, und male dann die Bereiche, wo sie sich berühren und überlappen.

2. Wenn die Farbe vollständig getrocknet ist, ziehe das Malerband von den runden Formen ab. Klebe das Rechteck ab und male es grau aus.

—

Halte etwas Hintergrundfarbe bereit, falls du die Wand ausbessern musst!

3. Ziehe das Malerband ab und räume auf, während du wartest, dass die Farbe trocknet.

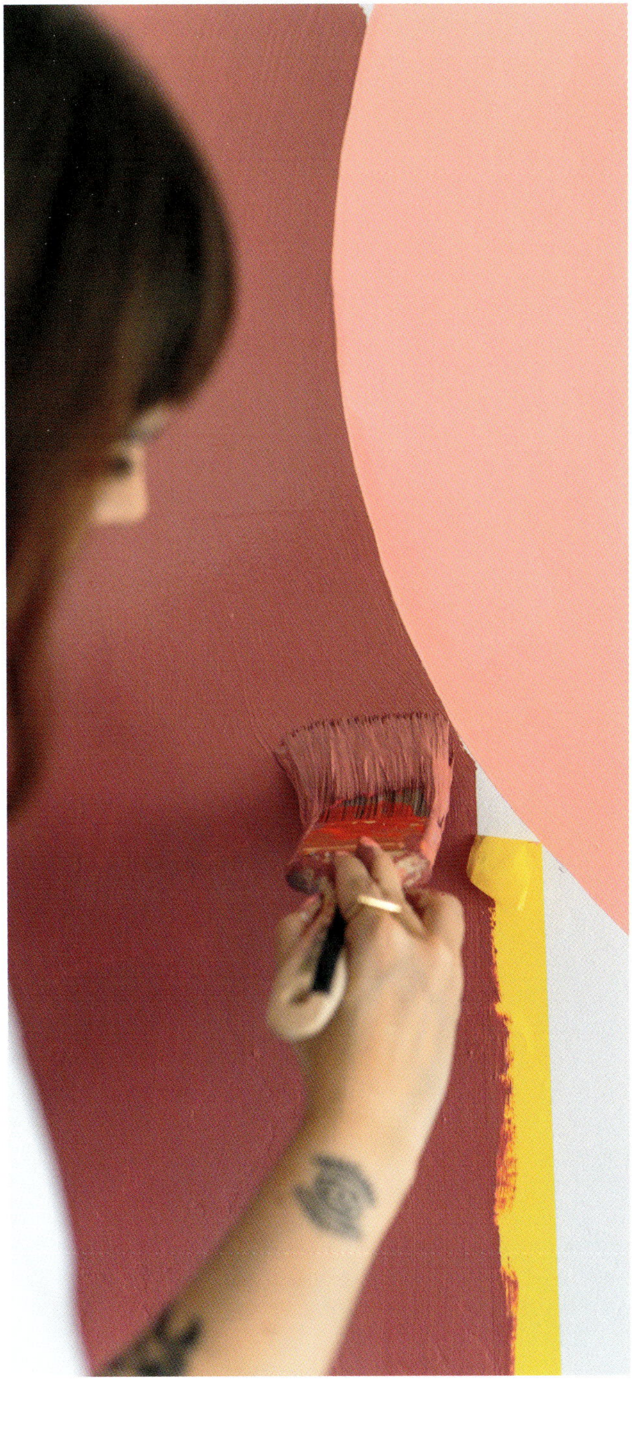

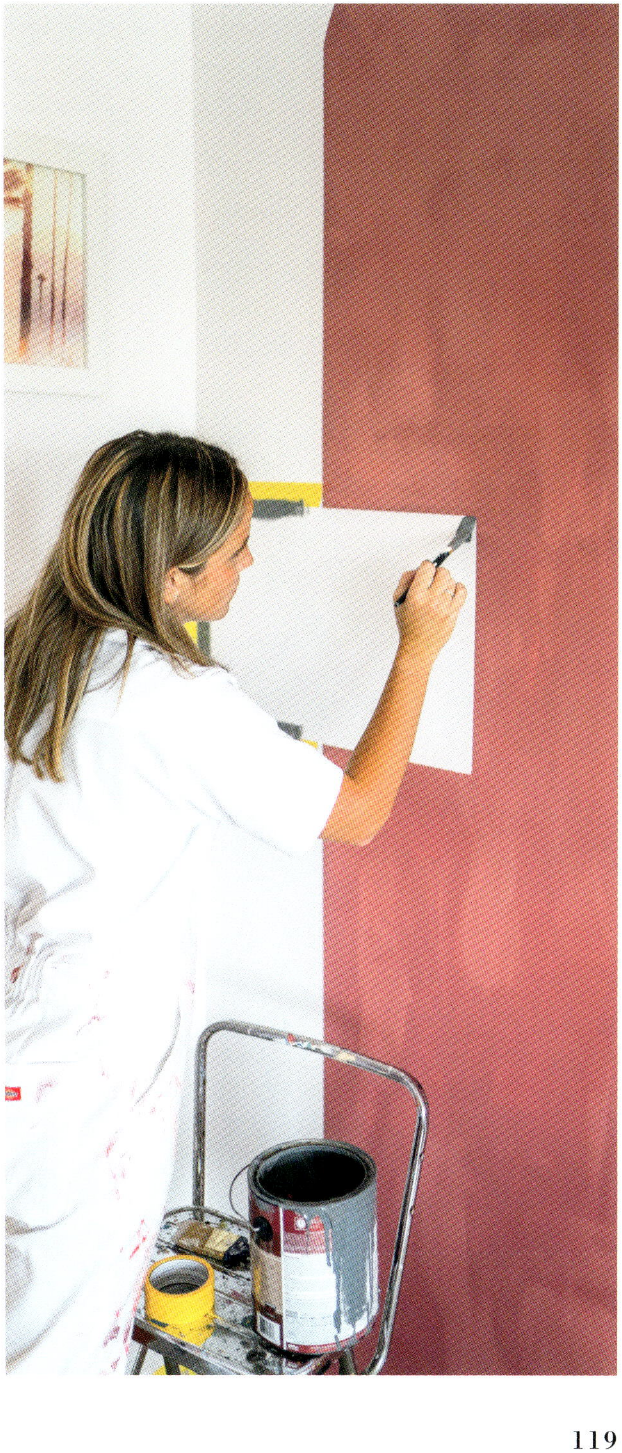

Blumen-schablone

DIE FAKTEN

SCHWIERIGKEITSGRAD: mittel

ZEIT: 4 - 5 Stunden (ohne Trocknungszeit)

KOSTEN: 40 -7 0 €

VERWENDETE FARBEN: Orange und Weiß

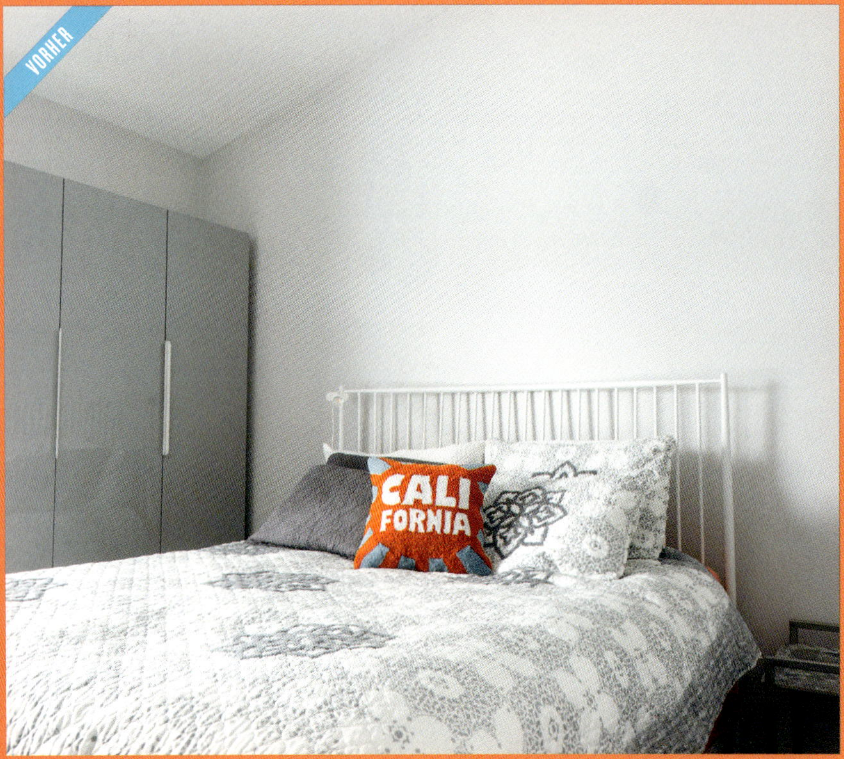

Egal, ob du hier Orange oder eine andere Farbe verwendest, dieses Projekt belebt das Zimmer sofort. Wir haben wegen der Bettwäsche Orange gewählt, aber du hast die freie Wahl. Mit der Blumenschablone fügst du dem markanten Farbhintergrund ein verspieltes Element hinzu. Wir haben uns auch hier an der Bettwäsche orientiert, aber du kannst jede erdenkliche andere Schablone verwenden.

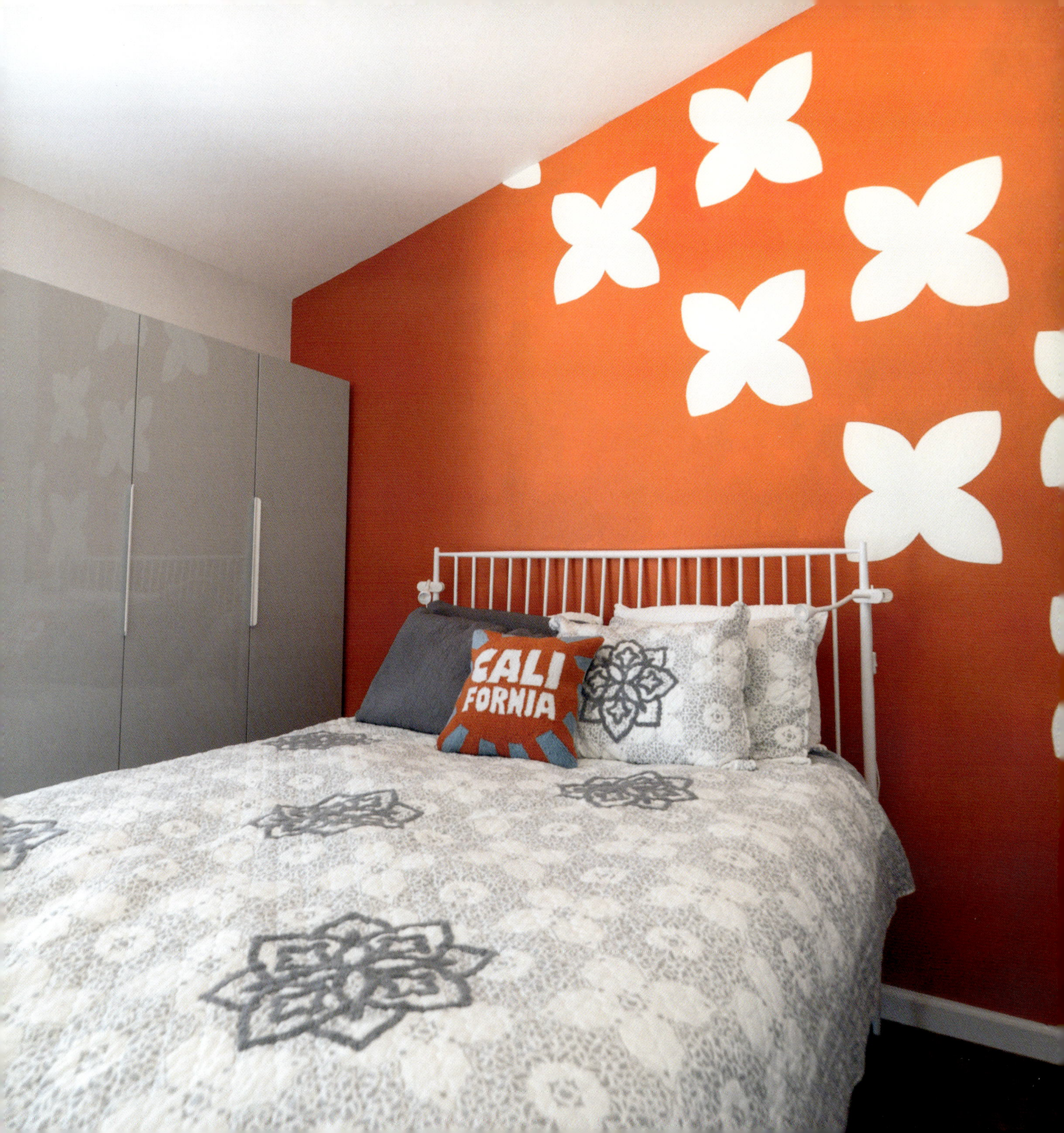
CALI
FORNIA

HILFSMITTEL

- ☐ Abdeckvlies
- ☐ 2 mittelbreite bis breite Pinsel
- ☐ 2 feine bis mittelbreite Pinsel
- ☐ Walze und Walzengriff
- ☐ 1 Farbwanne
- ☐ Schere
- ☐ Maßband
- ☐ Tritthocker oder Leiter

MATERIAL

- ☐ 1 Rolle Malerband
- ☐ 4 Liter Farbe, Orange
- ☐ 1 Liter Farbe, Weiß
- ☐ Bleistift
- ☐ Kreide
- ☐ 1 Ausdruck des Blumendesigns für die Schablone (siehe Seite 198)
- ☐ Packpapier oder Einkaufstasche aus dickem Papier

VORBEREITUNG

Räume die Möbel aus dem Weg, klebe dann alle Ränder einschließlich der Decke ab. Drücke das Malerband möglichst fest an, damit keine Farbe daruntersickert. Decke den Boden ab.

MALEN

1. Male entlang der Ränder mit einem breiteren Pinsel. Male dann die restliche Fläche mit einer Walze aus. Bei Orange benötigt man meist mehrere Schichten. Lass dich daher nicht entmutigen, wenn die Farbe nach ein oder zwei Anstrichen noch etwas durchscheinend ist. Lass die Wand zwischendurch trocknen und mach eine Pause. Malen kann anstrengend sein!

Nimm genug Farbe mit deiner Walze auf, aber nicht so viel, dass sie überallhin tropft.

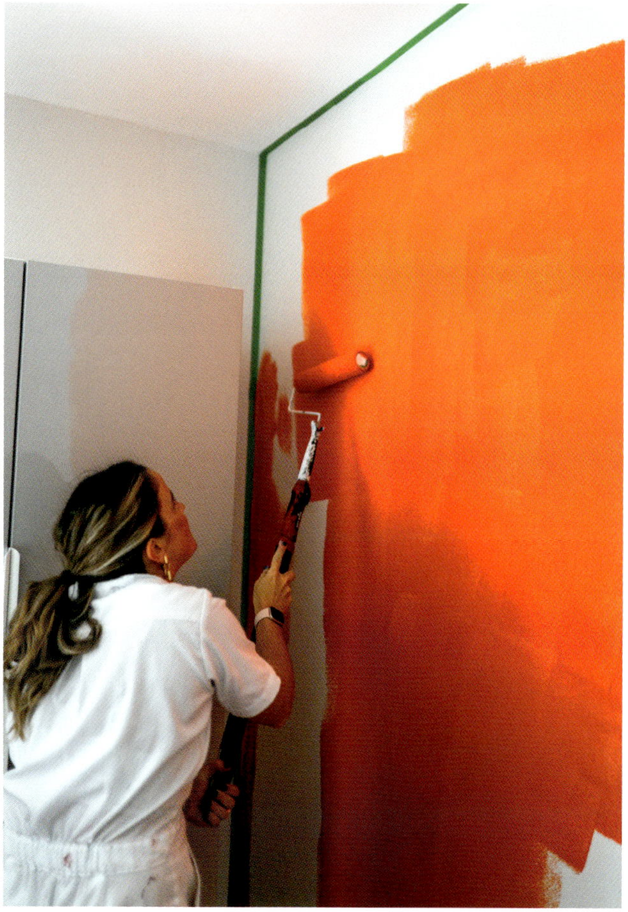

2. Wenn die Farbe nicht mehr durchscheint, ist es Zeit für die Blumenschablone. Das ist der schöne Teil. Wenn du das Design für die Schablone noch nicht heruntergeladen und ausgedruckt hast, hol das jetzt nach. Übertrage es auf das Packpapier bzw. die Papiertüte und schneide es dann aus.

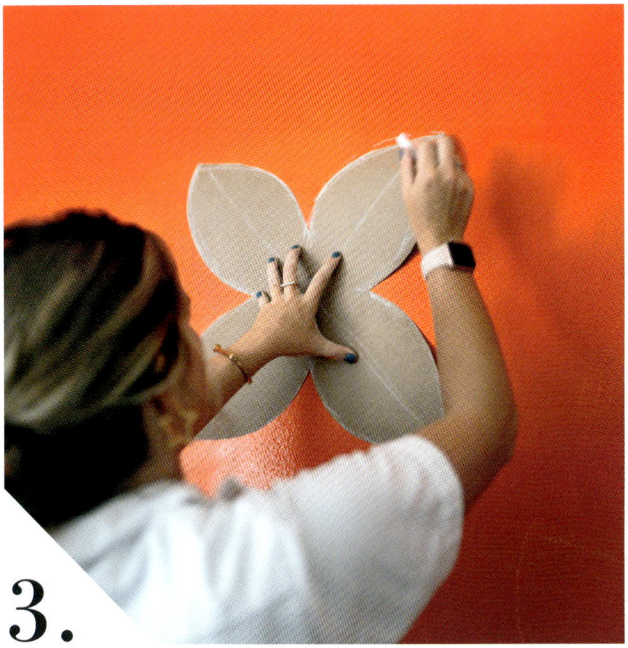

3. Male die Schablone mit Kreide nach. Der Abstand zwischen den einzelnen Formen soll gleichmäßig sein. Verwende dazu ein Maßband. Wenn dir die Anordnung der Blumen nicht gefällt, wische die Kreide mit einem feuchten Tuch ab und male die Schablone am gewünschten Platz nach.

Unsere Formen sind versetzt angeordnet, aber du kannst sie verteilen, wie du möchtest.

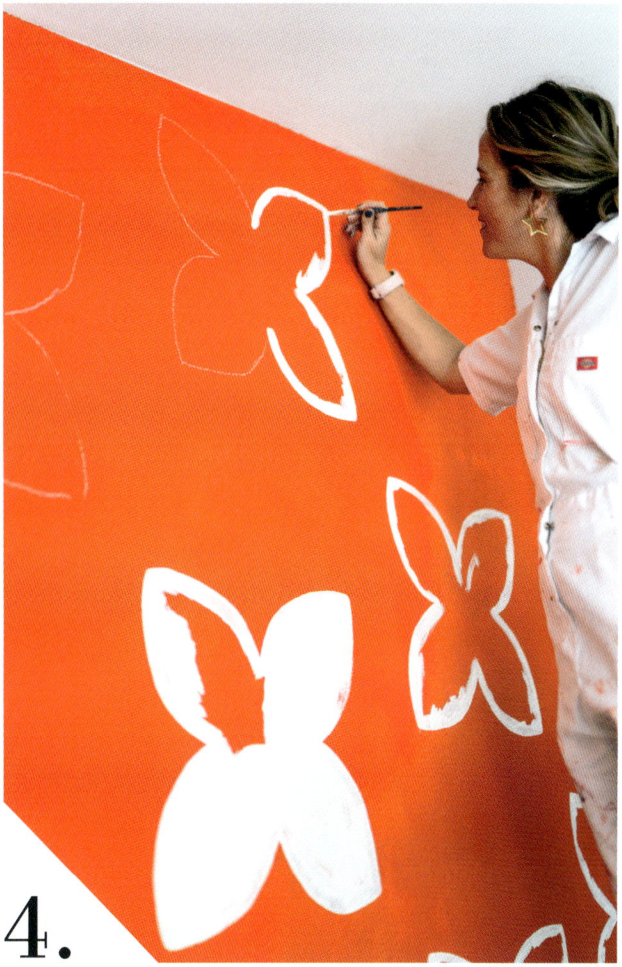

4. Male bei jeder Form erst den Umriss in Weiß und male sie dann weiß aus. Wie bei Orange sind auch bei Weiß meist mehrere Anstriche nötig. Übermale die Formen also, bis sie nicht mehr durchscheinend sind.

5. Wenn die Farbe trocken ist, wische die überschüssige Kreide mit einem feuchten Tuch ab. Ziehe dann das Malerband ab und räume auf. Stelle die Möbel zurück an ihren Platz.

Dreieckiges Betthaupt

DIE FAKTEN

SCHWIERIGKEITSGRAD: einfach

ZEIT: 3 - 5 Stunden (ohne Trocknungszeit)

KOSTEN: 60 - 80 €

VERWENDETE FARBEN: Weiß, Weinrot

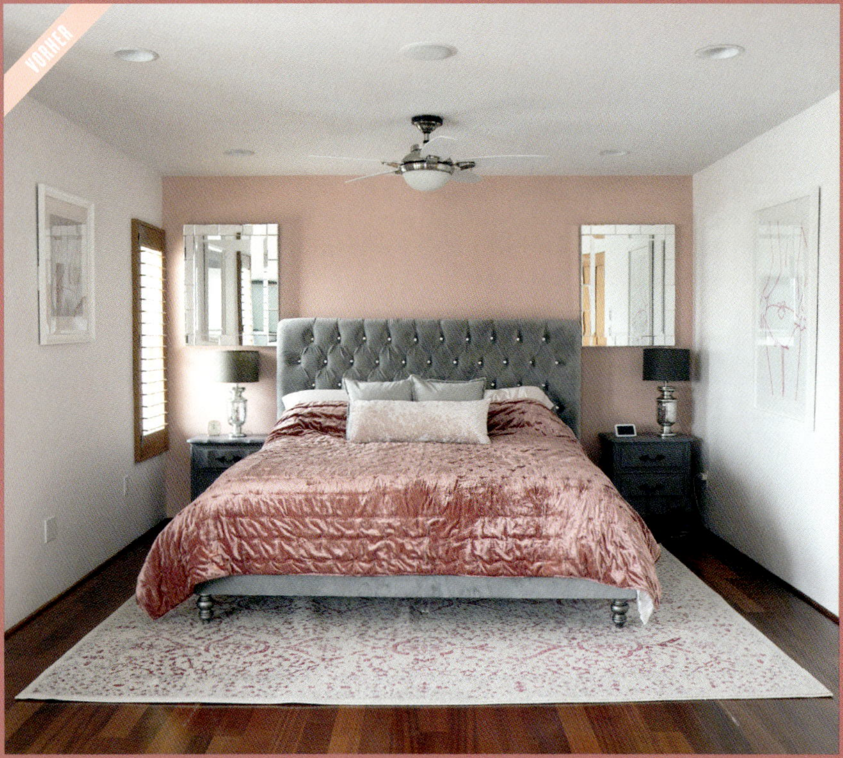

Dieses geometrische Kopfteil ist kinderleicht. Wähle die Farben entsprechend deiner Bettwäsche, dem Teppich oder anhand dessen, was sich sonst im Zimmer befindet. Wir zeigen hier als Beispiel ein Dreieck, aber du kannst auch eine andere Form wählen. (Expertentipp: Wir finden eine Dreiecksform am einfachsten.)

Diese Wand war schon vorher rosa gestrichen. Wenn du unser Design genau nachmalen willst, brauchst du einen Liter Farbe in Rosa. Nachdem du die Ränder abgeklebt und den Boden abgedeckt hast, malst du die gesamte Wand rosa an und lässt sie vollständig trocknen, bevor du mit dem Messen und Abkleben des Dreiecks beginnst.

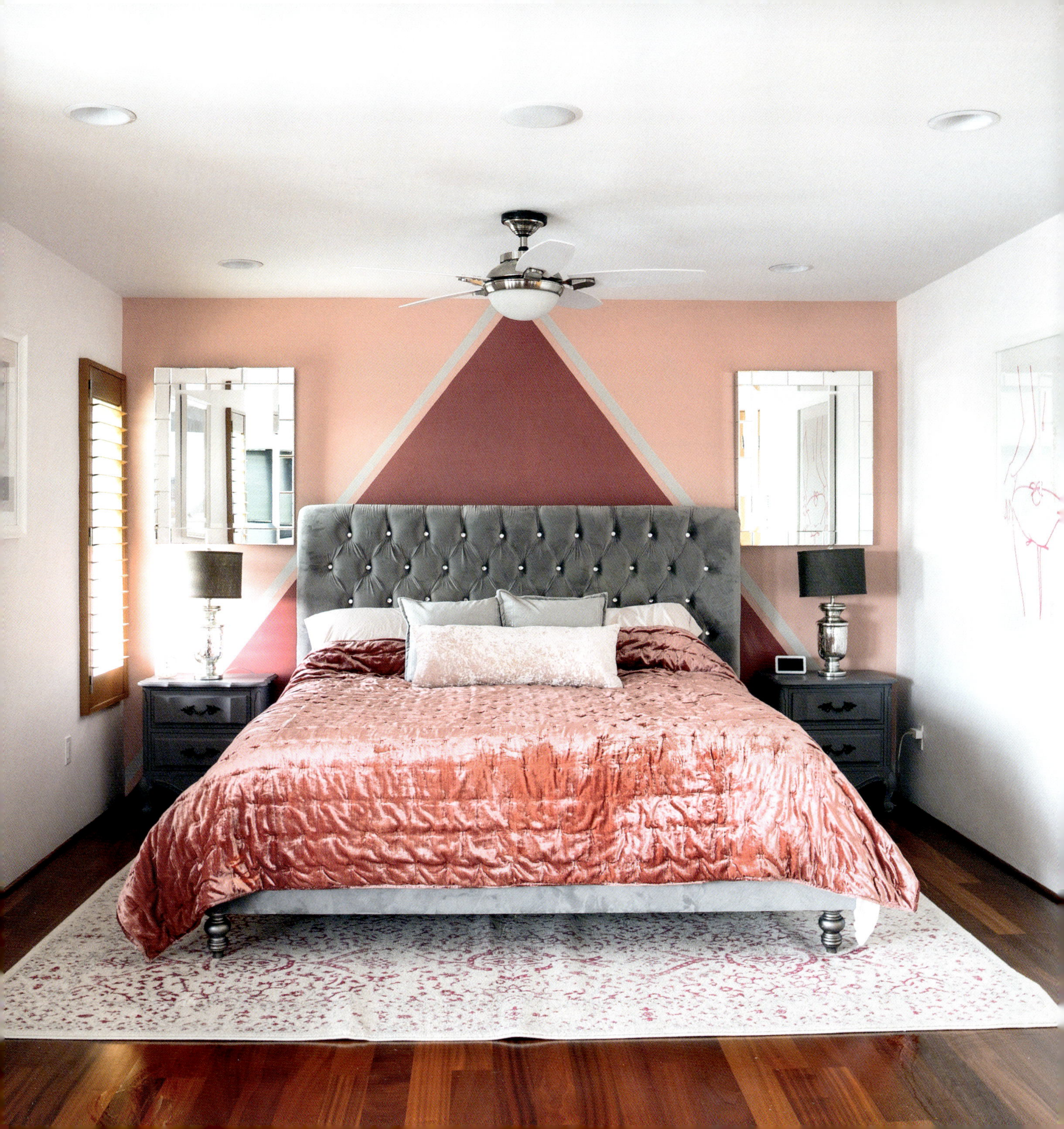

HILFSMITTEL

- ☐ Abdeckvlies
- ☐ Maßband
- ☐ 3 - 4 Pinsel in verschiedenen Größen
- ☐ Walze und Farbwanne
- ☐ Tritthocker oder Leiter

MATERIAL

- ☐ 1 Rolle Malerband
- ☐ Kreide oder Bleistift
- ☐ 1 Liter Farbe, Weiß
- ☐ 1 Liter Farbe, Weinrot

VORBEREITUNG

Decke den Boden ab. Klebe dann alles ab, was du vor Farbe schützen willst, einschließlich Decke, Leisten usw. Nimm dir Zeit zum Abkleben und drücke das Klebeband fest an, um die Farbe von diesen Bereichen fernzuhalten.

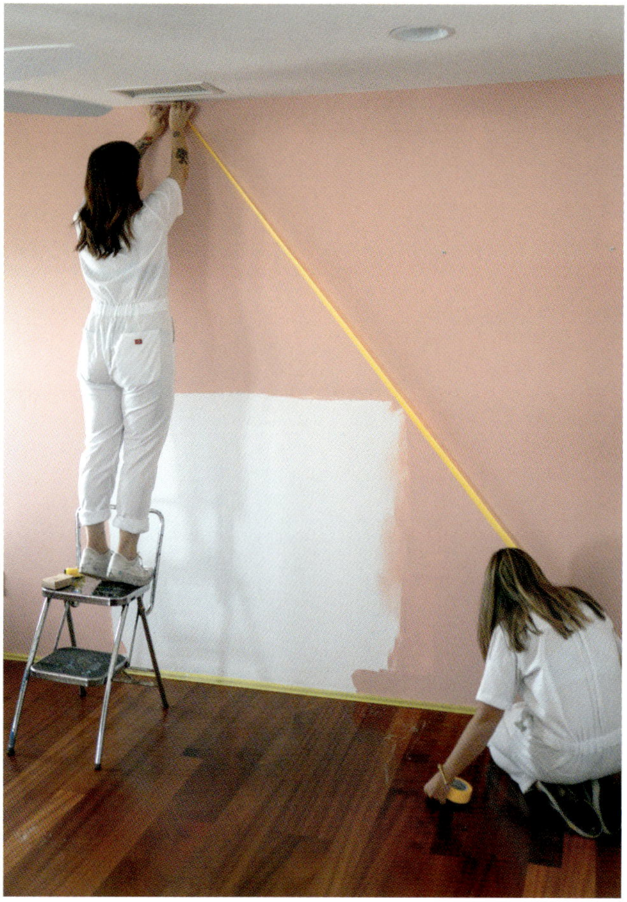

MESSEN UND ABKLEBEN

1. Miss die Breite der Wand und teile sie durch 2. Markiere mit Kreide oder Bleistift den Mittelpunkt an der Decke. (Wenn du einen Bleistift verwendest, drücke nicht zu stark auf.)

2. Um ein großes Dreieck zu bilden, klebe Malerband vom Mittelpunkt an der Decke zur rechten unteren Ecke der Wand. Wiederhole dies links, um das Hauptdreieck zu bilden.

Denke daran, das Klebeband mit einer Bankkarte anzudrücken, damit es fest an der Oberfläche haftet.

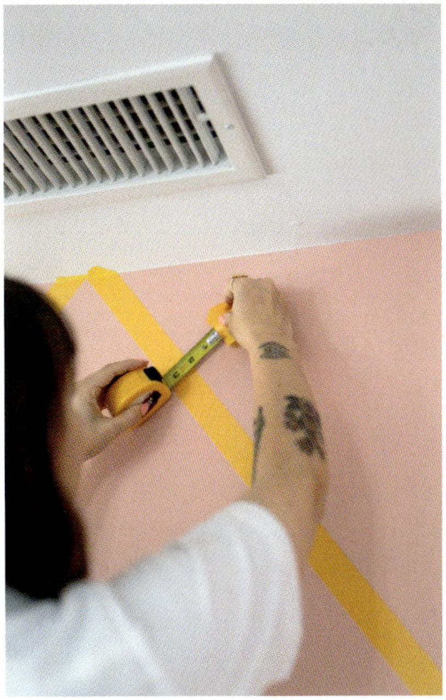

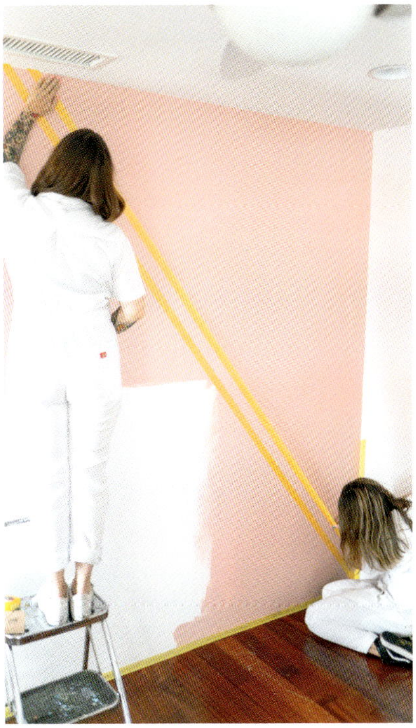

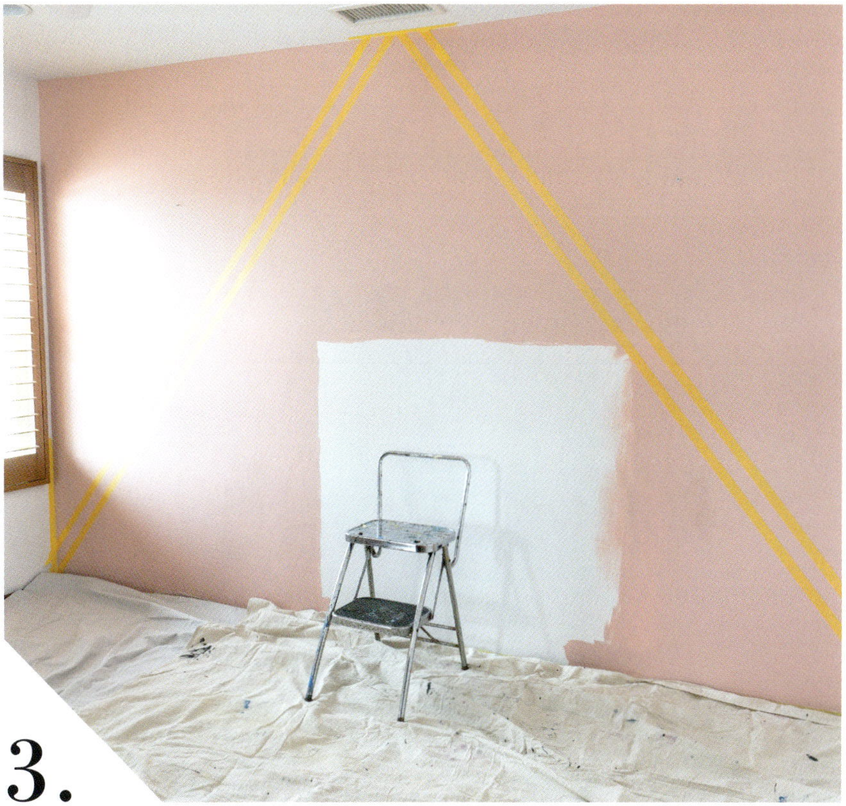

3.

Du kannst das Kopfteil einfach halten und nur ein Dreieck verwenden. Oder du kannst wie wir einen Umriss hinzufügen. Klebe dazu etwa 60 cm Malerband entlang des mittleren Deckenbereiches, um die Decke vor Farbe zu schützen. Miss und markiere 5 cm vom rechten Rand deines rechten Klebebandes an der Decke, in der Mitte und in der unteren Ecke. Verbinde diese Markierungen mit einem langen Streifen Klebeband. Dieses Stück sollte parallel zur ursprünglichen Dreiecksseite verlaufen – lass dir also Zeit dafür. Wiederhole dies auf der linken Seite des Dreiecks und achte wieder darauf, dass das Klebeband parallel zur Dreiecksseite verläuft.

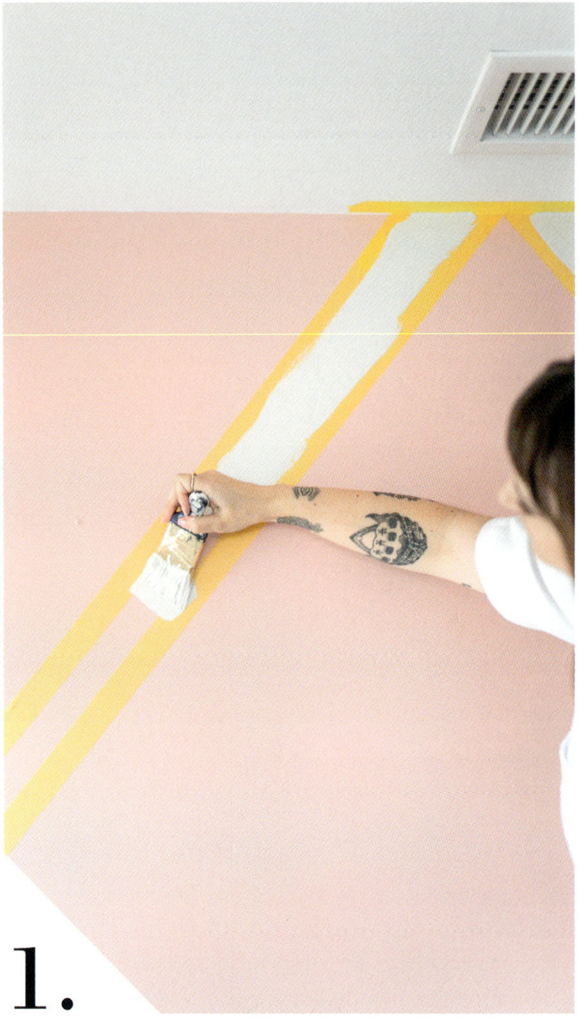

1.

Male die 5 cm breiten weißen Streifen links und rechts vom Hauptdreieck mit einem mittelbreiten Pinsel.

Wir haben weiß verwendet, aber du kannst die Farbe frei wählen.

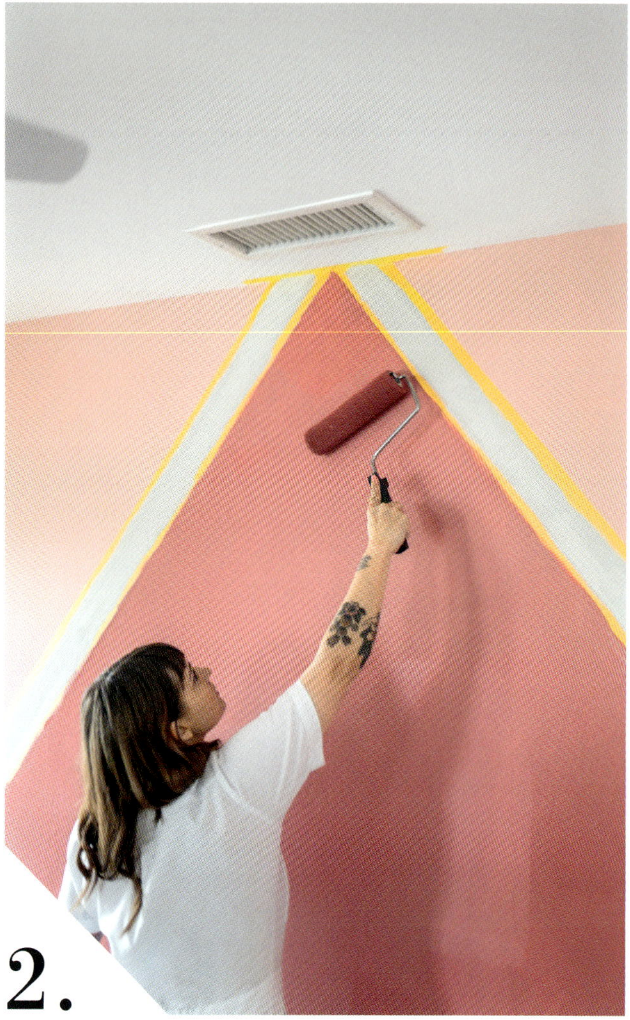

2.

Für das Hauptdreieck male mit einem feinen oder mittelbreiten Pinsel entlang der Innenseite des Klebebandes. Male dann den Rest der Fläche mit einer Walze aus. Die meisten Farben benötigen mindestens zwei Anstriche. Lass die Farbe vor dem nächsten Anstrich vollständig trocknen.

3. Ziehe das Malerband ab, räume auf und richte dein Schlafzimmer wieder her.

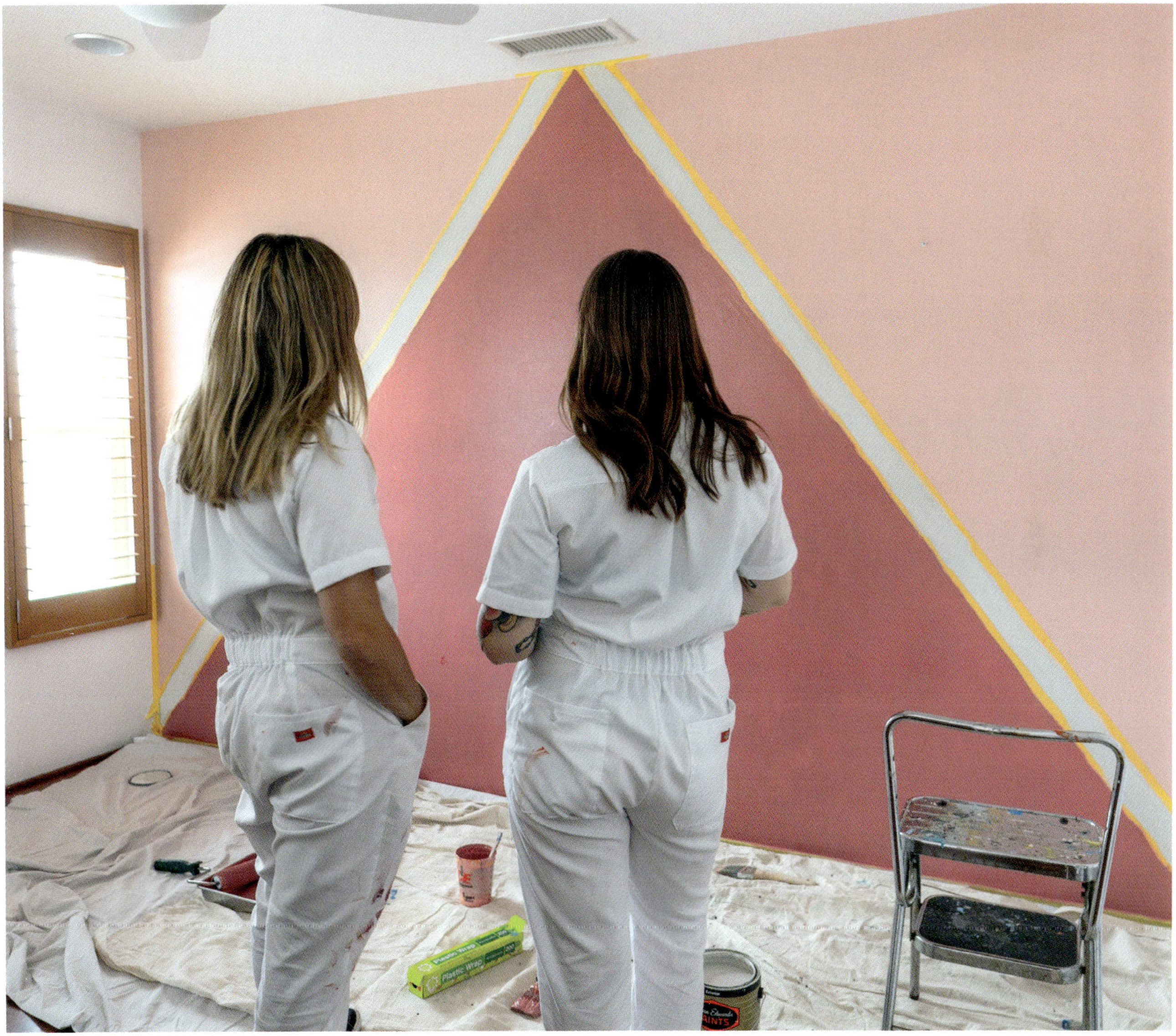

Komplexes Blumendesign

DIE FAKTEN

SCHWIERIGKEITSGRAD: schwierig

ZEIT: 4 - 5 Stunden (ohne Trocknungszeit)

KOSTEN: 60 - 80 € für Material, Preis für Projektor kann variieren

VERWENDETE FARBEN: Gelb, Weiß, Grau, Lila, Schwarz

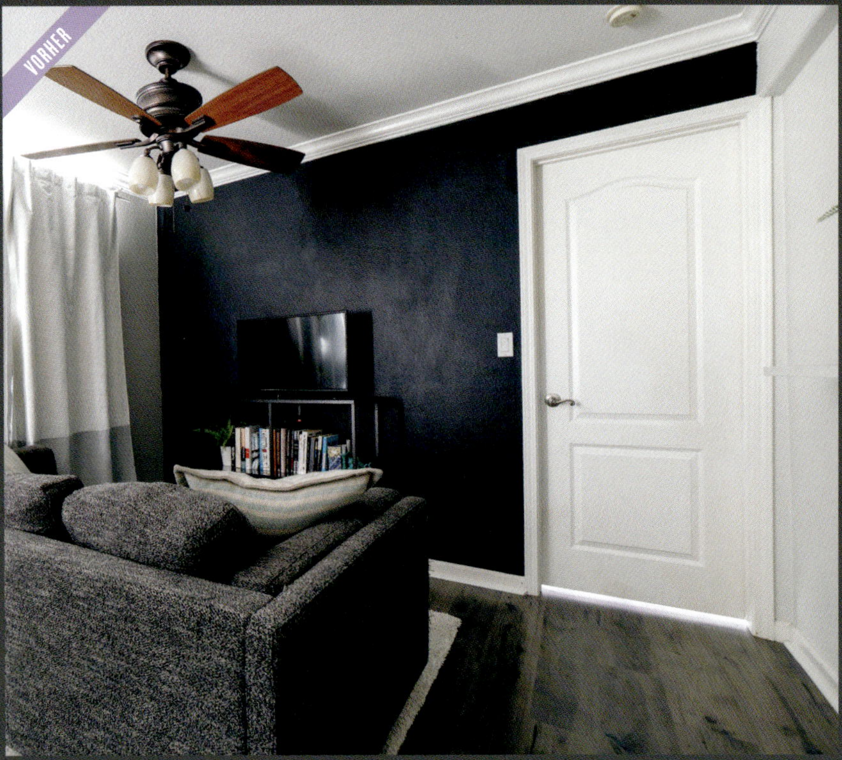

Dieses Projekt ist wahrscheinlich eines der kompliziertesten im Buch, aber es lohnt sich. Diese edlen Blumen verleihen dem Raum Eleganz. Wir haben dem Design außerdem Tiefe verliehen, indem das Bild von der Wand auf den Türrahmen übergeht. Dies macht das Bild visuell interessant und sieht von jedem Winkel aus überraschend anders aus.

HINWEIS: Ein Projektor kann teuer sein, aber wir wollten dir diese tolle Methode zeigen, mit der man komplizierte Bilder auf die Wand übertragen kann. Es gibt Projektoren zum Filmezeigen – vielleicht hast du ja sogar einen oder kennst jemanden, der einen hat.

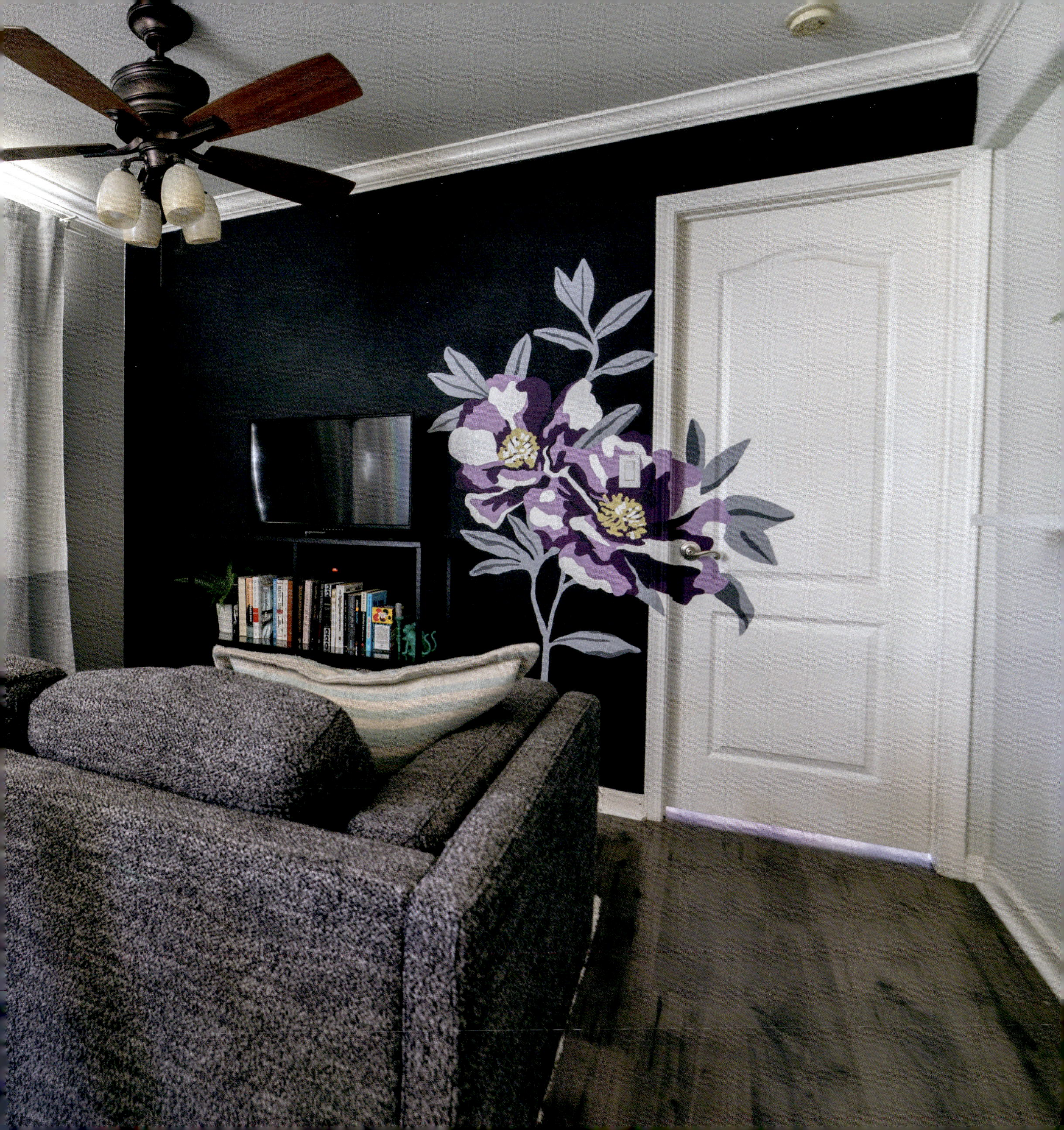

HILFSMITTEL

- ☐ Abdeckvlies
- ☐ Projektor
- ☐ heruntergeladenes Design (siehe Seite 198)
- ☐ 8 - 12 feine bis breite Pinsel
- ☐ gebrauchte Becher zum Anmischen der Farben

MATERIAL

- ☐ 1 Rolle Malerband
- ☐ Kreide oder Bleistift
- ☐ 1 Musterdose Farbe, Gelb
- ☐ 1 Musterdose Farbe, Weiß
- ☐ 1 Musterdose Farbe, Grau
- ☐ 1 Musterdose Farbe, Lila
- ☐ 1 Musterdose Farbe, Schwarz

VORBEREITUNG

Räume deine Möbel aus dem Weg, damit du einen freien Arbeitsbereich hast. Klebe alle Bereiche ab, die keine Farbe abbekommen sollen. Lege Abdeckvlies zum Schutz auf den Boden.

DESIGN ÜBERTRAGEN

Schalte die Beleuchtung im Zimmer aus und projiziere das Bild an den gewünschten Platz auf der Wand. Je nach Art des Projektors musst du eventuell den Abstand zwischen Projektor und Wand anpassen, um das Bild in der gewünschten Größe zu erhalten. Wenn deine Wand dunkel gestrichen ist, male die Umrisse mit Kreide. Bei einer weißen Wand zeichne das Design leicht mit Bleistift vor.

Projizieren und Übertragen des Designs ist keine Wissenschaft. Das Bild wird beim Arbeiten immer etwas überdeckt. Du musst also keine Stunden damit verbringen, es zu perfektionieren. Du kannst deine Linien immer noch mit Farbe etwas korrigieren. Wir haben die Blumen außerdem so entworfen, dass sie etwas organisch geformt sind. Das ist besonders nützlich, wenn das Design sich über einen Türrahmen erstrecken soll wie bei unserem Projekt.

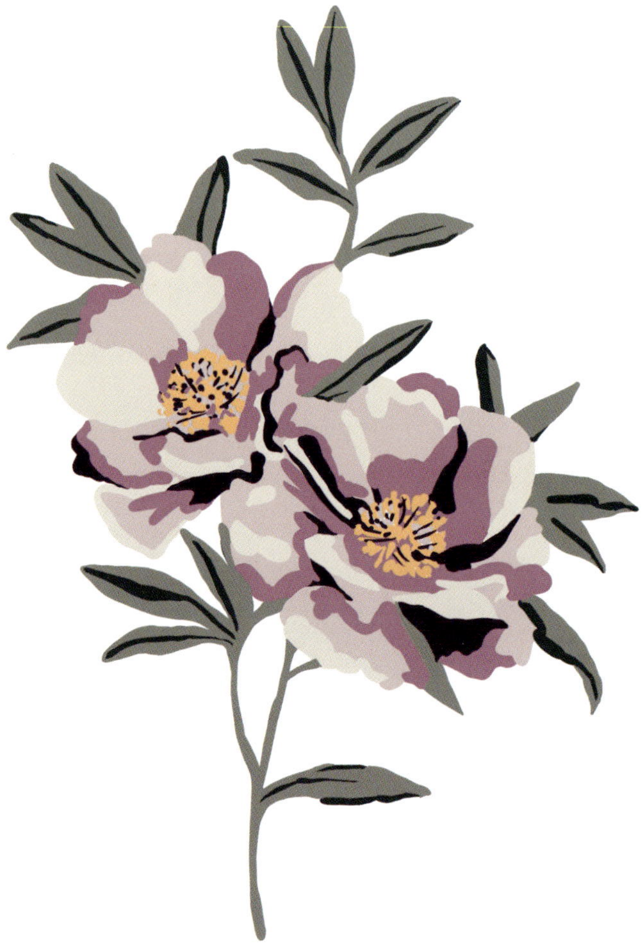

MALEN

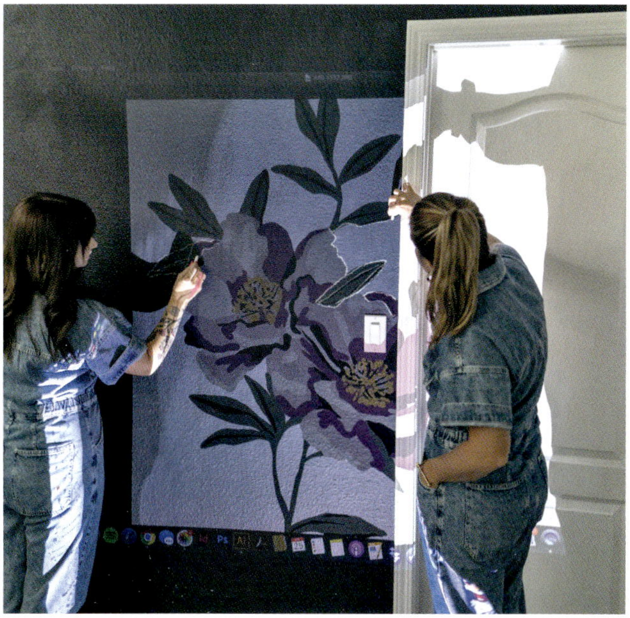

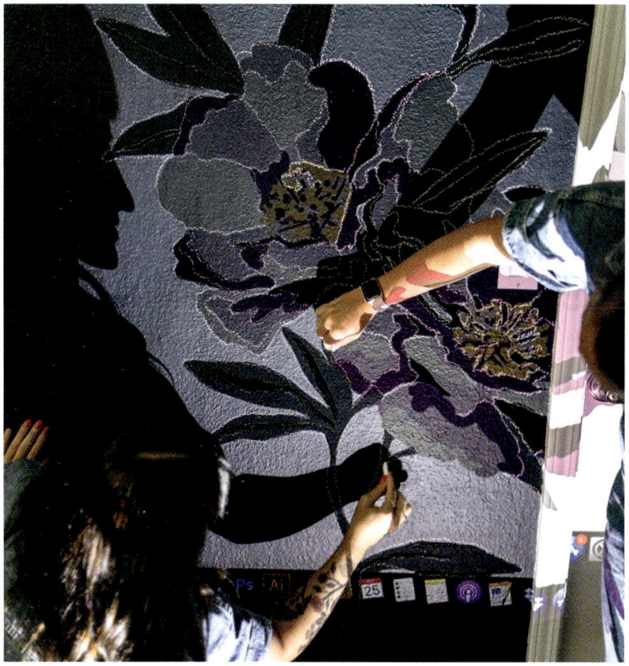

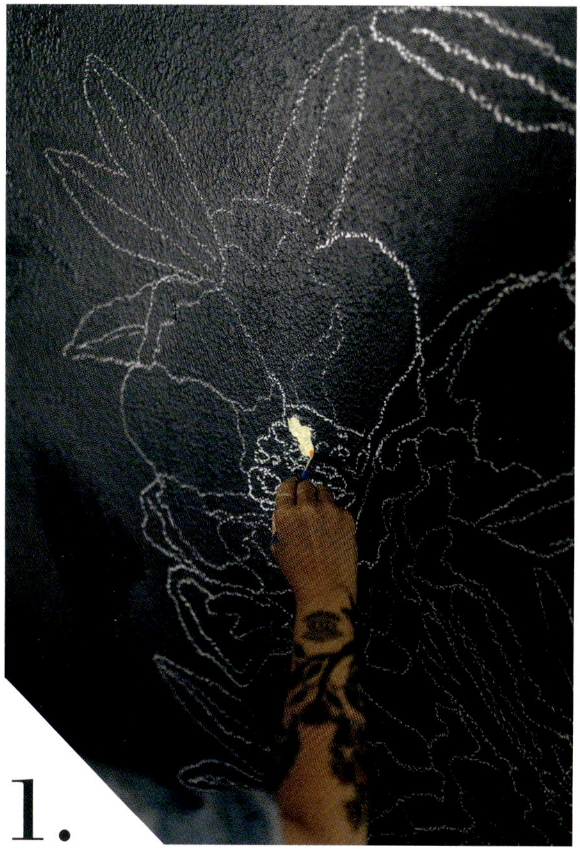

1.

Male zuerst die gelben und weißen Abschnitte der Blumen und die hellgrauen Teile der Blätter. Diese Farben werden die meisten Schichten benötigen. Daher ist es gut, mit ihnen zu beginnen.

Wir empfehlen dir, immer nur mit einer Farbe zu arbeiten und zunächst alle Abschnitte in dieser Farbe fertigzustellen, bevor du zur nächsten Farbe wechselst.

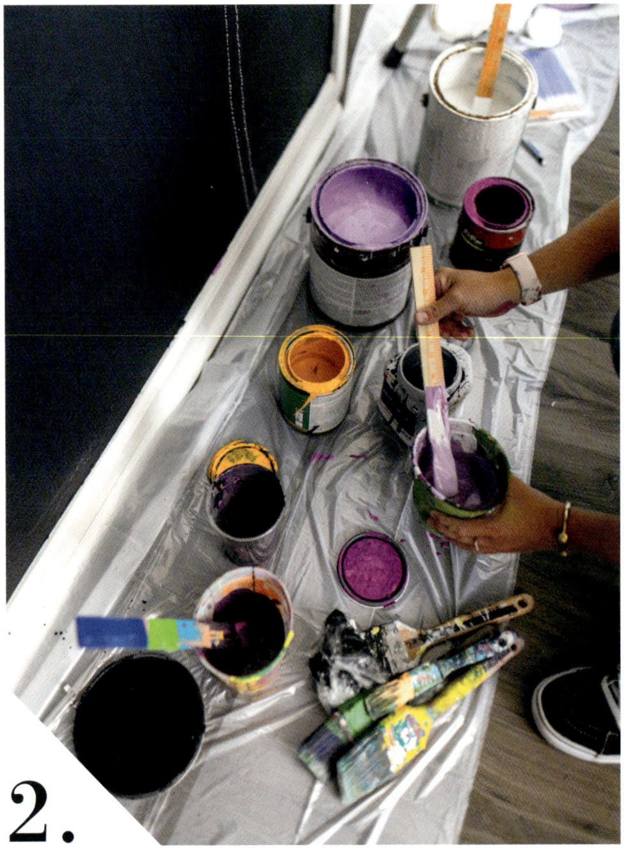

2.

Mische einige Lilatöne in deinen Bechern, angefangen mit dem hellsten Ton. Verwende dafür hauptsächlich weiße Farbe und gib nur eine winzige Menge Lila hinzu. Wiederhole diesen Vorgang, aber gib für jeden der anderen Töne mehr Lila hinzu. Für das dunkelste Lila lässt du das Weiß weg und gibst stattdessen ein bisschen Schwarz hinzu. Wir haben das wie Malen nach Zahlen für dich aufgeschlüsselt. Orientiere dich also am Download. Male jeweils die entsprechenden Abschnitte des Bildes mit den verschiedenen Lilatönen aus. Wiederhole dies für jede Farbe, bis du das komplette Design mit genug Farbschichten ausgemalt hast, sodass alle Farben opak wirken.

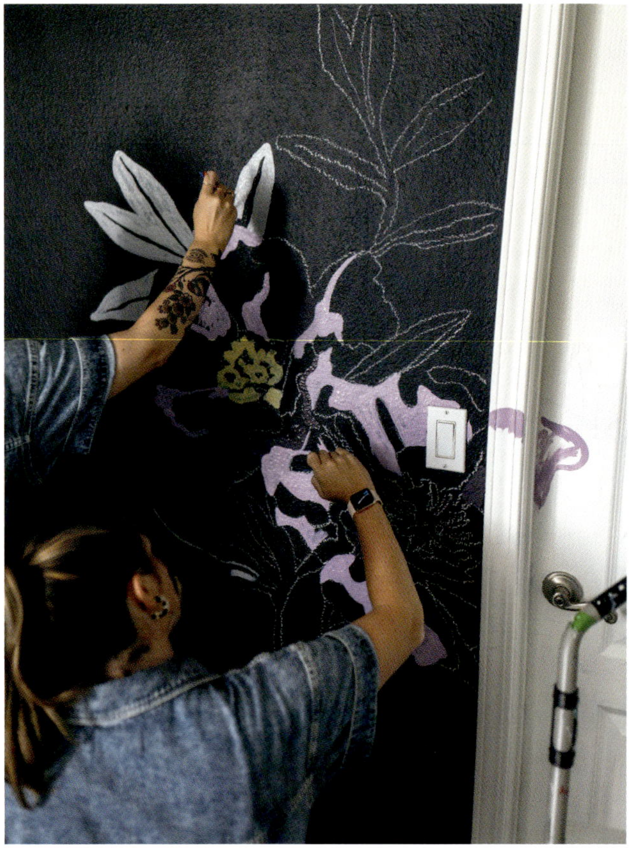

Wenn deine Pinsel zwischendurch antrocknen, wickele sie in Plastikfolie ein. Das ist die einfachste Methode, sie feucht zu halten, ohne sie in einen Eimer Wasser zu stecken oder auswaschen zu müssen.

3. Wenn alles trocken ist, entferne das Klebeband und das Abdeckvlies. Stell die Möbel zurück und mach ein paar Fotos!

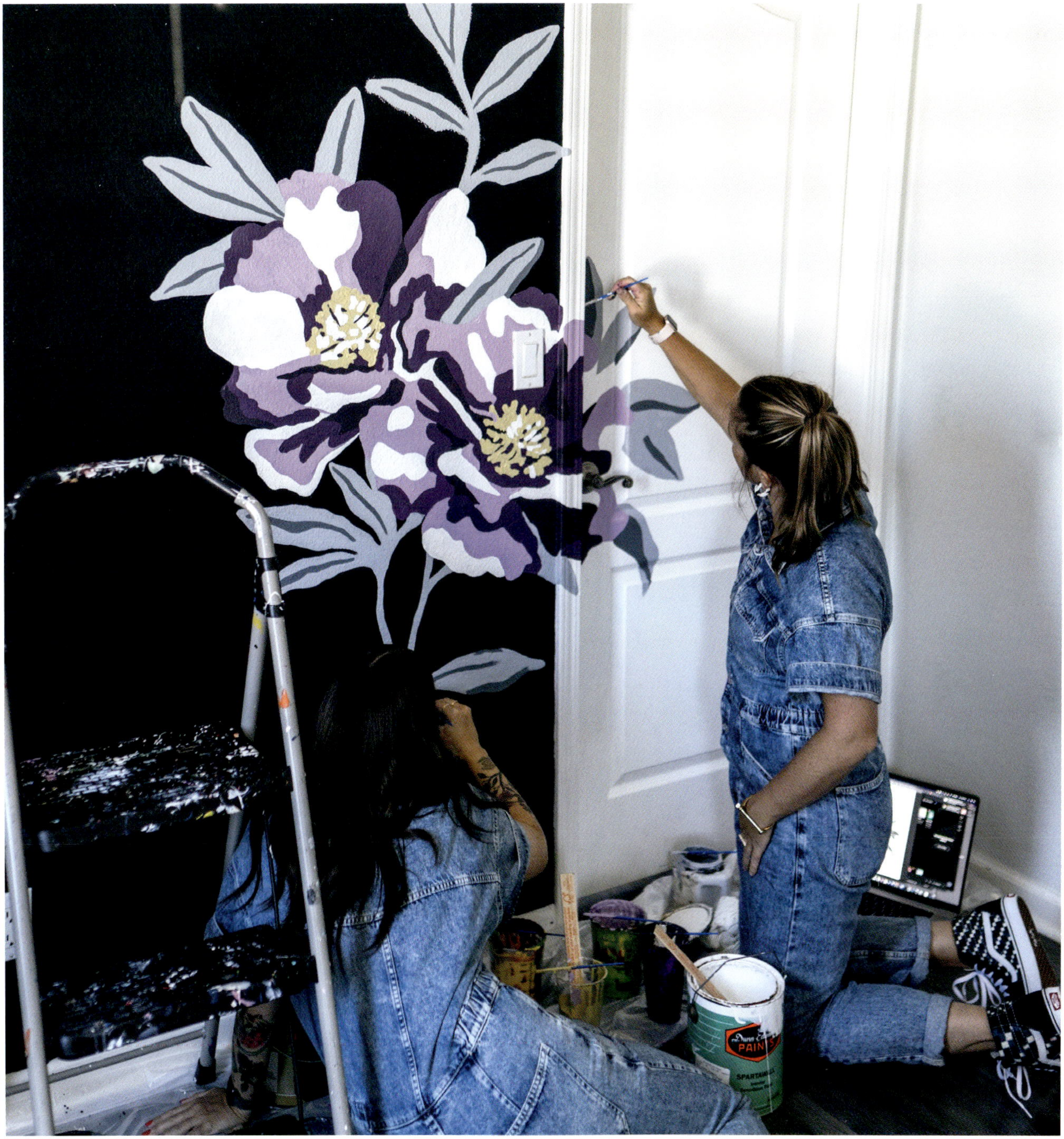

Malerische Decke

DIE FAKTEN

SCHWIERIGKEITSGRAD: schwierig

ZEIT: 4 - 6 Stunden (ohne Trocknungszeit)

KOSTEN: 60 - 80 €

VERWENDETE FARBEN: Grün, Dunkelblau, Schwarz, Hellbraun, Türkis

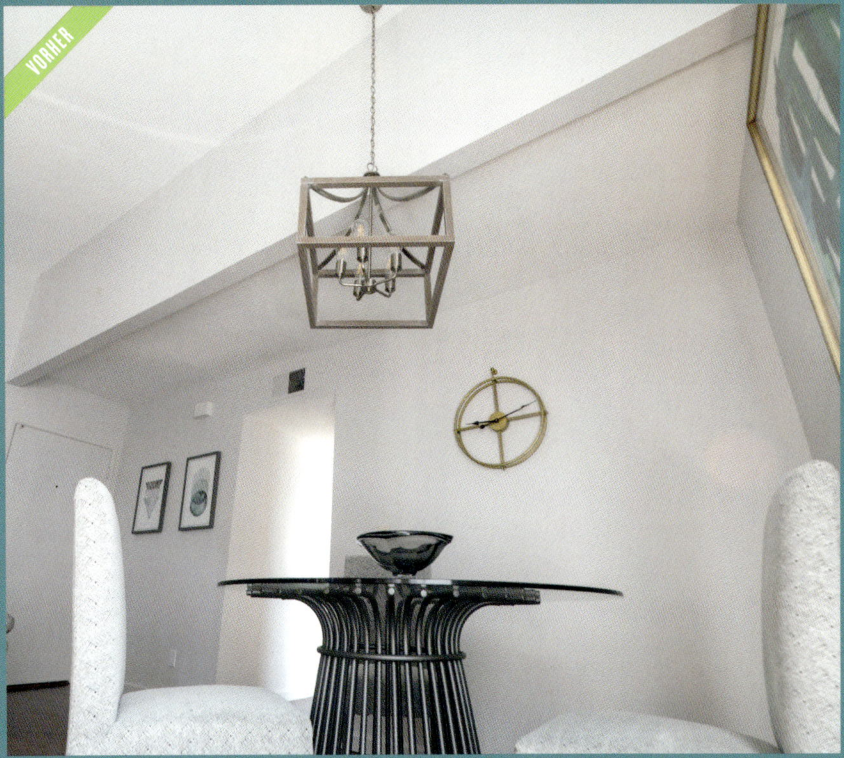

Warum sollen nur die Wände Spaß haben? Decken brauchen auch Liebe! (Michelangelo lag da ganz richtig.) Dieses Projekt ist definitiv ein Hingucker. Es ist ein tolles Konzept, wirkt aber nicht in jeder Wohnung. Da, wo es gut wirkt, verleiht es dem Raum jedoch einen überraschenden Farbtupfer!

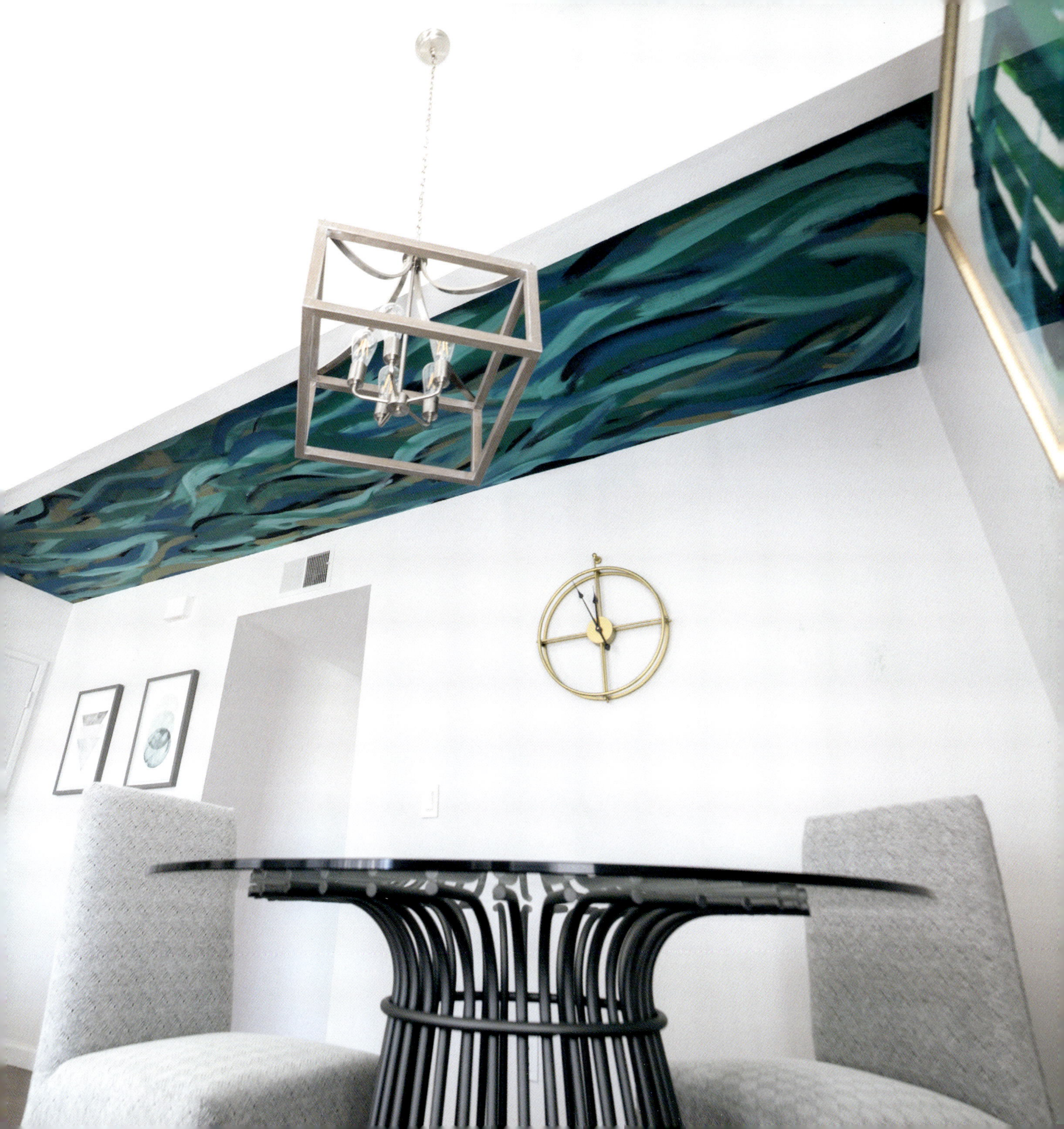

HILFSMITTEL

- ☐ 3 Plastikplanen
- ☐ 5 mittelbreite bis breite Pinsel
- ☐ 1 - 2 Pinsel zum Ausbessern
- ☐ Leiter

MATERIAL

- ☐ 1 Rolle Malerband
- ☐ 1 Liter Farbe, Grün
- ☐ 1 Liter Farbe, Dunkelblau
- ☐ 1 Liter Farbe, Schwarz
- ☐ 1 Liter Farbe, Hellbraun
- ☐ 1 Liter Farbe, Türkis

VORBEREITUNG

Wenn du über Kopf malst, kann es schnell mal tropfen. Deshalb solltest du wirklich alles schützen, was sonst vielleicht Farbe abbekommt. Räume alle Möbel weg, klebe die Ränder der Decke ab und drücke das Klebeband mit einer Bank- oder Geschenkkarte fest an. Schütze die Wände um dein Deckenbild, indem du Plastikplanen an dem Malerband um die Decke anklebst. Wenn du besonders vorsichtig sein willst, nimm alle Bilder von den Wänden, selbst wenn die Planen sie abdecken würden. Decke schließlich den Boden zum Schutz ab, da er wahrscheinlich die meisten Tropfen abbekommt (Schwerkraft).

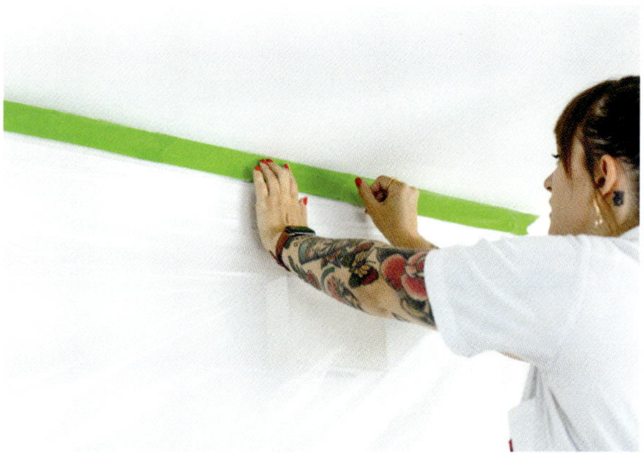

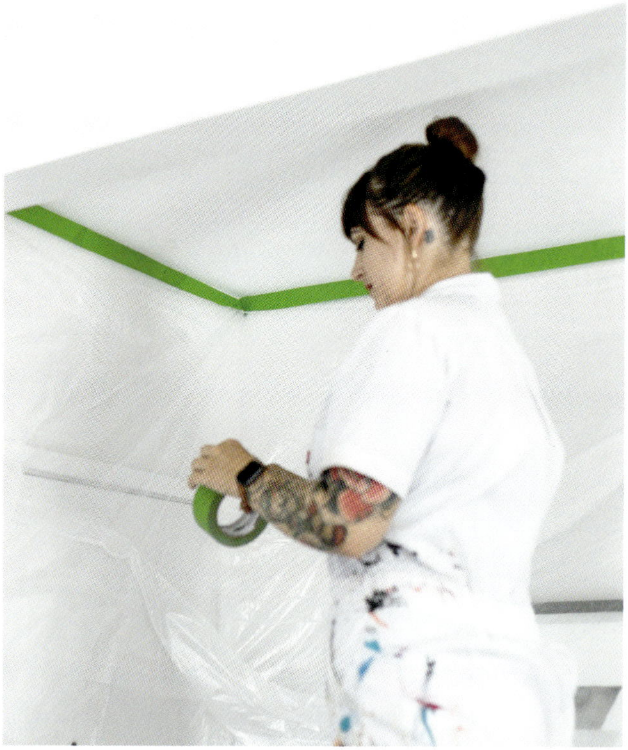

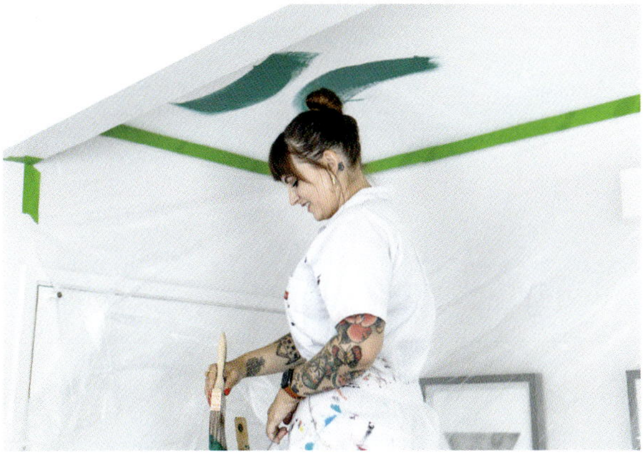

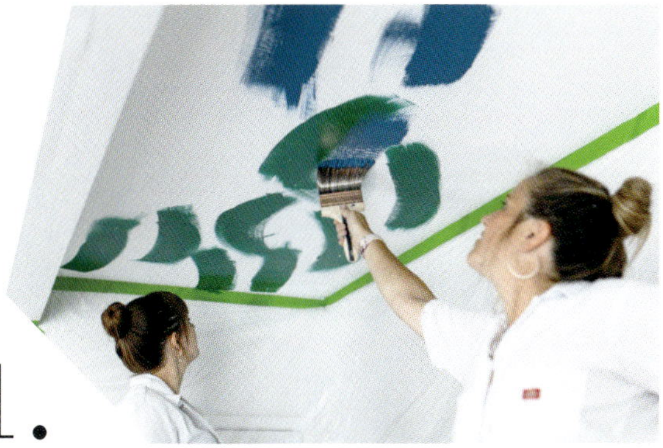

1.

Male zunächst jeweils in einer Farbe grobe Pinselstriche auf die Decke. Die Striche können in alle Richtungen gehen, sollten sich aber vorwiegend an der Ausrichtung der Decke orientieren. Unsere Striche waren 30-60 cm lang. Dieses Design ist sehr locker – du kannst also kreativ sein. Es muss nicht alles perfekt werden. Die Pinselstriche sollen wie dahingeworfen aussehen und die Decke soll „bewegt" wirken.

In unserem Fall war die Decke lang und schmal. Deshalb haben wir an einem Ende begonnen. Wir empfehlen dir, ebenso vorzugehen.

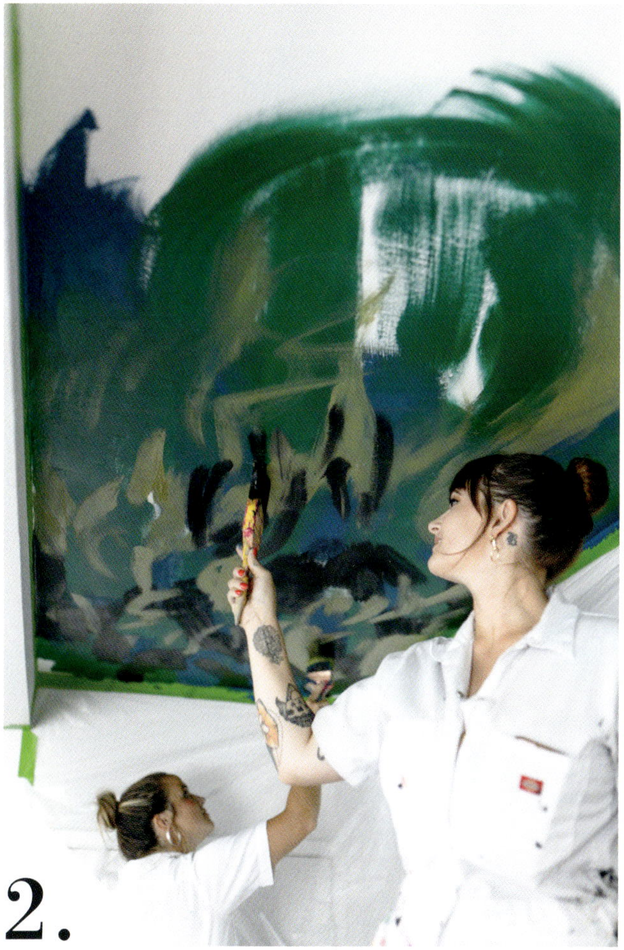

2.

Wenn du genug von deiner ersten Farbe aufgetragen hast, beginne mit der nächsten Farbe. Um den malerischen Look zu erhalten, sollte deine erste Farbe noch feucht sein, wenn du die nächste Farbe aufträgst. Wiederhole dies, bis du alle fünf Farben aufgetragen hast. Wenn du mit einem Bereich nicht zufrieden bist, weil du ihn z. B. zu schwarz findest, lass ihn trocknen und übermale ihn mit einem türkisen oder grünen Pinselstrich! Das Tolle bei Farbe ist, dass sie nicht permanent ist und du dein Bild immer überarbeiten kannst.

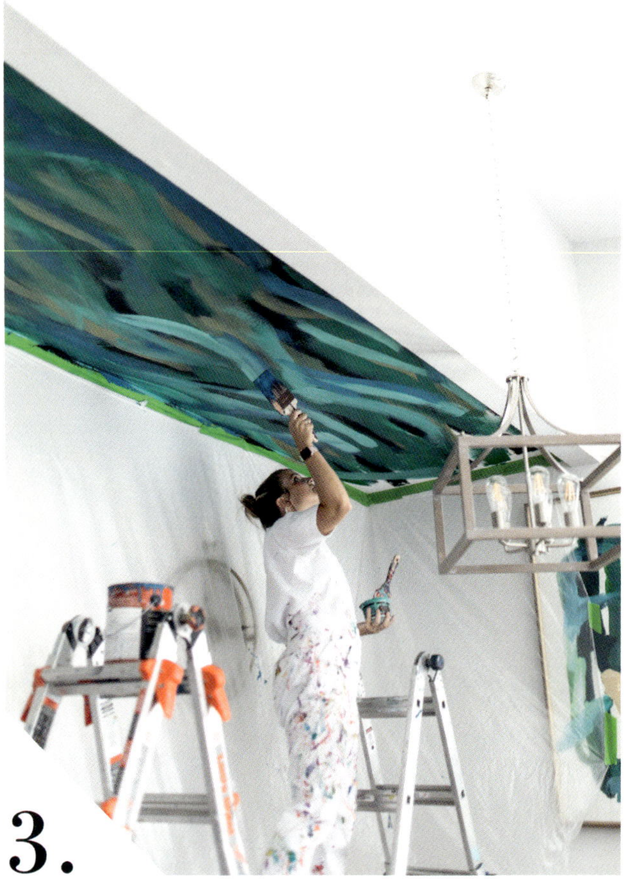

3.

Wenn du einige deiner Farben vermalen möchtest, trage sie auf, während sie noch feucht sind, und verwische sie mit deinem Pinsel. Behalte auch deine Abdeckungen im Auge, während du dich an der Decke entlangarbeitest, damit alles weiterhin gut geschützt ist. Vermale außerdem deine Pinselstriche weiter und bleibe in Bewegung.

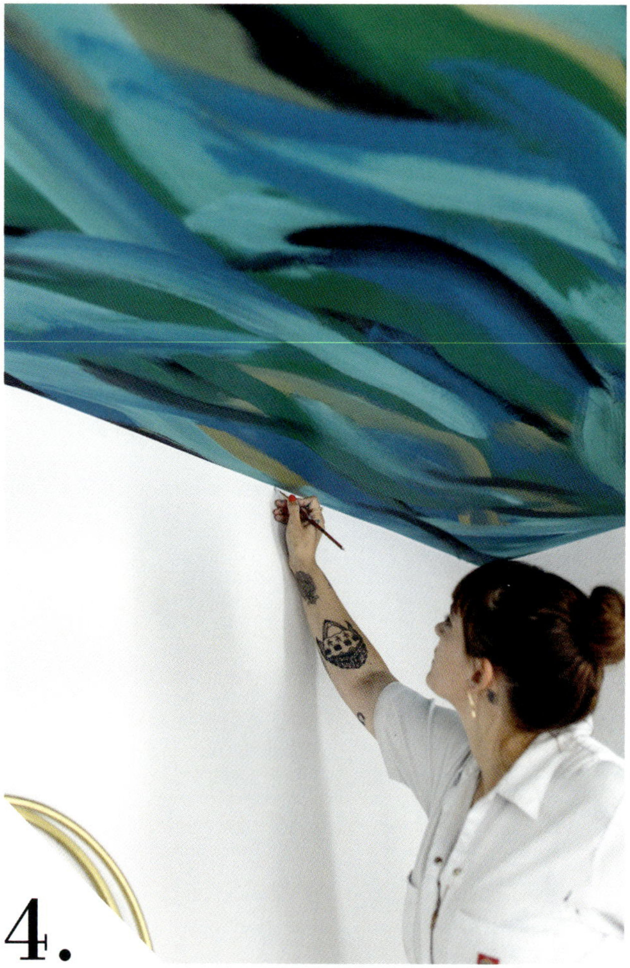

4.

Wenn deine Arbeit getrocknet ist, entferne das Malerband. Bessere die Ränder bei Bedarf mit feinen Pinseln nach. Nimm deine Abdeckplanen ab, klappe die Leiter zusammen, stell die Möbel zurück und genieße dein fertiges Meisterwerk!

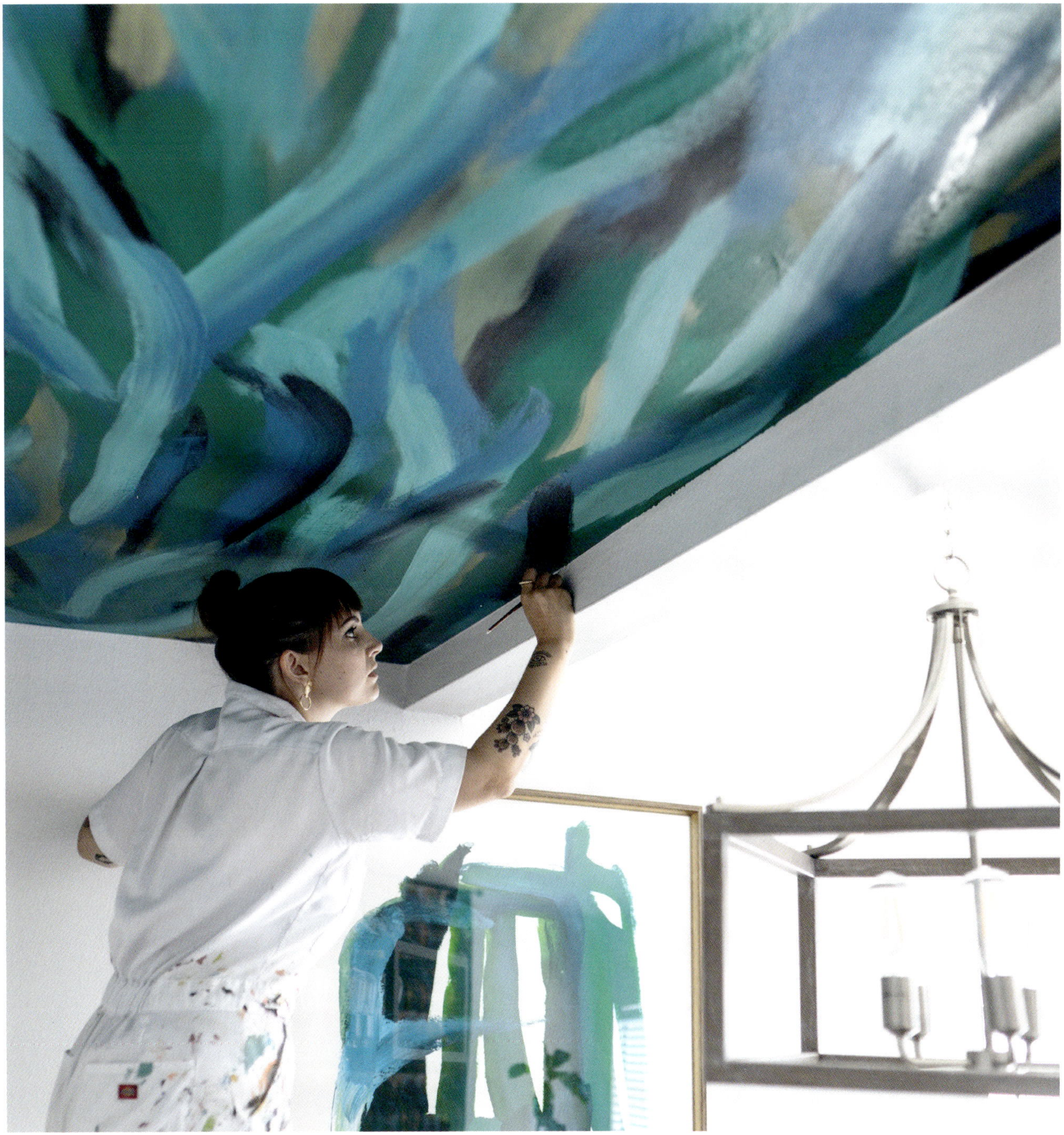

Tresenbögen

DIE FAKTEN

SCHWIERIGKEITSGRAD: mittel

ZEIT: 2 - 3 Stunden (ohne Trocknungszeit)

KOSTEN: 20 - 40 €

VERWENDETE FARBEN: Goldgelb und Weiß

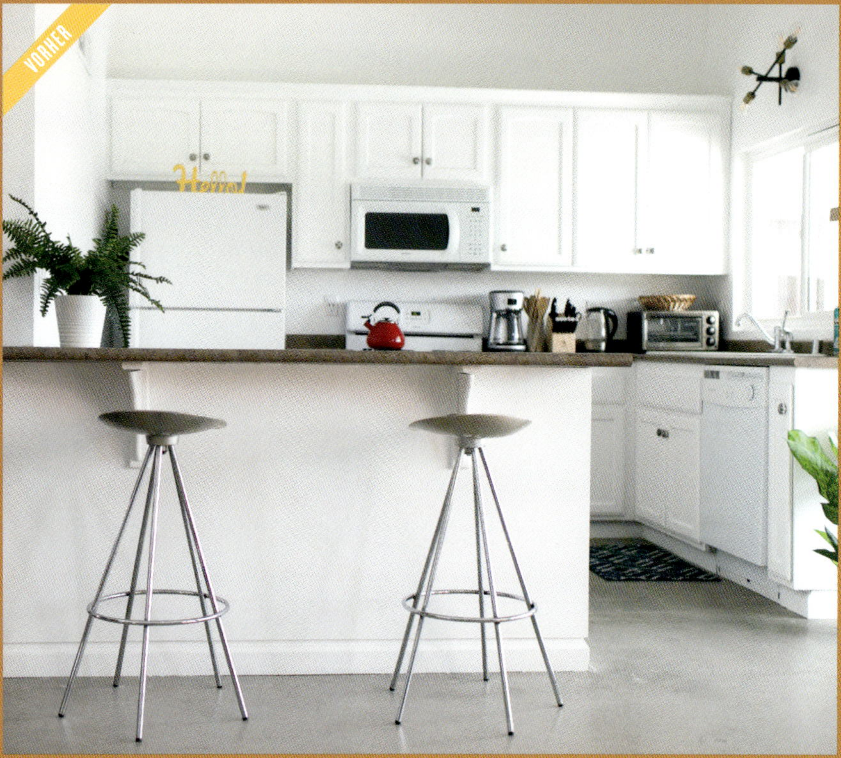

Magst du eine schöne Bar auch so gerne wie wir? Statt in teure Fliesen zu investieren, kannst du mit Farbe etwas noch Tolleres schaffen! Wir wollten mit diesem Design einen modernen Mid-Century-Look erzielen. Vielleicht meinst du, dass dies nicht in deinen Raum passt, aber möglicherweise brauchst du einfach nur die Farbe zu ändern!

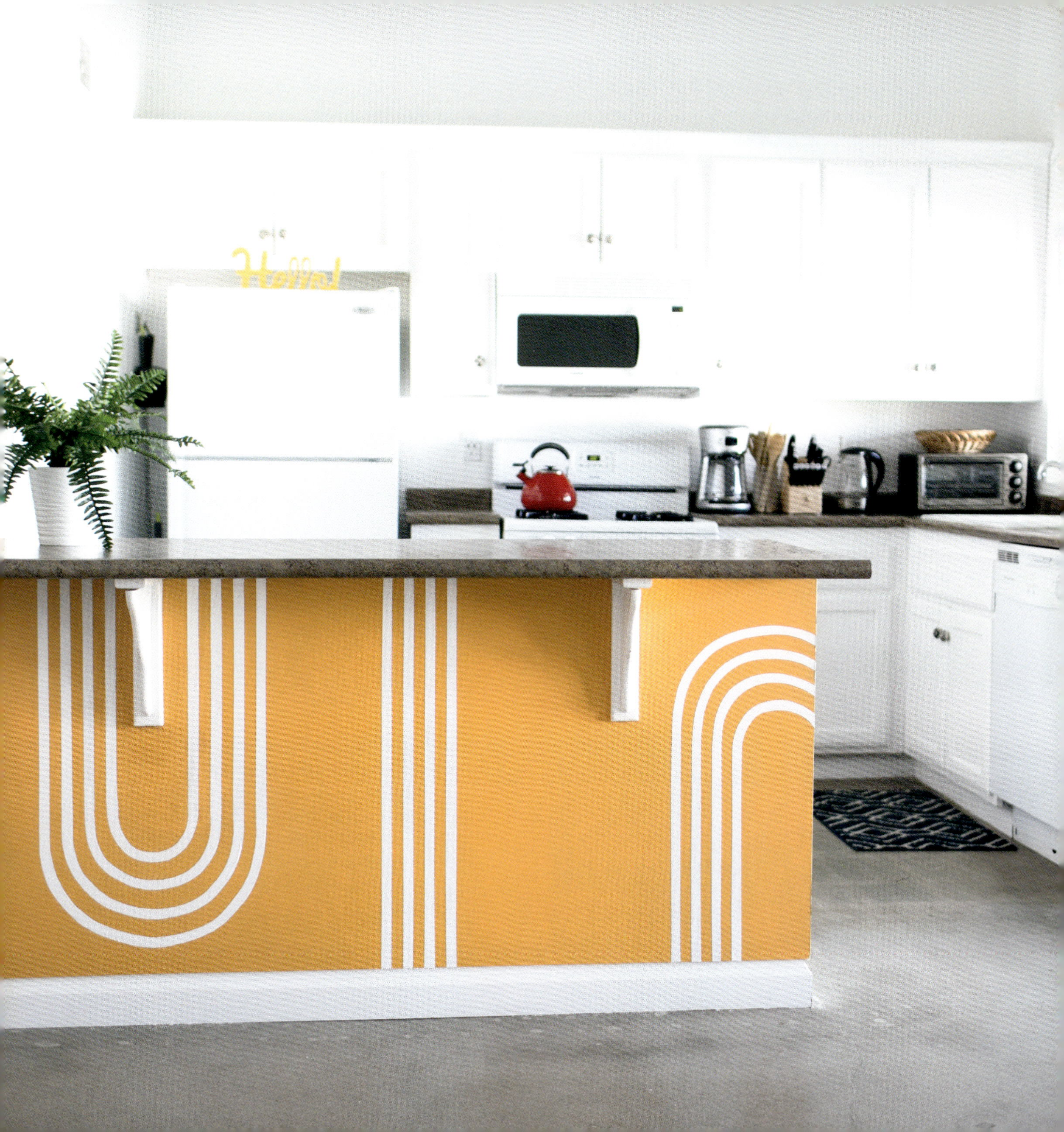
Hello

HILFSMITTEL

- ☐ Abdeckvlies
- ☐ 3 - 5 Pinsel in verschiedenen Größen

MATERIAL

- ☐ 1 Rolle Malerband
- ☐ 1 Liter Farbe, Goldgelb
- ☐ 1 Musterdose Farbe, Weiß
- ☐ Kreide

VORBEREITUNG

Klebe die Ränder des Tresens, den Boden und alles andere ab, was keine Farbe abbekommen soll. Decke den Boden mit Abdeckvlies ab.

MALEN

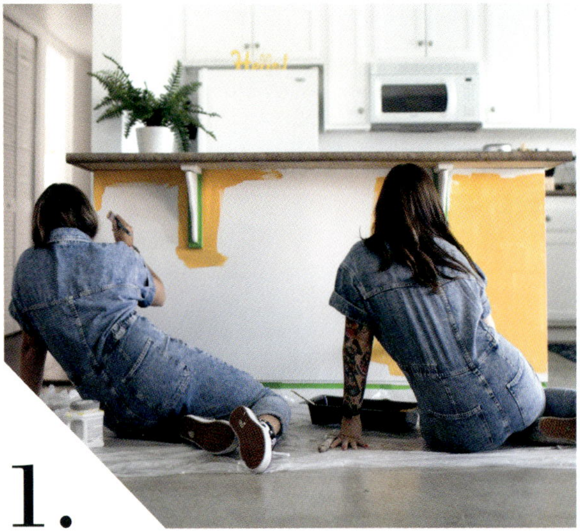

1. Male den Hintergrund in Goldgelb (oder deiner gewählten Farbe) an. Lass immer erst eine Farbschicht trocknen, bevor du mit der nächsten beginnst.

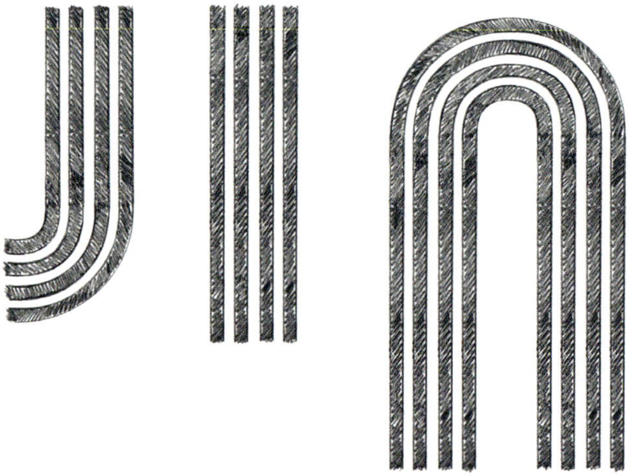

2. Wenn der Hintergrund komplett getrocknet ist, kommt der schöne Teil! Finde die Mitte der Wand und klebe für die vier Mittellinien fünf Stücke Klebeband in gleichen Abständen auf. Achte darauf, dass die Streifen und die Abstände dazwischen die gleiche Breite haben. Die Abstände zwischen den Klebebändern sollten genauso breit wie dein Klebeband sein.

Da unser Hintergrund gelb ist, waren drei Anstriche nötig, bis das Gelb gleichmäßig wirkte.

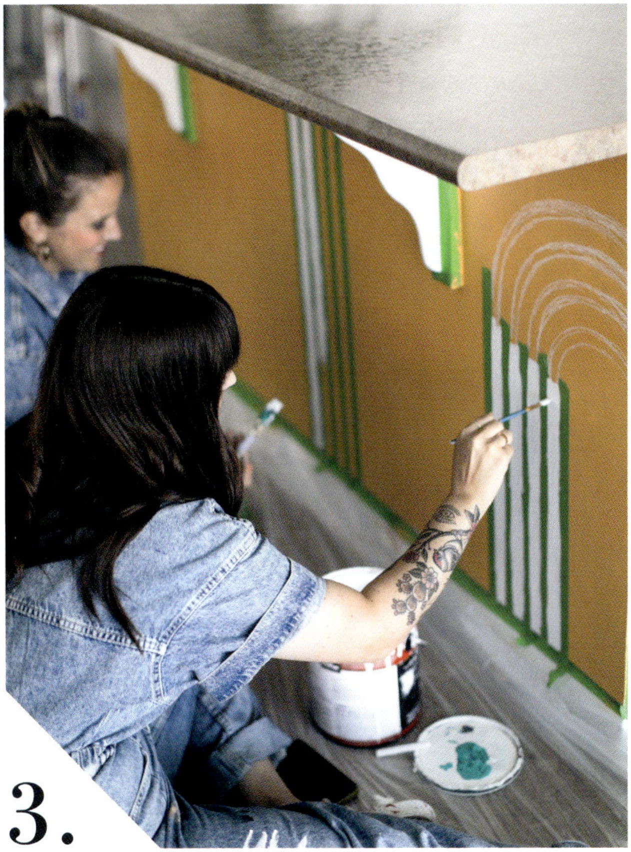

3.

Zeichne rechts von den Mittellinien vier Bögen in gleichmäßigen Abständen. Für perfekte Bögen kannst du die Schnurmethode von Seite 117 anwenden oder den Umriss einer Schüssel nachzeichnen, wenn sie die richtige Größe hat. Nachdem du vier Halbkreise gezeichnet hast, verlängere die Linien auf beiden Seiten der Bögen. Mache gerade Linien mit deinem Klebeband. Tritt einen Schritt zurück und prüfe, ob die Linien gerade sind, bevor du mit der Farbe startest.

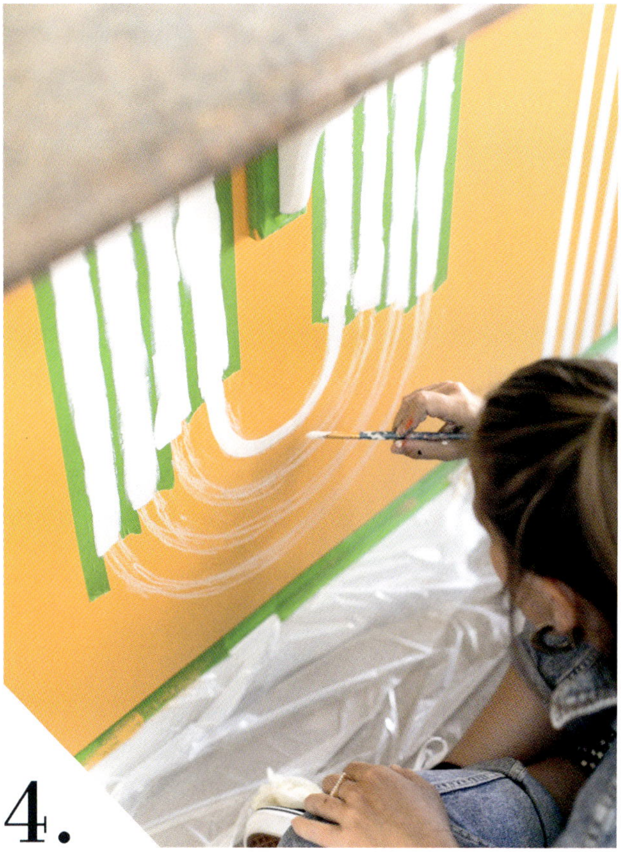

4.

Wiederhole diesen Prozess auf der linken Seite der Mittellinien. Positioniere diesmal jedoch die Bögen unten an den Linien. Male die Bögen vorsichtig mit einem feinen Pinsel. Wenn es mal schief geht – kein Problem: Du kannst Fehler jederzeit mit Hintergrundfarbe beheben.

5. Wenn du mit den Bögen und Linien zufrieden bist, entferne das Malerband und das Abdeckvlies. Fertig!

Flieseneffekt

DIE FAKTEN

SCHWIERIGKEITSGRAD: schwierig

ZEIT: 5 - 7 Stunden (ohne Trocknungszeit)

KOSTEN: 40 - 50 € (je nachdem, wie viele Farben du verwendest)

VERWENDETE FARBEN: Schwarz

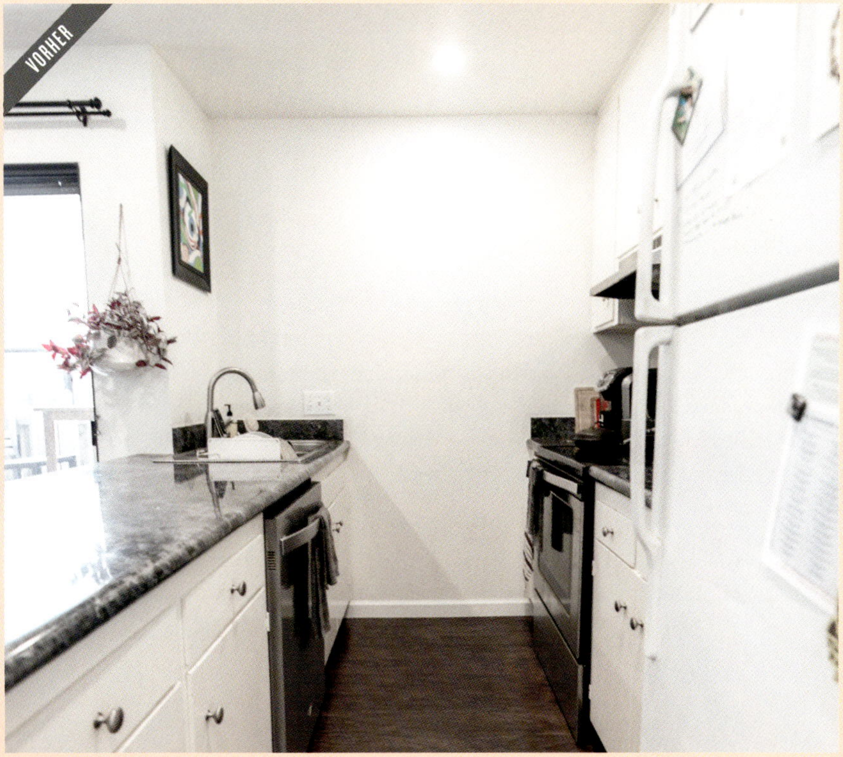

Tief durchatmen, denn dieses Design erfordert sorgfältiges Messen und eine Wasserwaage. Es ist eigentlich nicht so unser Stil, aber wir wollten euch etwas Komplexes zeigen. Dieses Wandbild ist eine tolle Alternative zu Tapete oder Fliesen. Perfekt, wenn du zur Miete wohnst und dein Zimmer verschönern willst!

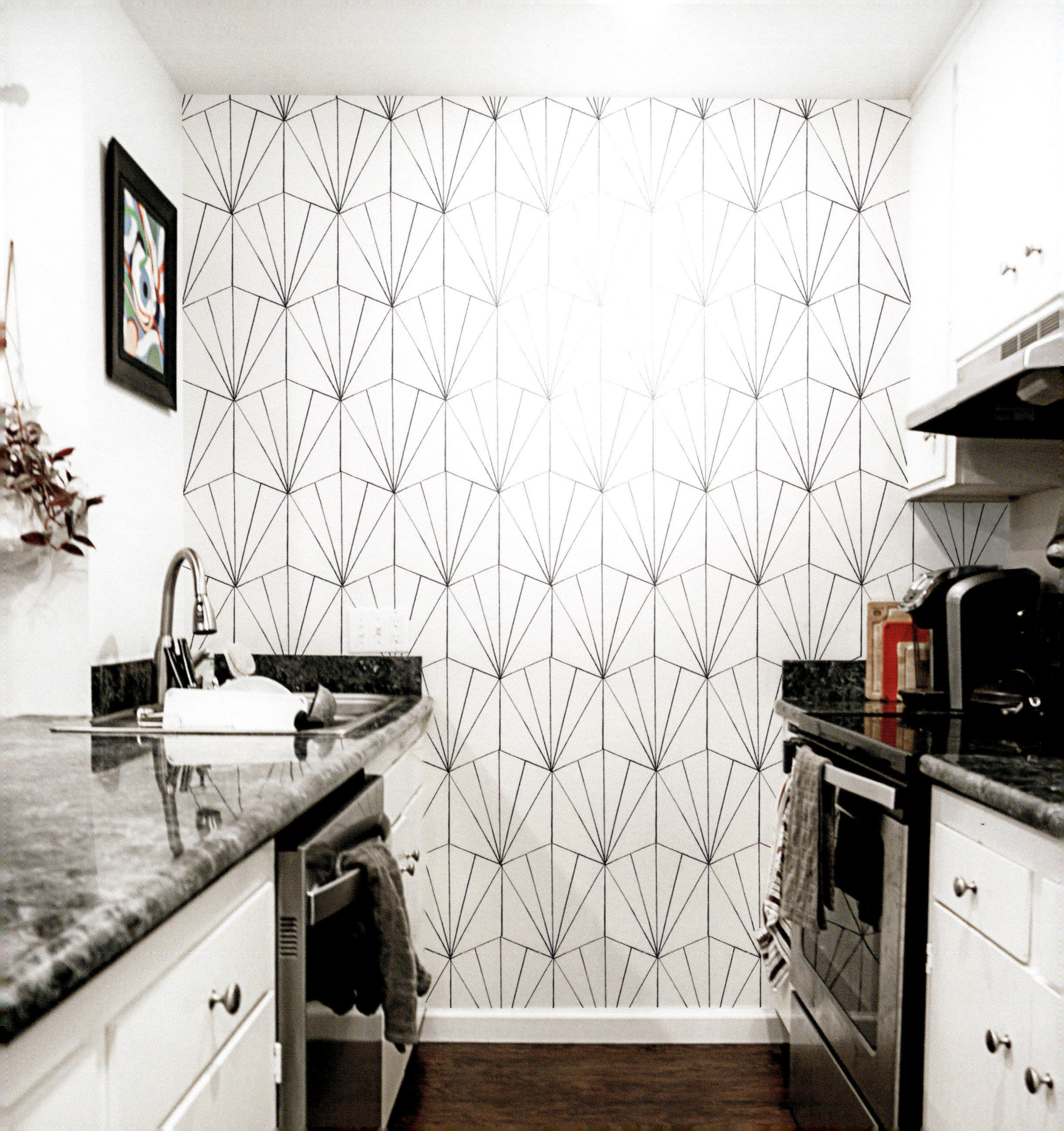

HILFSMITTEL

- ☐ Abdeckvlies
- ☐ Maßband
- ☐ Wasserwaage
- ☐ Lineal
- ☐ Tritthocker oder Leiter

MATERIAL

- ☐ 1 Rolle Malerband
- ☐ Bleistift
- ☐ 5 - 10 Posca-Markerstifte in Schwarz

VORBEREITUNG

Entferne alles aus dem Bereich, was keine Farbe abbekommen soll. Klebe die Ränder der Wand ab, einschließlich Decke und Fußleiste. Decke den Boden ab und los geht's!

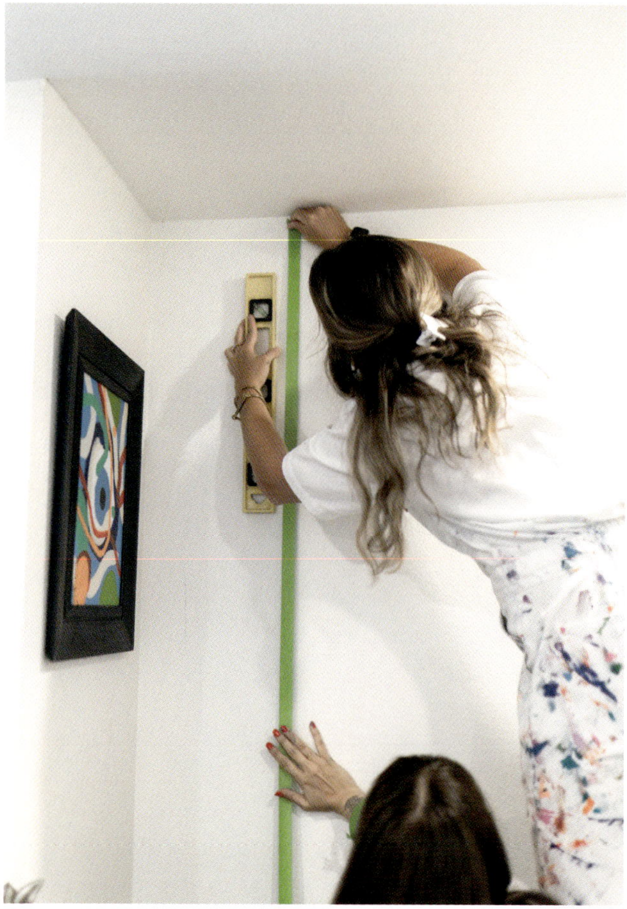

MALEN

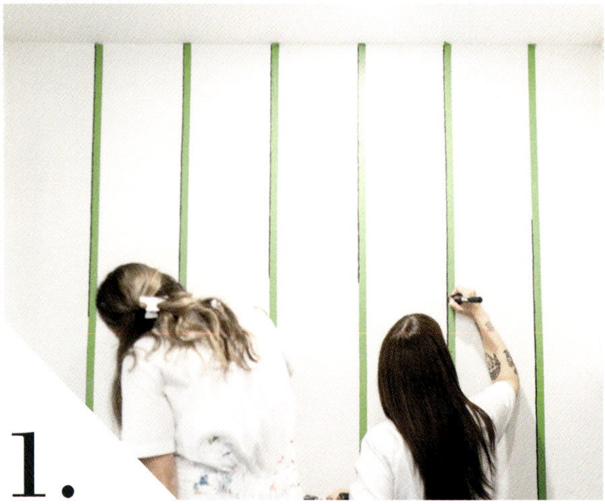

1.

Messe acht gleich große Abschnitte entlang der Wand. Klebe gerade Linien für jeden Abschnitt auf – verwende dabei deine Wasserwaage. Zeichne mit einem Marker eine Linie entlang der linken Seite jedes Klebebandstreifens. Entferne dann die senkrechten Klebebandstreifen.

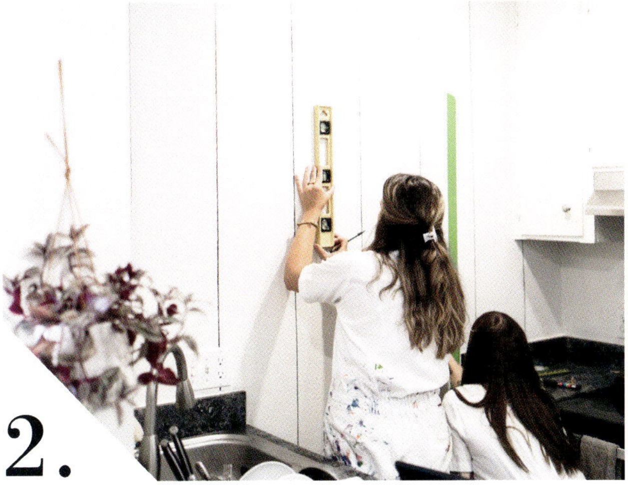

2\.

Miss den Mittelpunkt zwischen den Linien aus Schritt 1. Klebe gerade Linien entlang der linken Seite dieses Mittelpunktes – nimm wieder die Wasserwaage zur Hand. Male mit deinem Marker eine Linie entlang der linken Seite jedes Klebebandstreifens. Ziehe das Klebeband ab.

3\.

Als Nächstes misst du eine Reihe von Punkten auf den senkrechten Linien. Beginne in der Mitte der Wand. Miss einen 30-cm-Abschnitt auf deiner Linie (A). Auf den benachbarten senkrechten Linien misst du einen 20-cm-Abschnitt, der in der Mitte des 30-cm-Abschnitts liegt (B). Verbinde diese abwechselnden Markierungen mit deinem Marker und einem Lineal, um eine Zickzack-Linie zu bilden (C). Setze dies über die gesamte Wand fort.

4\.

Wenn die Zickzack-Linien fertig sind, verbinde die Ecke einer 20-cm-Linie mit der Unterseite einer 30-cm-Linie, von da geht es wieder hoch zur nächsten 20-cm-Linie (wie durch den Buchstaben D im Diagramm unten gezeigt). Wiederhole dies über die gesamte Wand. Male dann eine diagonale Linie (E) oder zwei (F) zwischen den Linien, die du eben gezeichnet hast.

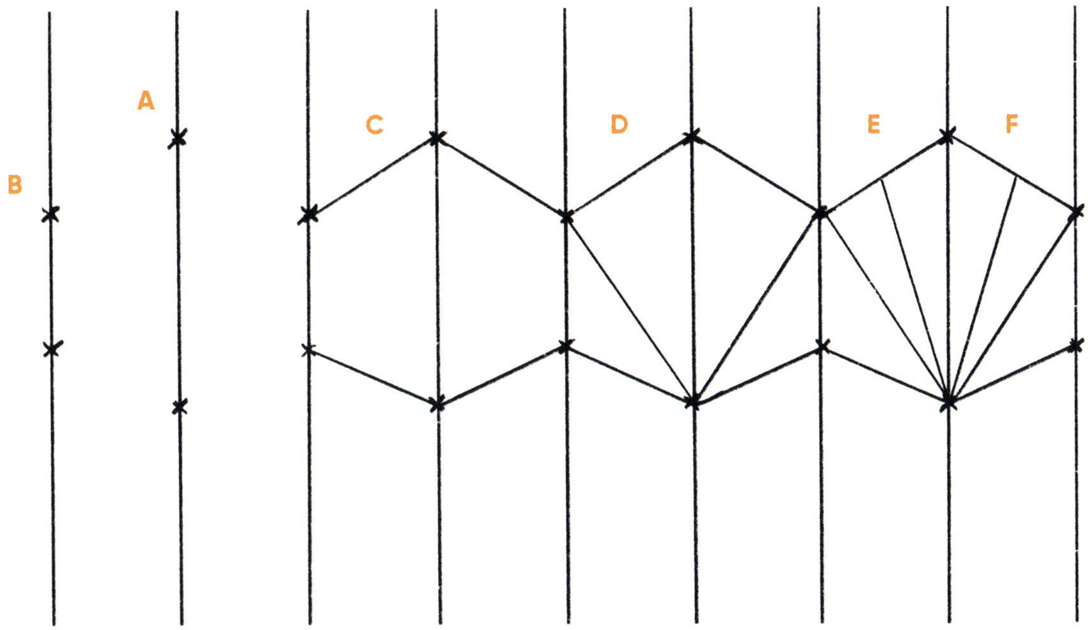

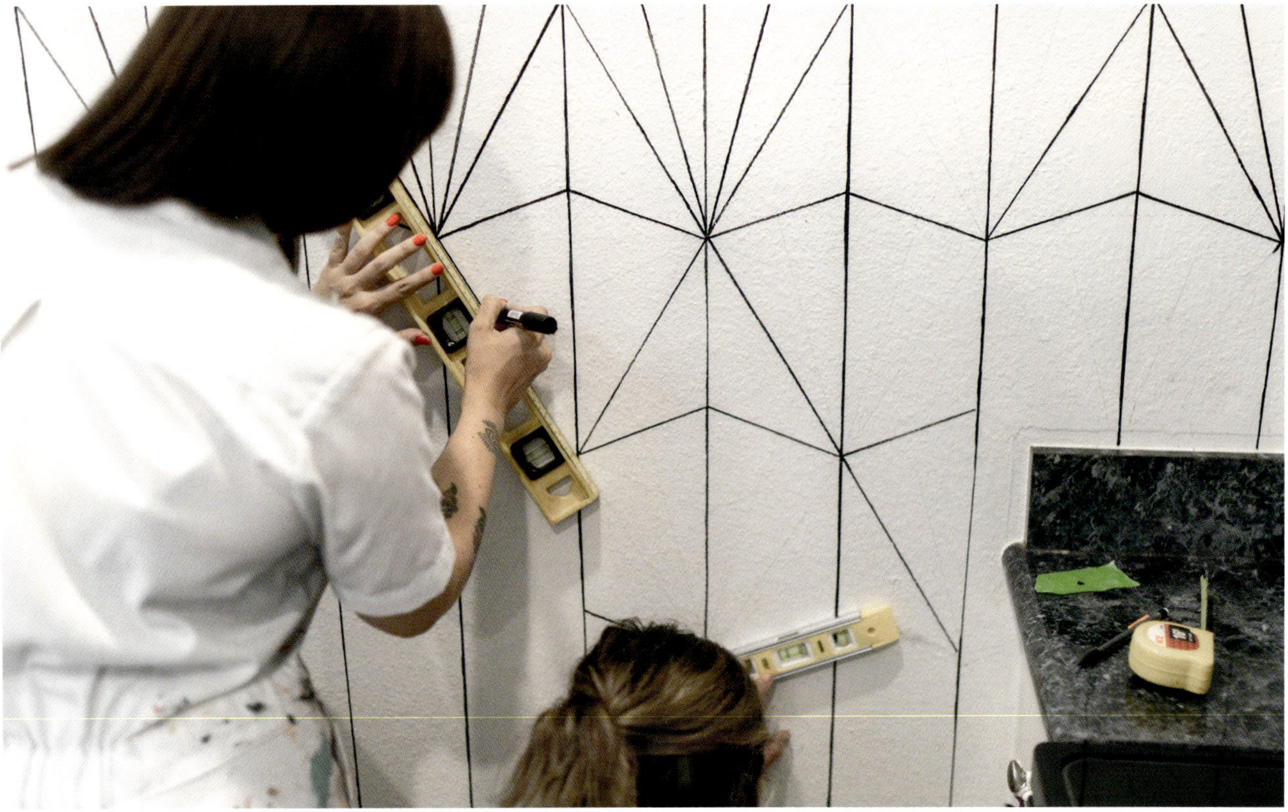

Eine ganze Wand so zu bemalen, kann etwas anstrengend sein. Mache daher unbedingt Pausen, trinke einen Schluck Wasser und schicke deinen besten Freunden ein paar Bilder.

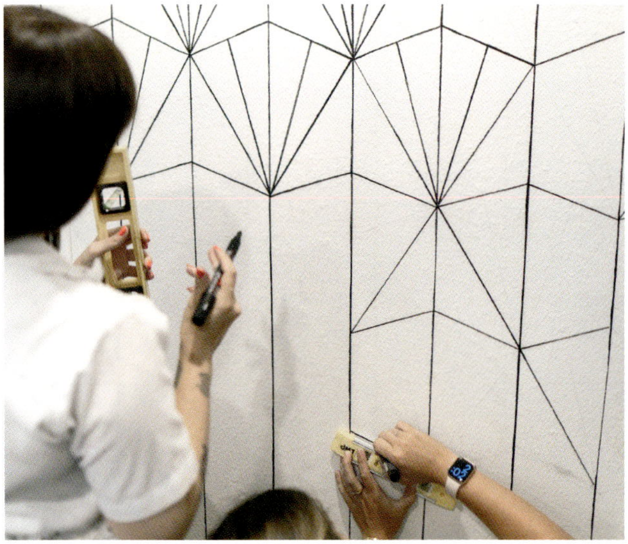

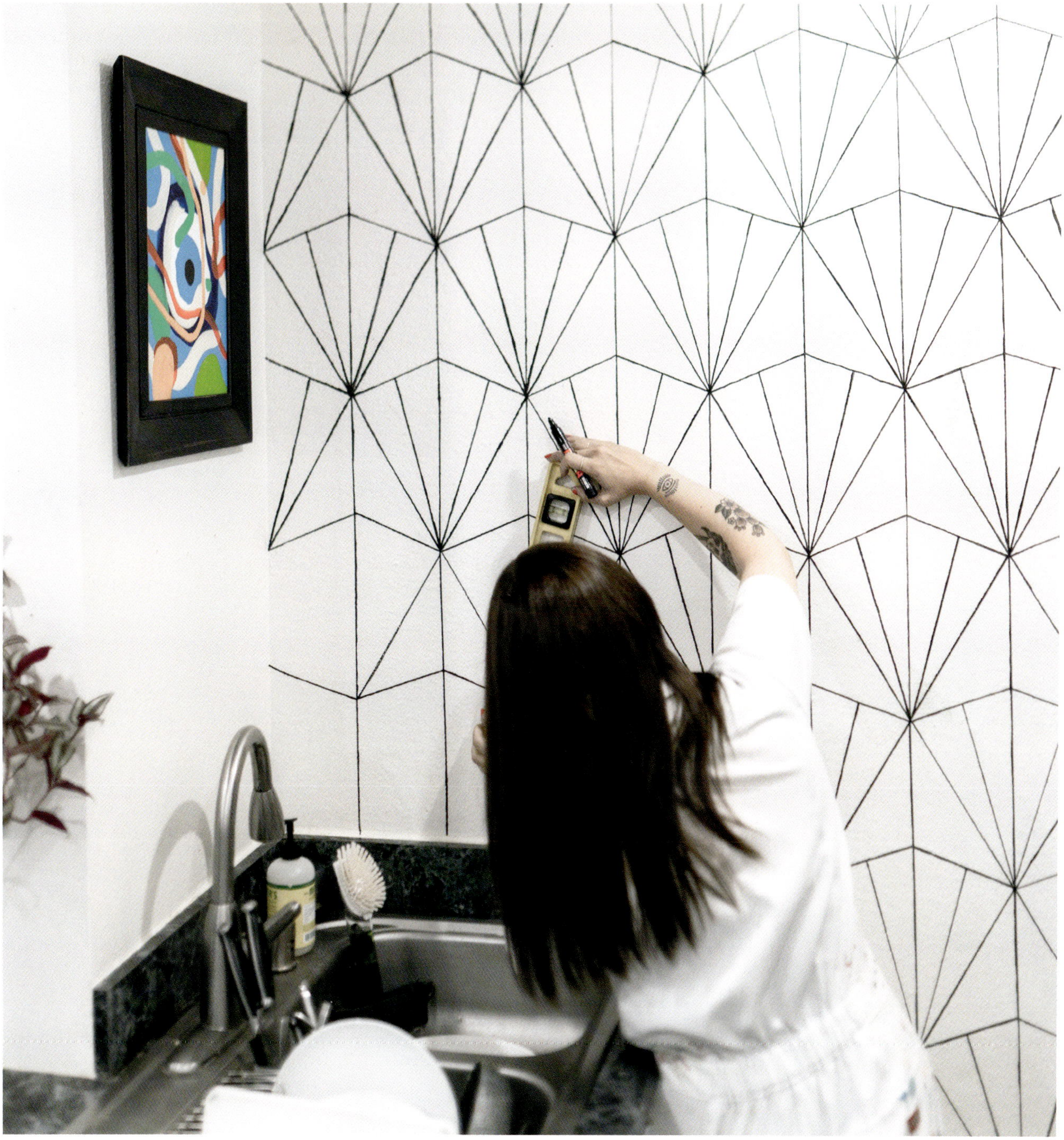

Buntes Mosaik

DIE FAKTEN

SCHWIERIGKEITSGRAD: schwierig

ZEIT: 5 - 7 Stunden (ohne Trocknungszeit)

KOSTEN: 60 - 100 € (je nachdem, wie viele Farben du verwendest)

VERWENDETE FARBEN: Weiß, Schwarz, Rot, Orange, Dunkelblau, Hellblau, Türkis, Apricot

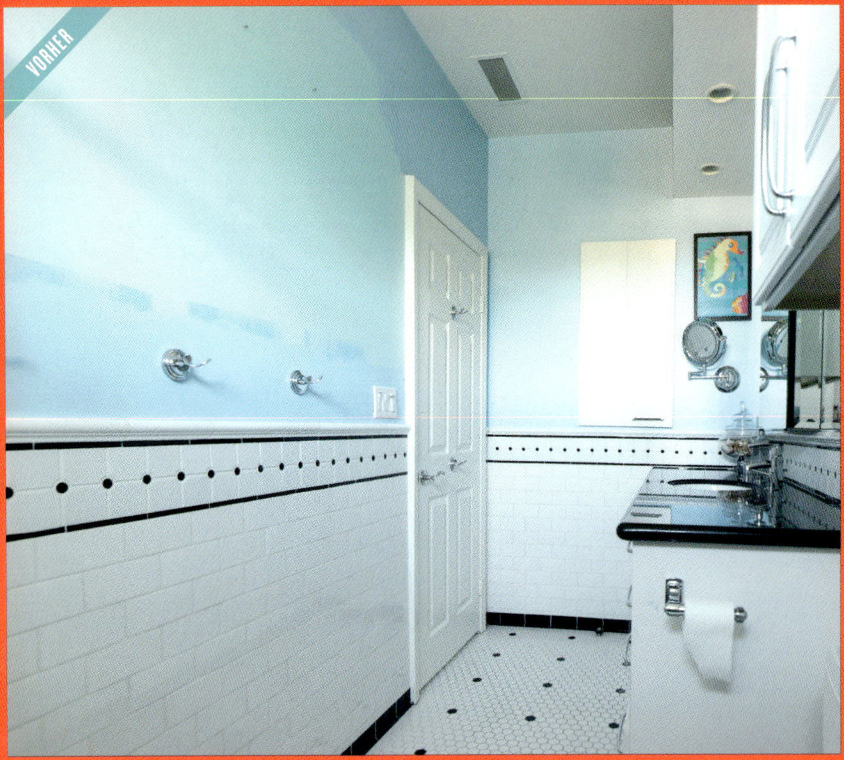

Wer sagt, dass ein Badezimmer langweilig sein muss?! Wir wollten dir zeigen, dass jeder Raum, egal wie klein, ein komplexes buntes Wandbild verträgt. Bei diesem dreht sich alles um Formen. Wie ein geometrisches Design aus den 1980ern, aber ohne die ganzen Neonfarben. Es ist strukturiert, elegant und eine kleine Herausforderung. Wenn du also zum allerersten Mal einen Pinsel in die Hand nimmst, suche dir vielleicht zu Beginn ein einfacheres Projekt. Es sei denn, du magst eine Herausforderung und möchtest zeigen, was in dir steckt ...

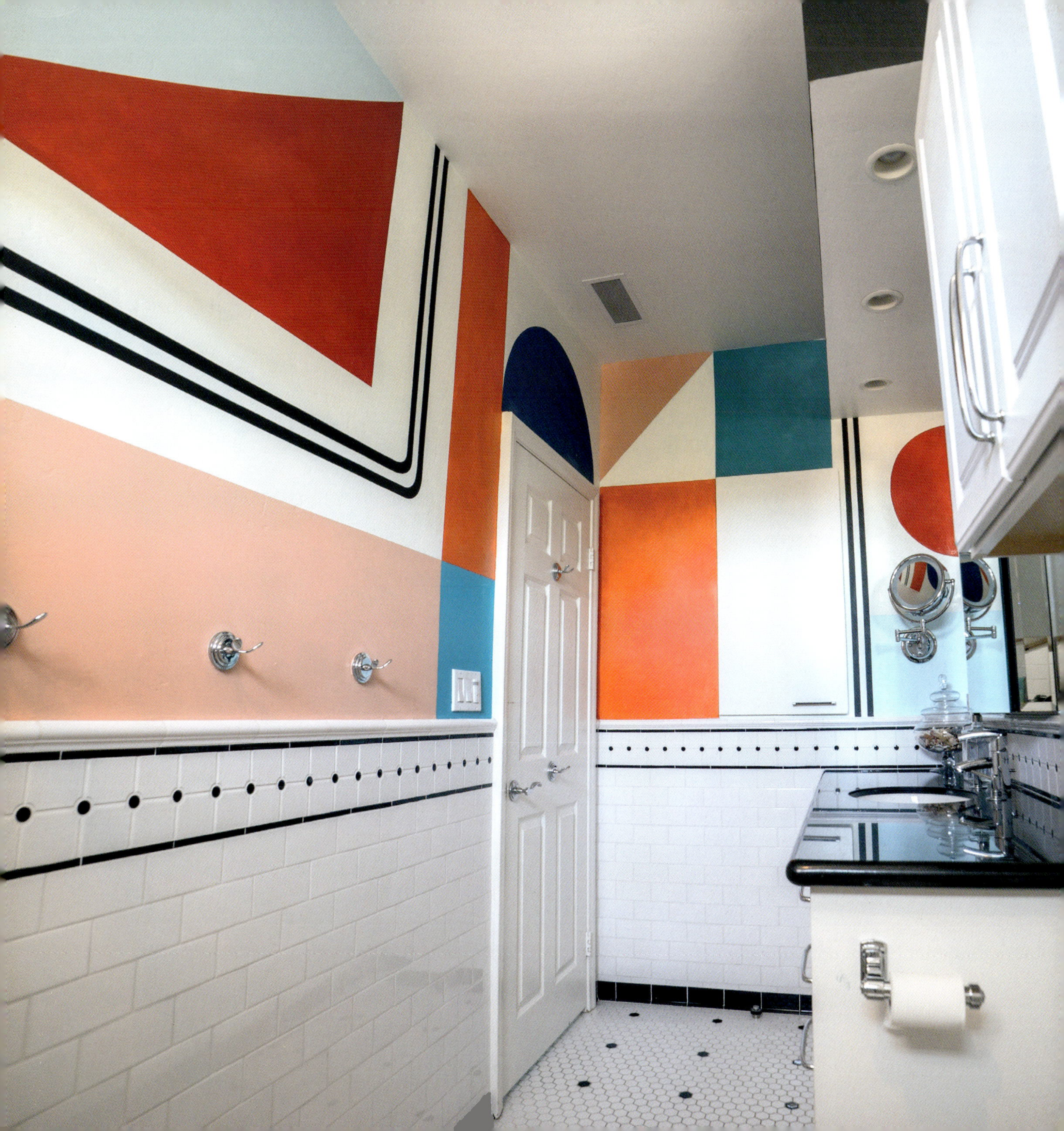

HILFSMITTEL

- ☐ Abdeckvlies
- ☐ Pinsel in verschiedenen Größen
- ☐ Lineal oder Wasserwaage
- ☐ Schnürsenkel oder ein Stück Schnur
- ☐ Tritthocker oder Leiter

MATERIAL

- ☐ 1 Rolle Malerband
- ☐ 1 Liter Farbe, Weiß (falls du den Hintergrund anmalen musst)
- ☐ Kreide oder Bleistift
- ☐ 1 Liter von jeder Farbe

VORBEREITUNG

Klebe alles ab, was keine Farbe abbekommen soll, und decke den Boden ab. Wenn deine Wand bereits weiß gestrichen ist, hast du Glück: Du brauchst den Hintergrund nicht zu streichen. Ansonsten male den Hintergrund weiß an und lass ihn gut trocknen!

MALEN

1. Entwerfe mit Bleistift, Lineal und Klebeband das gewünschte Design. Klebe Dreiecke, Quadrate und Streifen auf deiner Wand ab. Du kannst dich an unserem Muster orientieren oder dir etwas anderes ausdenken.

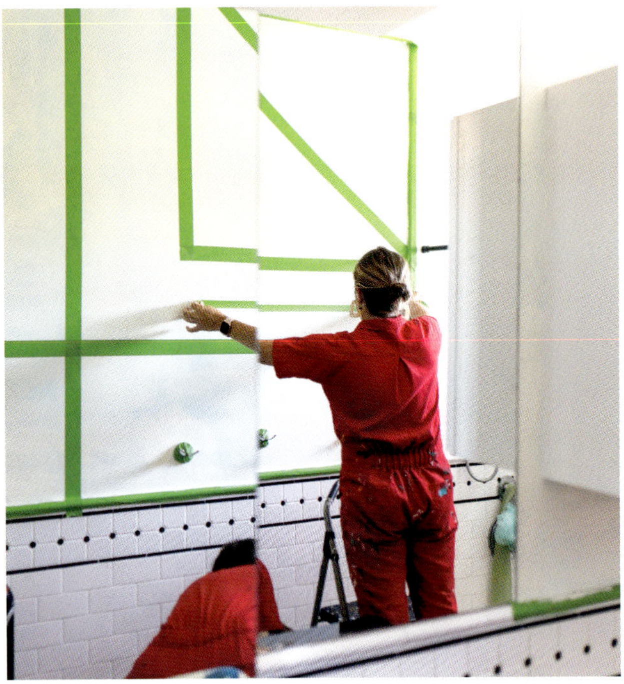

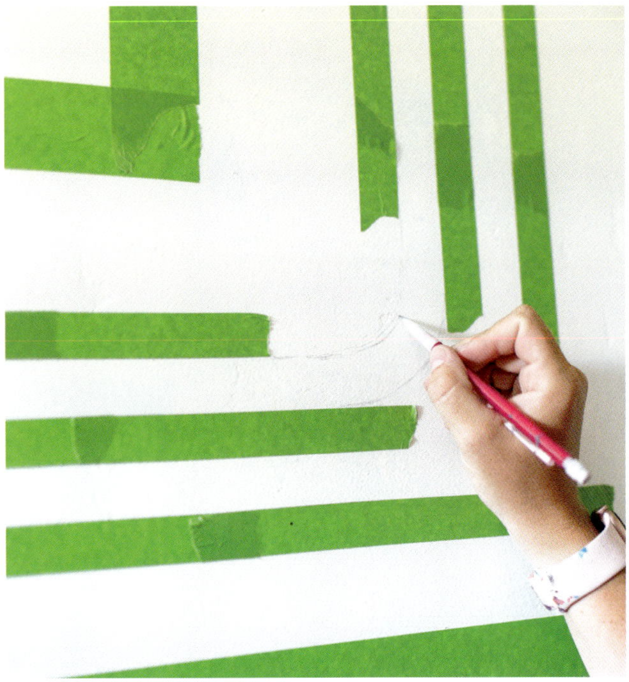

Wir wollten unterschiedliche Formen und Größen und eine ganze Menge Negativ-Raum. Wir haben außerdem die Schnur-Methode von Seite 117 angewendet, um über der Tür und neben dem Spiegel einen Halbkreis vorzumalen.

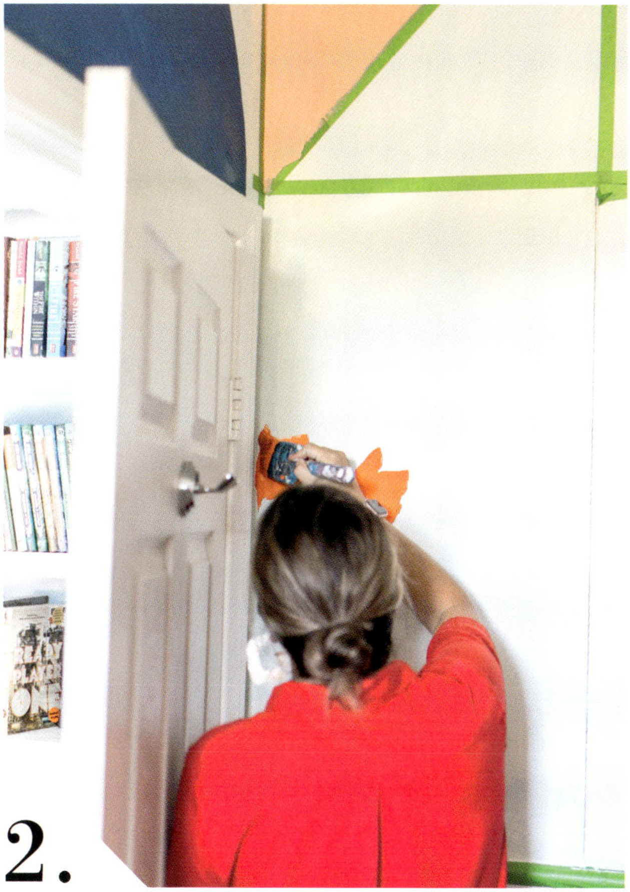

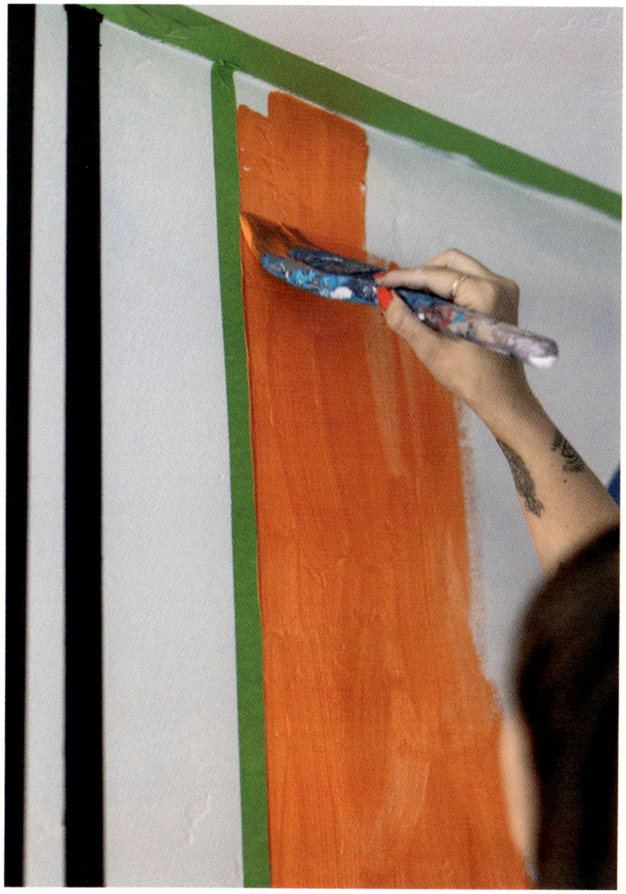

Wir tupfen gerne ein bisschen Farbe in jede Form, damit wir wissen, welche Farbe wohin soll. Wir haben zuerst unseren großen Block unten links angemalt.

2.

Entscheide, welche Farbe du wo haben möchtest. Achte darauf, dass das Zusammenspiel deiner Farben harmonisch wirkt. Beginne dann, die Formen auszumalen. Male immer mit nur einer Farbe und lasse sie vor dem nächsten Anstrich trocknen. Wenn du mit deinem Look zufrieden bist, räume auf und entspanne dich. Du hast es dir verdient!

Wüstenland-schaft

DIE FAKTEN

SCHWIERIGKEITSGRAD: schwierig

ZEIT: 4 - 5 Stunden (ohne Trocknungszeit)

KOSTEN: 80 - 120 €

VERWENDETE FARBEN: Blau, Weiß, Braun, Orange, Rot, Schwarz

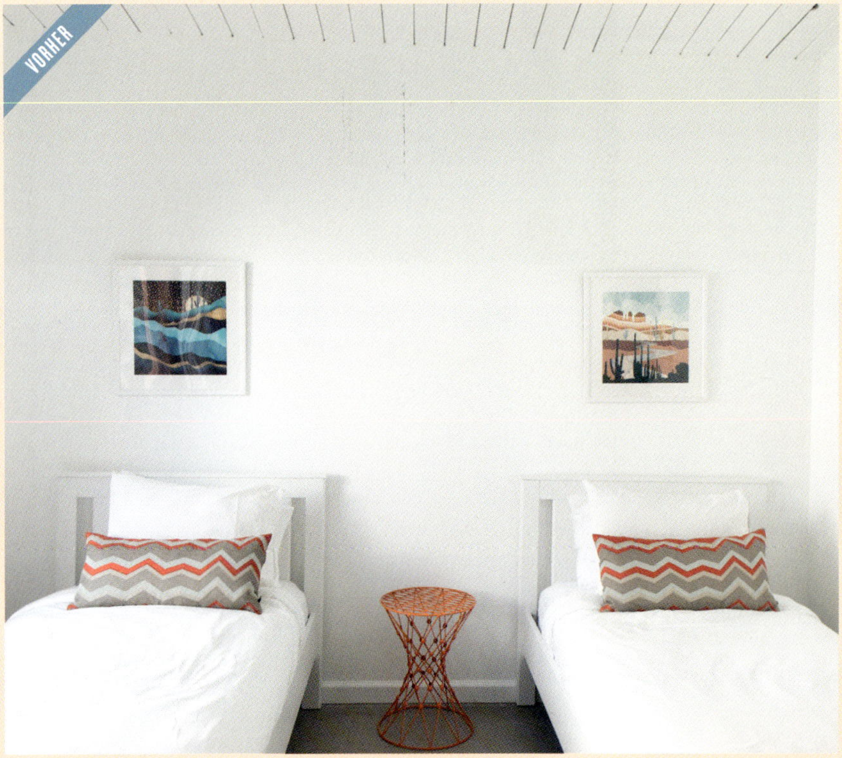

Hol dir mit diesem Wandbild die Natur in die Wohnung. Es verleiht deinem Zimmer Tiefe und Energie, selbst wenn es klein ist. Wir haben uns für eine Wüstenlandschaft entschieden, da sich das Haus in Palm Springs in Kalifornien befindet, aber du kannst die Farben ändern und eine grünere Landschaft malen. Verwende unsere Projekte als Inspiration und sei kreativ!

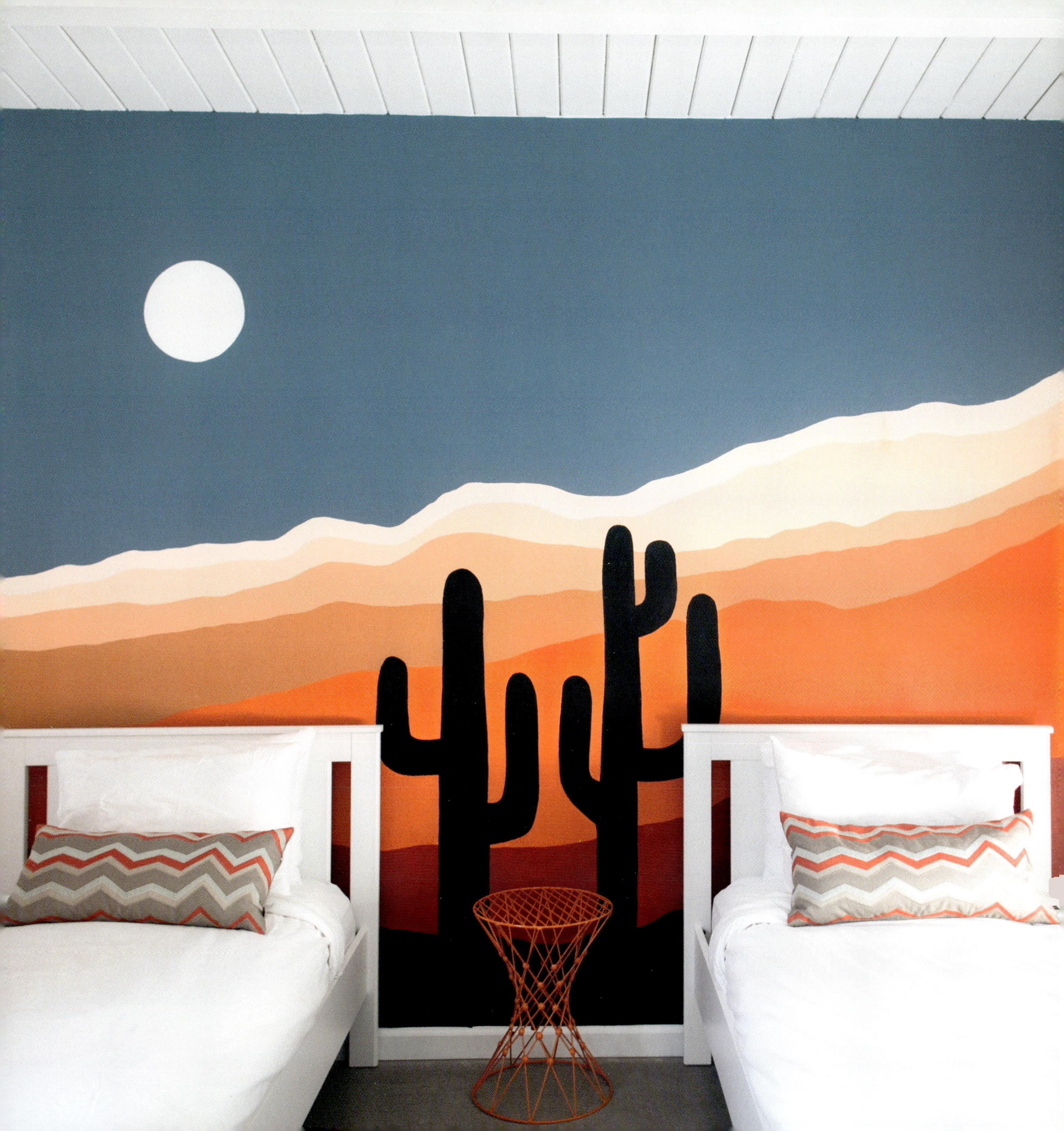

HILFSMITTEL

- ☐ Abdeckvlies
- ☐ Maßband
- ☐ 8 - 12 feine bis breite Pinsel
- ☐ 1 Salatschüssel (um den Mond vorzuzeichnen)
- ☐ gebrauchte Becher zum Anmischen der Farben
- ☐ Tritthocker oder Leiter

MATERIAL

- ☐ 1 Rolle Malerband
- ☐ Kreide oder Bleistift
- ☐ 1 Liter Farbe, Blau
- ☐ 1 Musterdose Farbe, Weiß
- ☐ 1 Liter Farbe, Braun
- ☐ 1 Liter Farbe, Orange
- ☐ 1 Liter Farbe, Rot
- ☐ 1 Liter Farbe, Schwarz

VORBEREITUNG

Klebe die Decke, den Boden und alles andere in dem Bereich ab, was keine Farbe abbekommen soll. Decke den Boden ab.

VORZEICHNEN

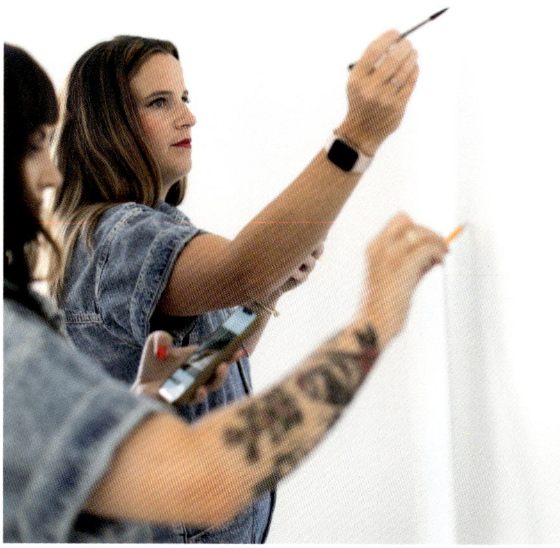

1. Entscheide, wo die Bergspitze auf der Wand sein soll und ob die Kakteen (oder andere Elemente) horizontal in der Mitte liegen sollen. Da unser Zimmer zwei Betten hatte, haben wir den Kaktus in der Mitte gemalt, aber wenn ein Bett (oder ein anderes einzelnes Möbelstück) in der Mitte des Zimmers steht, setze deinen Kaktus an eine Seite des Raumes. Beginne das Vorzeichnen mit den Umrissen der Berge, da sie die Platzierung der anderen Elemente vorgeben. Die Berge sollten in ihrer Höhe ansteigen und auf der rechten Seite höher enden als am Anfangspunkt links. Zeichne dann die Silhouette des Kaktus – keine Sorge, er braucht nicht perfekt zu sein.

Bei uns sollten die Berge weit über den Kopfteilen liegen. Deshalb haben wir die Höhe gemessen. Insgesamt sollten die Berge aus sieben Schichten bestehen. Du kannst mehr oder weniger Farben in deinen Bergen verwenden. Wir wollten außerdem, dass der Kaktus zwischen den beiden Betten liegt. Deshalb haben wir auch diese Bereiche markiert.

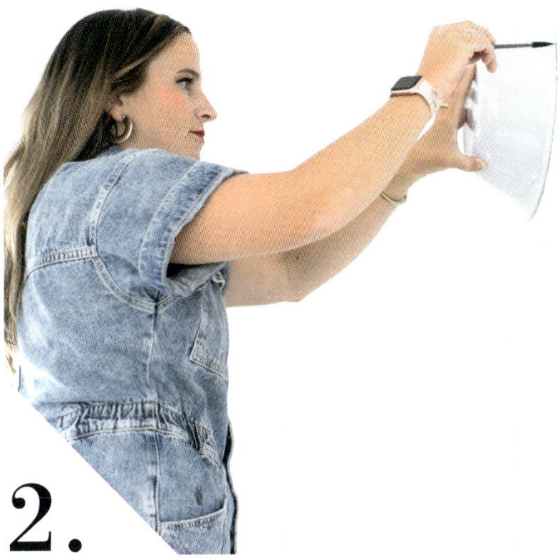

2\. Umfahre deine Schüssel (oder was immer du sonst zur Hand hast), um die Mondform zu bilden.

Unsere Wand war ursprünglich weiß. Deshalb konnten wir die Form des Mondes einfach freilassen.

MALEN

1\. Male den Himmel mit blauer Farbe aus. Wenn du ein oder zwei weitere Farbschichten benötigst, lasse die Farbe trocknen, bevor du sie überstreichst.

2\. Mische drei verschiedene Braun-/Cremetöne an. Beginne mit einem Becher weißer Farbe und gib ein kleines bisschen Braun hinzu. Das ist für die oberste Berglage. Mische die Farben für die zweite und dritte Abstufung in weiteren Bechern. Beginne wieder mit weißer Farbe und gib jeweils etwas mehr Braun hinzu.

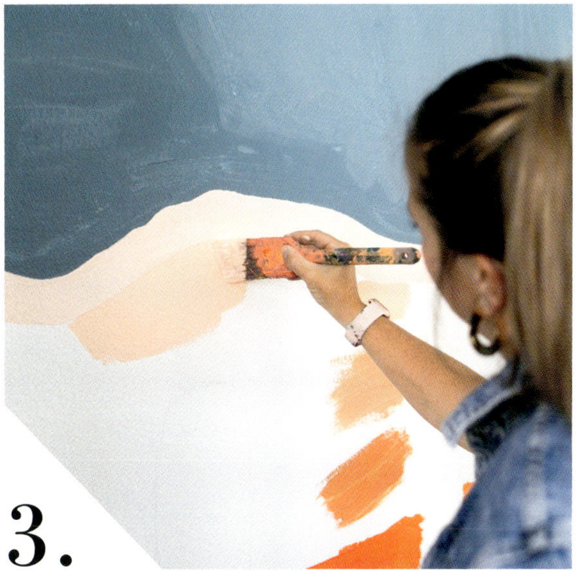

3\. Tupfe etwas Farbe in die einzelnen Bereiche deiner Zeichnung, damit du weißt, wo welche Farbe hin soll. Beginne mit der hellsten Farbe oben am Berg. Nach deinen drei Brauntönen kommen Orange, dann Rot und schließlich Schwarz. Dadurch erreichst du eine farbliche Abstufung. Tupfe auch Schwarz in den Kaktus.

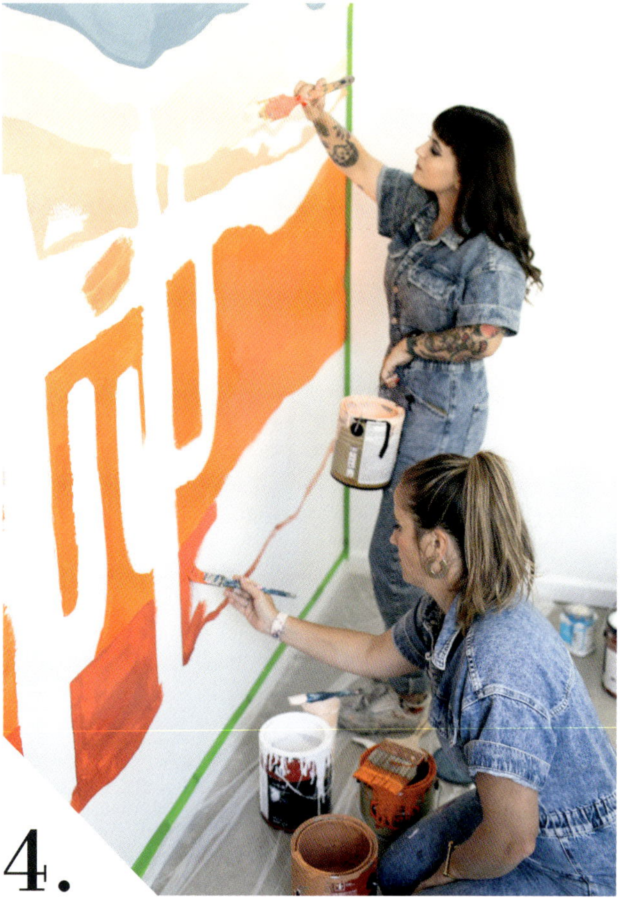

4.

Male zuerst deine hellste Farbe, da sie wahrscheinlich die meisten Anstriche benötigt. Male dann die zweite Schicht unter der hellsten usw. Male den Umriss jeder Abstufung mit einem feineren Pinsel und male die Form dann mit einem breiteren Pinsel aus. Beim Kaktus brauchst du nicht ganz so genau zu arbeiten, da die schwarze Farbe alles abdecken wird. Es ist einfacher, einen schwarzen Kaktus über die Bergfarben zu malen als umgekehrt.

Erfahrungsgemäß brauchen Orange und Rot immer die meisten Farbschichten.

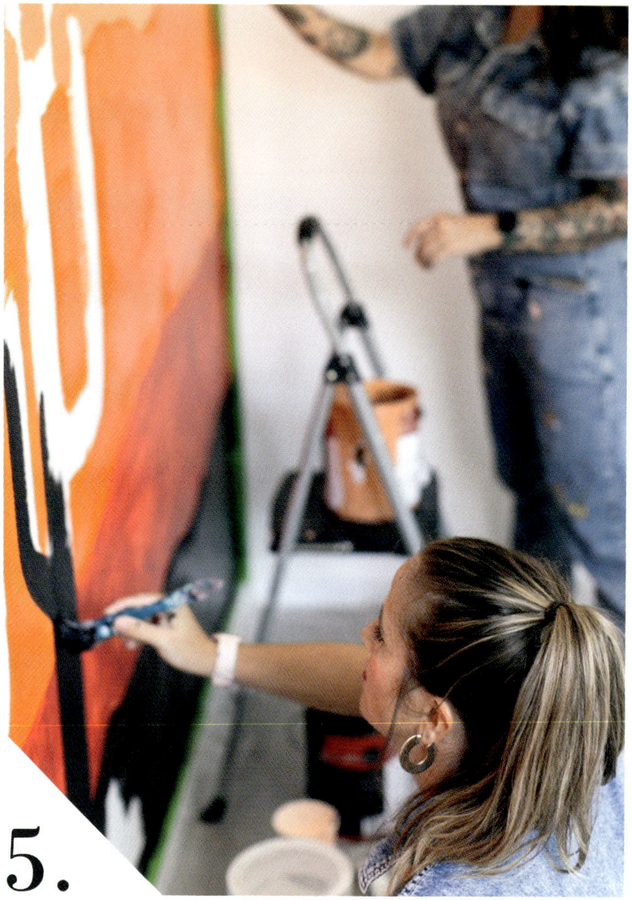

5.

Male die Farbblöcke weiter aus, bis die Farbe opak wirkt. Bessere unebene Ränder mit feinen Pinseln aus, aber denke daran, dass das Gebirge uneben und organisch wirken soll. Mache dir also keine Gedanken über nicht ganz gerade Linien!

6.

Wenn alles trocken ist (prüfe es mit der Fingerspitze), ziehe vorsichtig das Klebeband ab. Räume deine Farbeimer weg, rolle das Abdeckvlies zusammen und räume das Zimmer wieder ein.

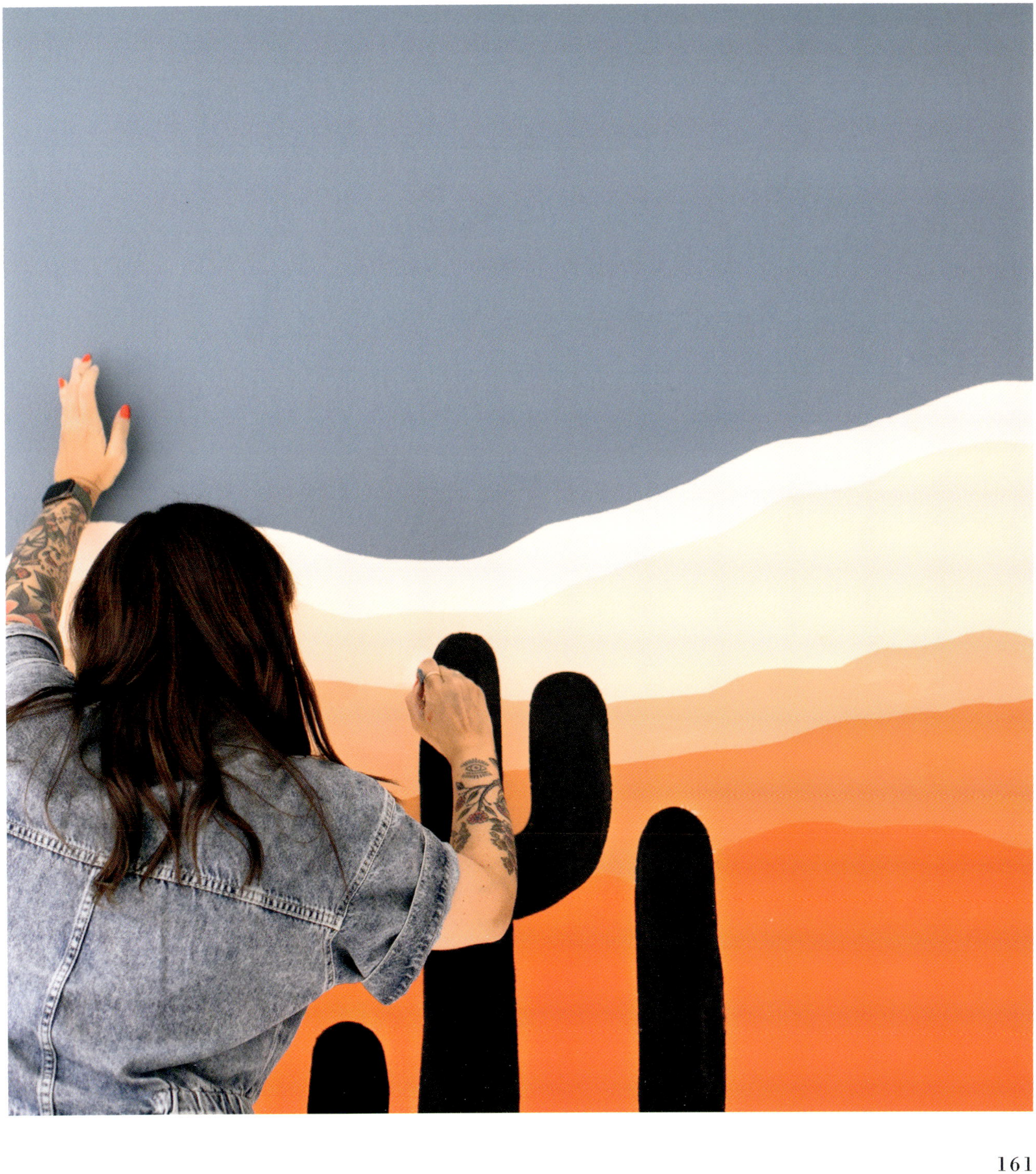

Zuckerwatte-Aquarell

DIE FAKTEN

SCHWIERIGKEITSGRAD: mittel

ZEIT: 1 - 2 Stunden (ohne Trocknungszeit)

KOSTEN: 30 - 60 €

VERWENDETE FARBEN: Weiß, Zartrosa, Hellblau

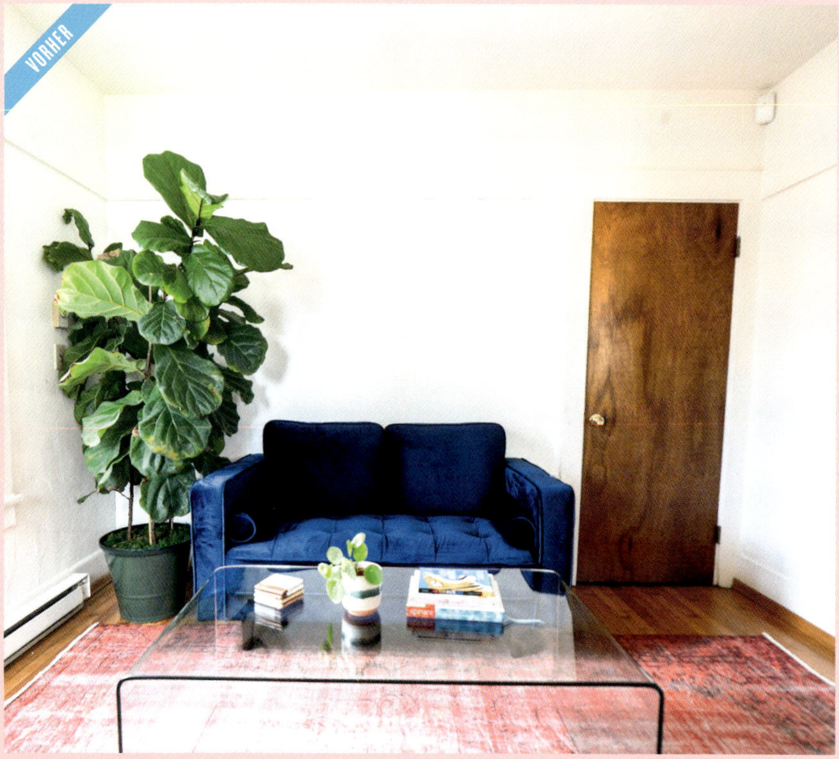

Magst du Zuckerwatte? Wie sieht's mit Aquarellen aus? Dieses Projekt vereint beides, macht Spaß bei der Ausführung und verleiht deinem Zimmer eine einzigartige, luftige Atmosphäre! Komplimente von Gästen garantiert!

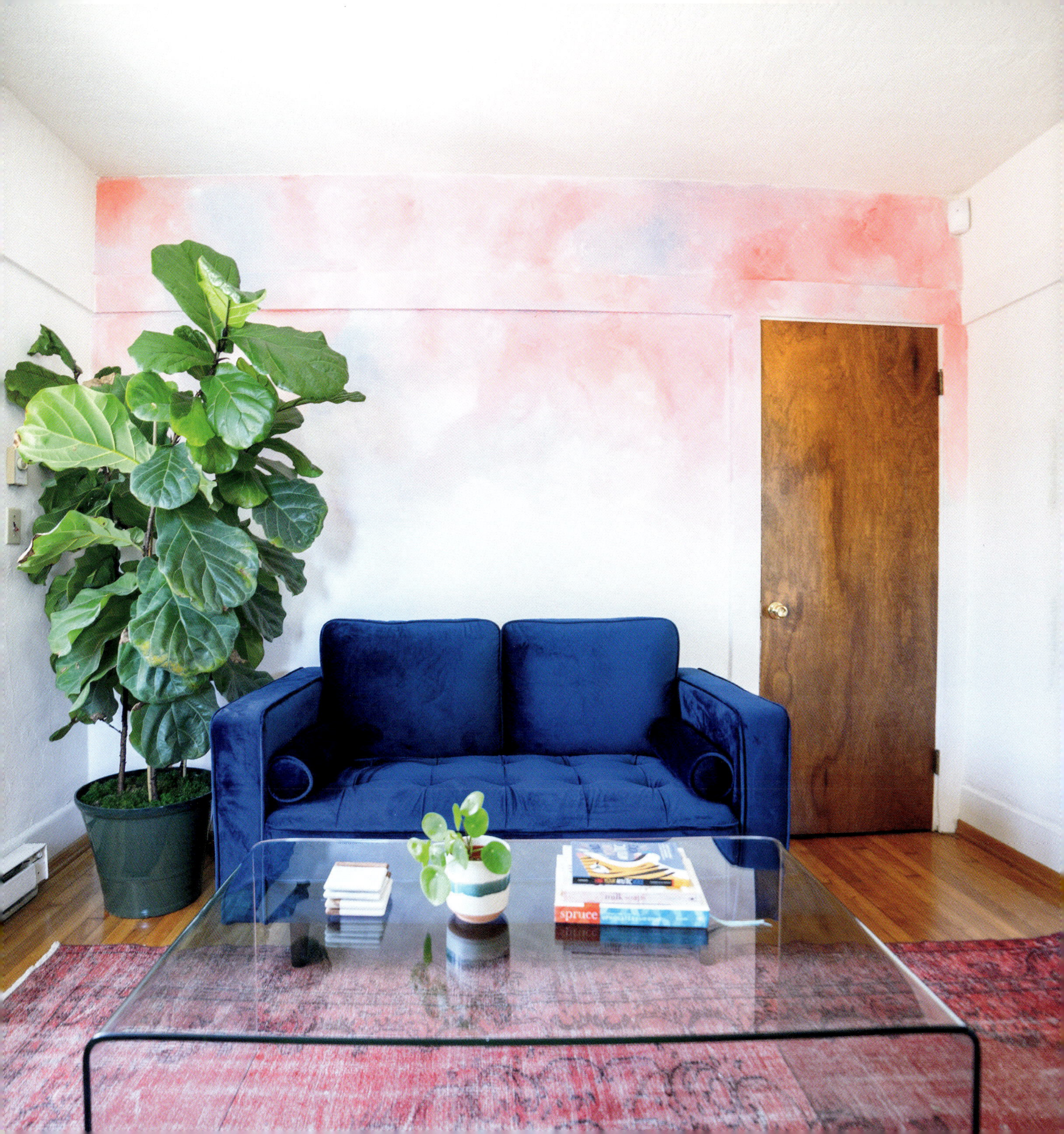
spruce

HILFSMITTEL

- ☐ Abdeckvlies
- ☐ 3 mittelbreite bis breite Pinsel
- ☐ Tücher
- ☐ 1 Eimer (für Wasser)
- ☐ Tritthocker oder Leiter

MATERIAL

- ☐ 1 Rolle Malerband
- ☐ 1 Liter Farbe, Zartrosa
- ☐ 1 Liter Farbe, Hellblau
- ☐ 1 Liter Farbe, Weiß

VORBEREITUNG

Räume Möbel und alles andere weg, was dir beim Malen deines Meisterwerks im Weg sein könnte. Decke den Boden ab und klebe dann die Ränder der Wand, einschließlich der Decke, ab. Bei diesem Wandbild läuft der Aquarelleffekt von oben nach unten aus, sodass du die Fußleiste nicht abzukleben brauchst. Drücke das Klebeband mit einer Bank- oder Geschenkkarte an, damit es fest an der Wand sitzt.

MALEN

1. Male mit den Pinseln zwei verschiedenfarbige, etwa 60-90 cm lange Farbflecken nahe der Decke an die Wand. Arbeite dich entlang der Wandoberseite vor, indem du zwischen Rosa und Blau abwechselst und ab und zu etwas weiße Farbe hinzufügst. Verwische benachbarte Farben mit einem feuchten Tuch. Das Vermischen mit der weißen Farbe trägt zum Aquarell-Look bei.

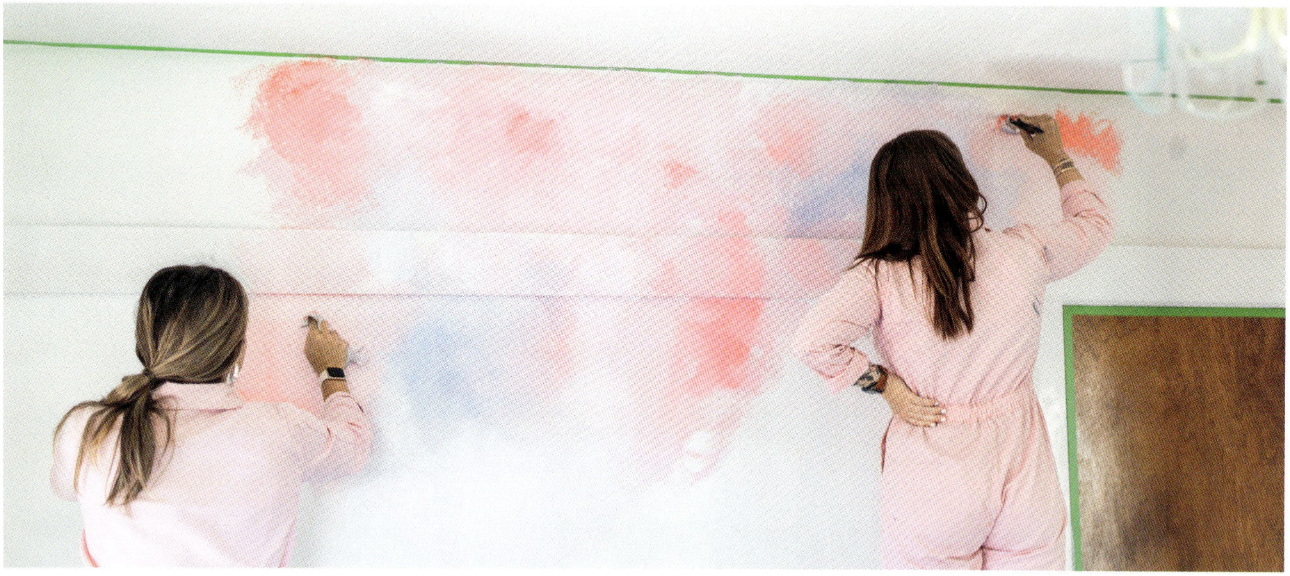

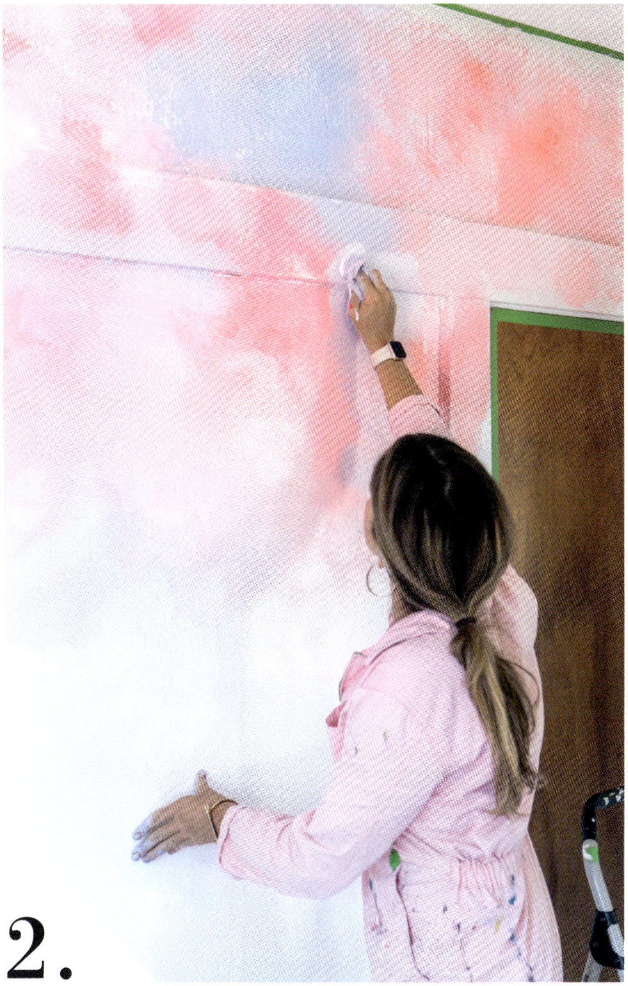

2.

Arbeite dich so nach unten vor. Male große Farbflecken an die Wand, verwische sie dann mit weißer Farbe und einem feuchten Tuch. Durch die weiße Farbe entsteht ein transparenter Effekt. Die Wirkung soll weich sein – verwische die Farbe so, dass es keine harten Linien mehr gibt.
Du bekommst garantiert Farbe auf deine Hände – also keine Angst vor ein bisschen Schmiererei! Wenn du die Mitte deiner Wand erreichst, gib mehr und mehr Weiß hinzu. Die Zucker-watte soll nach und nach verblassen. Verwische weiter, füge Weiß hinzu und tritt einen Schritt zurück. Wie sieht es aus?
Immer noch zu hart? Gib mehr Weiß und mehr Wasser hinzu!

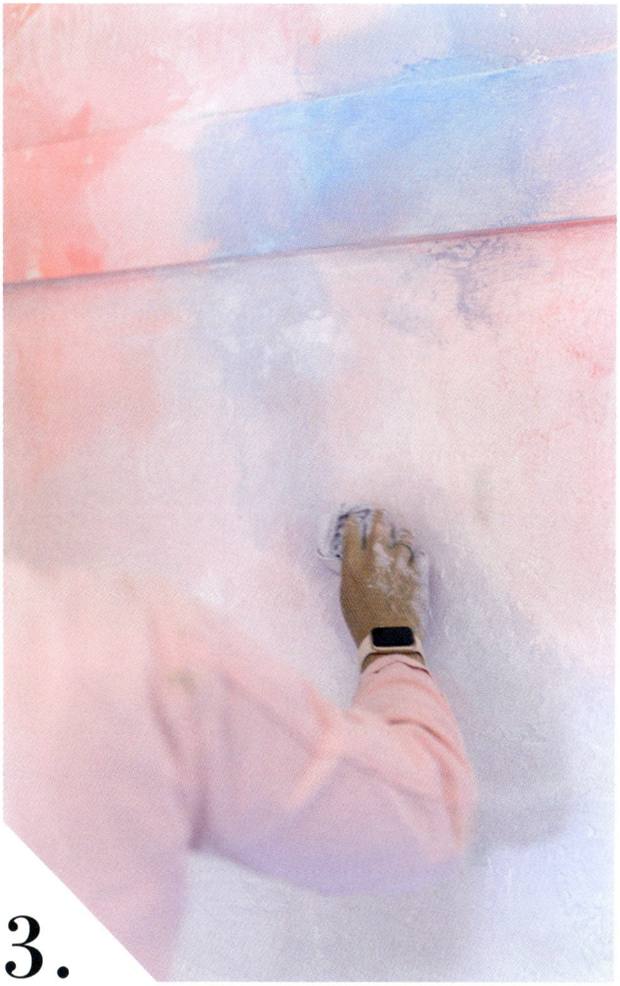

3.

Wenn die Wand trocken ist, ziehe das Klebeband ab, räume auf und stelle die Möbel zurück.

Wenn deine Wand wie unsere strukturiert ist, musst du dein feuchtes Tuch gut andrücken, damit die gemischte Farbe bis in die Löcher und Vertiefungen der Wand eindringt.

Unregelmäßiges Rautenmuster

DIE FAKTEN

SCHWIERIGKEITSGRAD: schwierig

ZEIT: 8 - 12 Stunden (ohne Trocknungszeit)

KOSTEN: 75 - 100 €

VERWENDETE FARBEN: Schwarz und Weiß

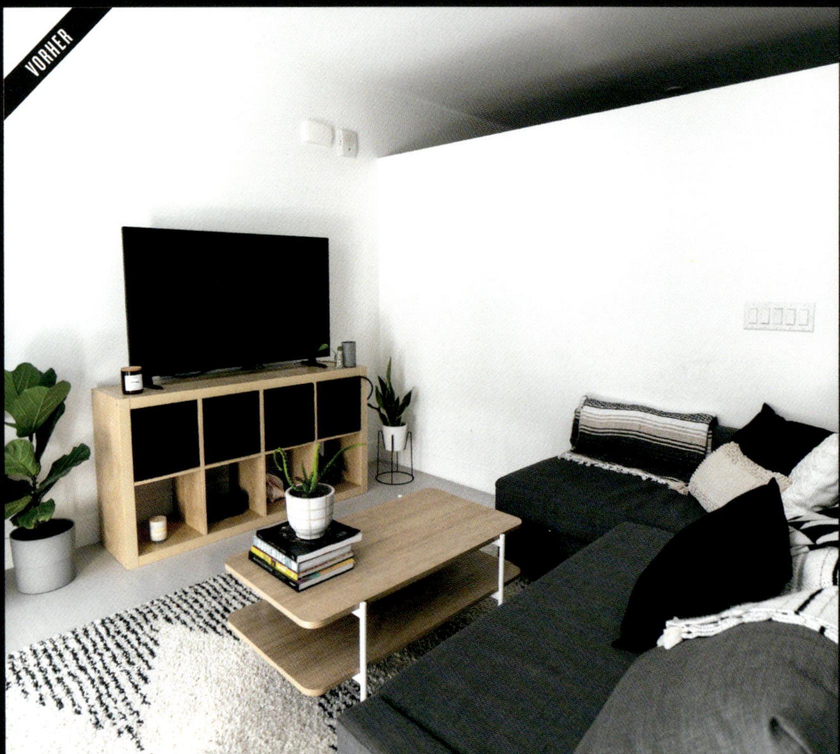

Nicht alles muss perfekt sein. Manchmal kann es interessanter und künstlerischer wirken, wenn der Look unvollkommen ist. Deshalb lieben wir dieses Design.
Du hast bei der Größe der Formen und ihrer Platzierung freie Hand. Falls du einen Perfektionisten in deinem Leben hast, wird dieses Wandbild ihn stressen!

Wir haben uns bei diesem Projekt für Schwarz und Weiß entschieden, damit es zum bestehenden Dekor des Zimmers passt, aber du kannst es auch farbig gestalten. Wir haben sattes Schwarz als Hintergrund gewählt, damit der Raum größer wirkt (weiße Wände können ein Zimmer steril und leer wirken lassen). Die linke Seite des Wandbildes haben wir außerdem abgeschrägt, damit der Blick nach oben gelenkt wird und das Zimmer größer wirkt, ohne dass dies zu dominant wird. Du kannst deine Version auf eine Wand beschränken oder über zwei Wände malen wie wir.

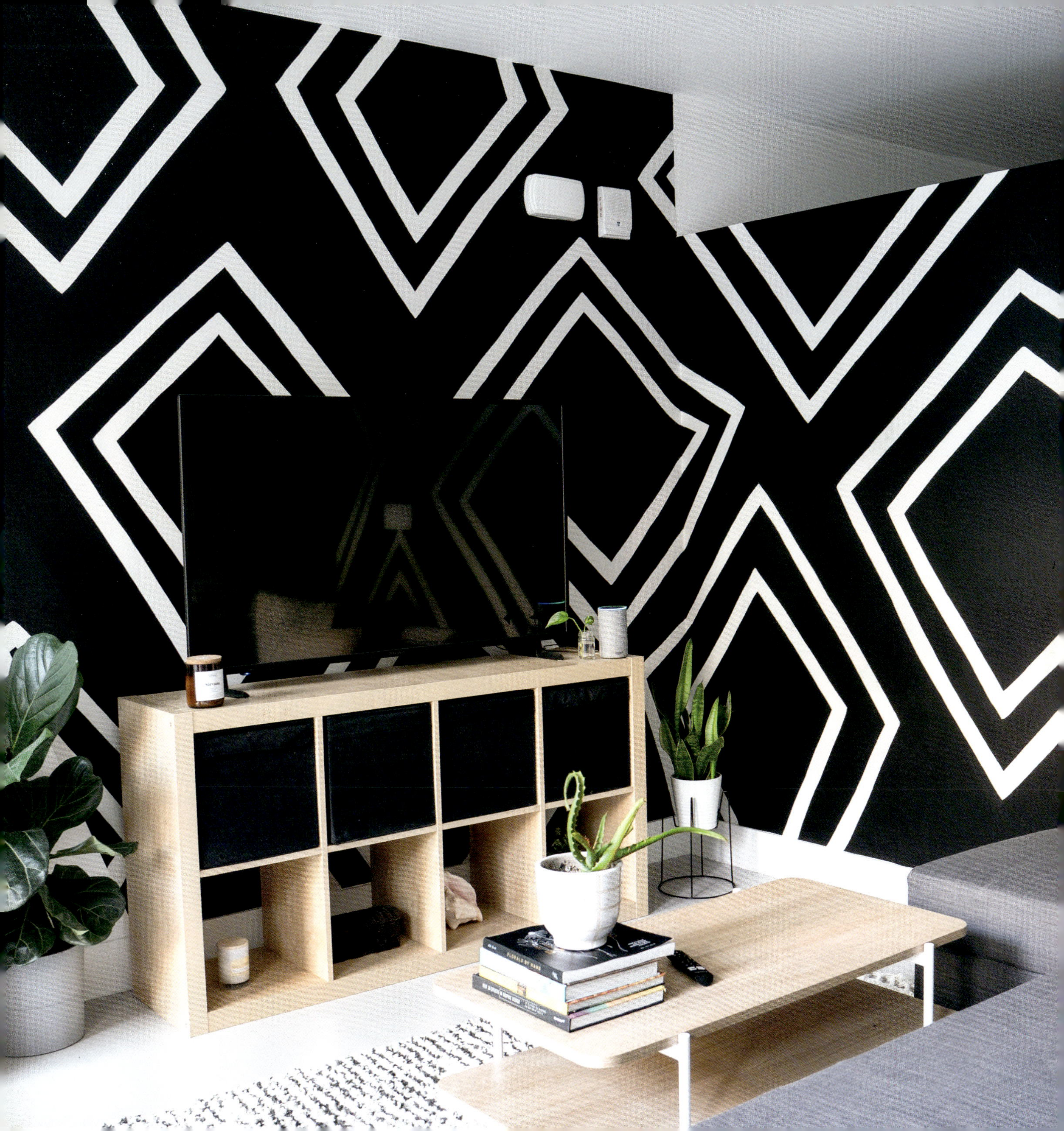
FLORALS BY HAND

- ☐ Abdeckvlies
- ☐ Maßband
- ☐ 3 - 4 Pinsel in verschiedenen Größen
- ☐ Walze und Farbwanne
- ☐ Tritthocker oder Leiter
- ☐ 1 Rolle Malerband
- ☐ Kreide
- ☐ 1 Liter Farbe, Schwarz
- ☐ 1 Liter Farbe, Weiß

VORBEREITUNG

1. Räume Möbel aus dem Weg. Klebe alle Ränder deines Wandbildes ab, einschließlich Fenster- und Türrahmen, Decke und allem, was sonst noch frei von Farbe bleiben soll. Decke den Boden zum Schutz ab.

2. Wenn der Rand des Wandbildes etwas angewinkelt ist, kann dies das Zimmer größer wirken lassen, sofern der Winkel nicht zu drastisch ist. Wir haben die linke, untere Ecke des Wandbildes an der äußeren Ecke des TV-Schränkchens ausgerichtet. Die obere linke Ecke des Wandbildes ist 60 cm vom Rand der Wand entfernt. Je nach Größe deiner Wand und den Möbeln in deinem Zimmer kannst du den Winkel etwas anders positionieren. Falls du unsicher bist: Wir empfehlen einen Unterschied von 75 cm zwischen der oberen und unteren Ecke deines Wandbildes, um einen harmonischen Winkel zu bilden.

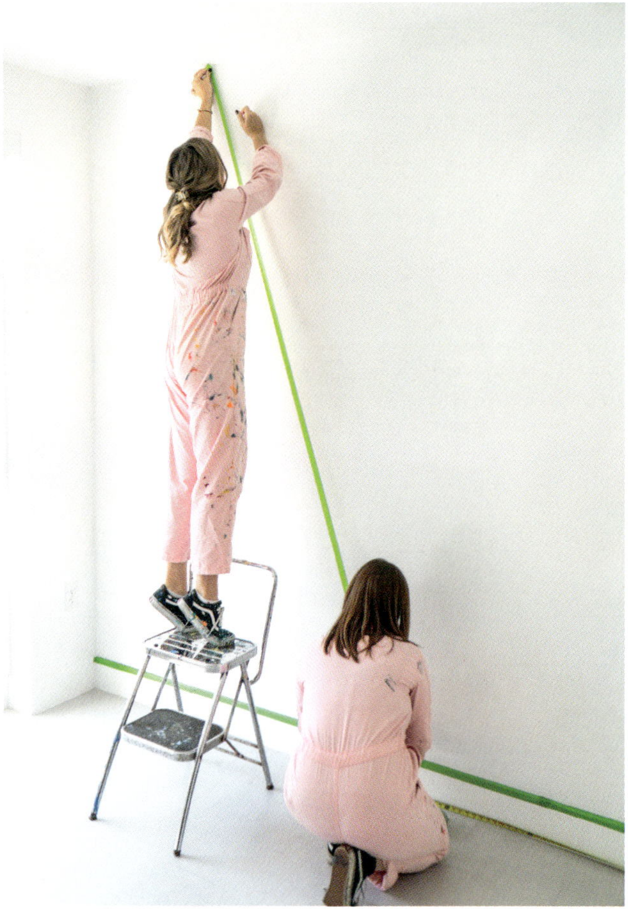

—

Drücke das Malerband mit einer Bank- oder Geschenkkarte an, um perfekte, saubere Linien zu erzielen.

MALEN

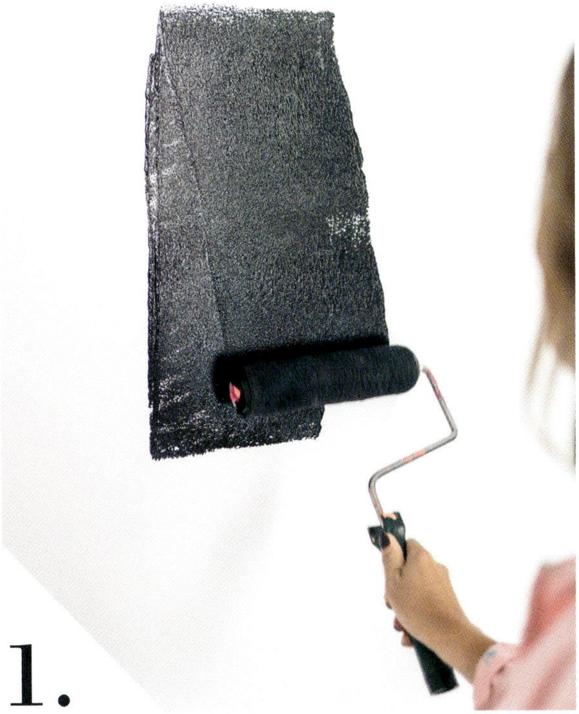

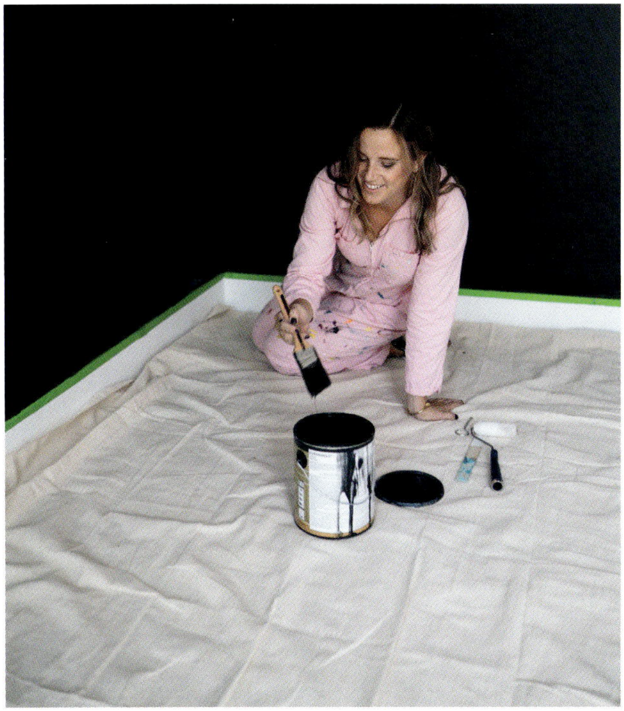

1.

Male den Hintergrund des Wandbildes mit schwarzer Farbe. Beginne mit einem 5 bis 7,5 cm breiten Pinsel an den Rändern und in schwierigen Bereichen, die du nicht mit einer Walze erreichst. Male dann den Rest der Wand mit einer Walze aus. Achte darauf, dass du mit der Walze nicht zu viel Farbe aufnimmst, um Kleckse und Tropfen zu vermeiden.

Wenn der Hintergrund fertig ist, kannst du dich etwas entspannen, während die Farbe trocknet. Trage dann eine zweite Farbschicht auf. (Je nach der verwendeten Farbe kann eventuell ein Anstrich ausreichen, aber es ist besser, auf Nummer sicher zu gehen! Und je nach Marke und Farbton musst du vielleicht sogar drei Anstriche auftragen. Vermeide Gelb- und Rottöne, wenn du das nicht willst!)

2.

Jetzt kommt der interessante Teil: das Muster! Miss deine Wand und markiere mit Kreide die Mitte in vertikaler und horizontaler Richtung. Dies dient dir später zur Orientierung.

Arbeite dich dann ausgehend von der Mitte der Wand zu den Rändern vor und male alle Rauten vor, eine in der anderen. Damit das Design ausgewogen wirkt, sollte der Platz zwischen den Formen ähnlich sein. Denke dran: Dies soll ein bisschen unregelmäßig und frei sein – du kannst also ruhig kreativ sein. Wenn in dieser Phase etwas schiefläuft, kannst du die Kreide einfach abwischen und neu starten. Wenn du die Unregelmäßigkeiten unterstreichen möchtest, kannst du die Größen der Rauten etwas variieren.

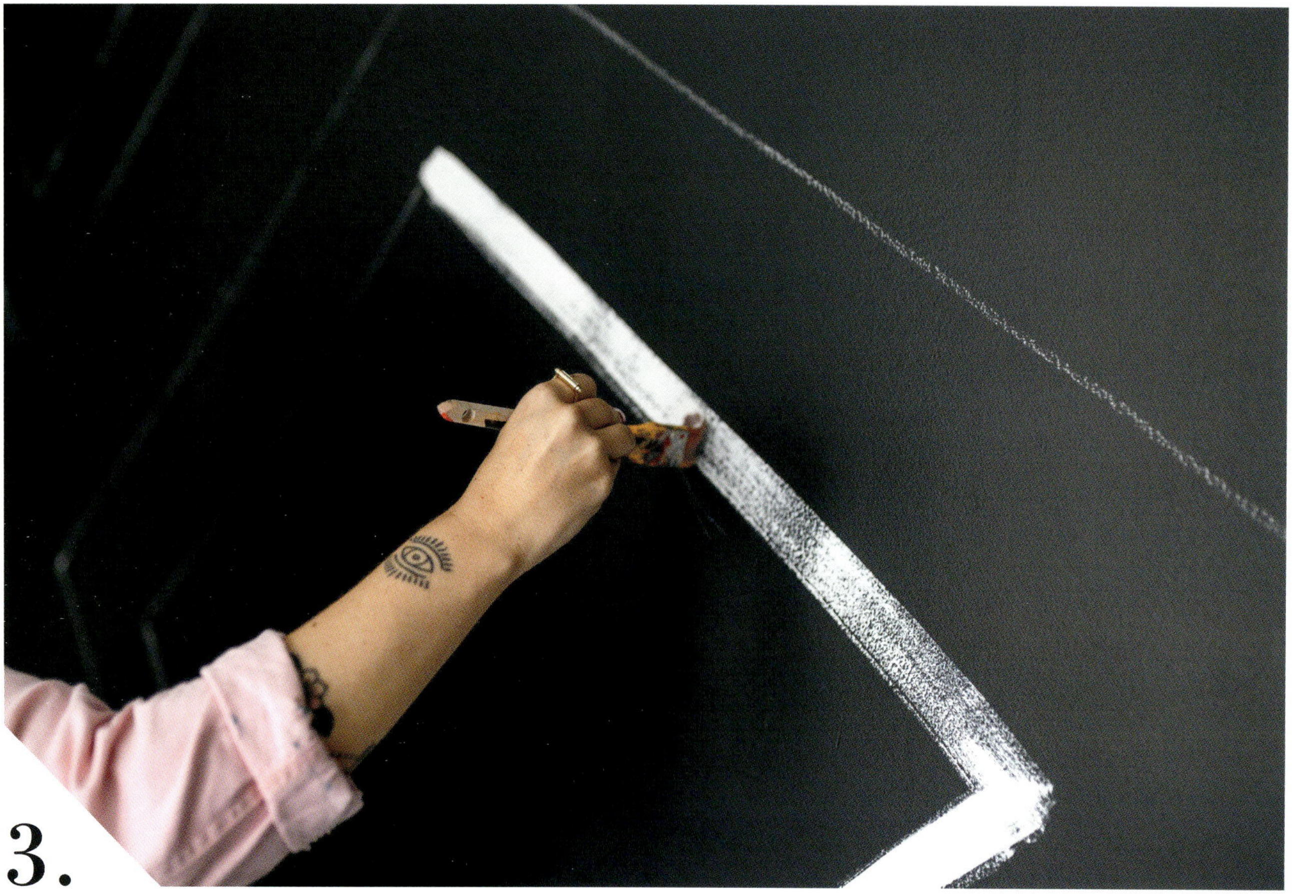

3.

Male die Rauten mit weißer Farbe. Du kannst die Pinselstriche unregelmäßig lassen wie wir oder mehrere Anstriche auftragen, um eine gleichmäßige Dicke zu erzielen. Wenn du dich für mehrere Farbschichten entscheidest, lasse den ersten Anstrich gründlich trocknen, bevor du die zweite Schicht aufträgst. Halte außerdem die Hintergrundfarbe bereit für den Fall, dass die weiße Farbe etwas tropft.

4.

Wenn dein Wandbild perfekt imperfekt aussieht, lasse den letzten Anstrich trocknen, bevor du das Klebeband abziehst und aufräumst. Es ist der ideale Zeitpunkt, um die nächste Folge deiner aktuellen Lieblingsserie anzusehen. Aber nur eine Folge! Wenn du die Möbel wieder zurückgestellt hast, bewundere dein Werk einen Moment lang: Du schaffst alles, was du anpackst!

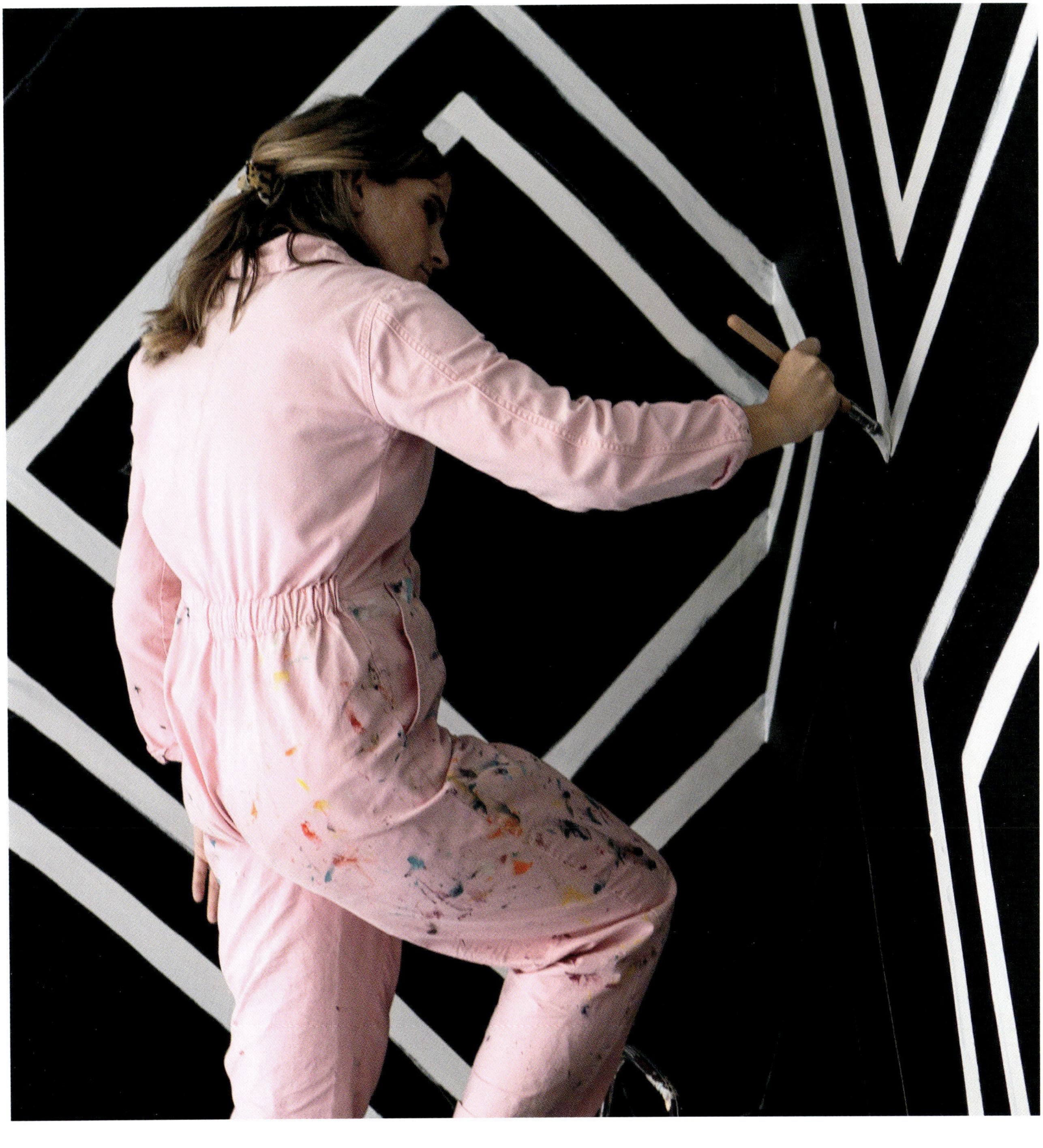

Regenbogen-raster

DIE FAKTEN

SCHWIERIGKEITSGRAD: schwierig

ZEIT: 3 – 4 Stunden

KOSTEN: 60 – 100 €

VERWENDETE FARBEN: Magenta, Rot, Orange, Gelb, Grün, Weiß

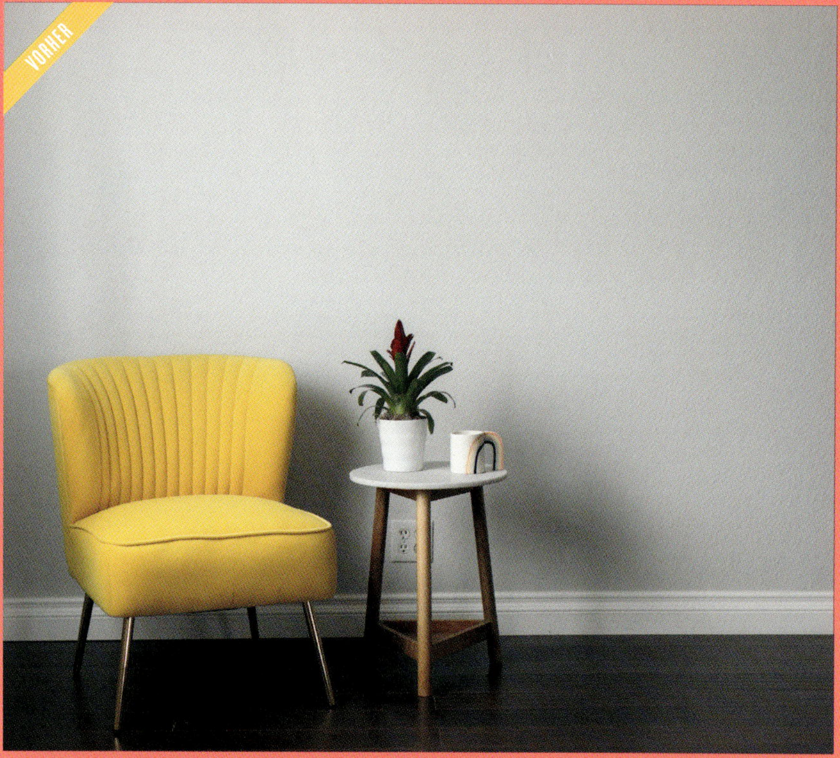

Dieses Regenbogenraster ist ein echter Hingucker. Wir lieben dieses Design und dir wird es ebenso gehen. Es ist nicht für jede Wand geeignet, aber wo es als markanter Blickfang gemalt wird, verwandelt es den Raum komplett. Kein Fan von Regenbogenfarben? Kein Problem. Wähle die Farben nach deinem Geschmack.

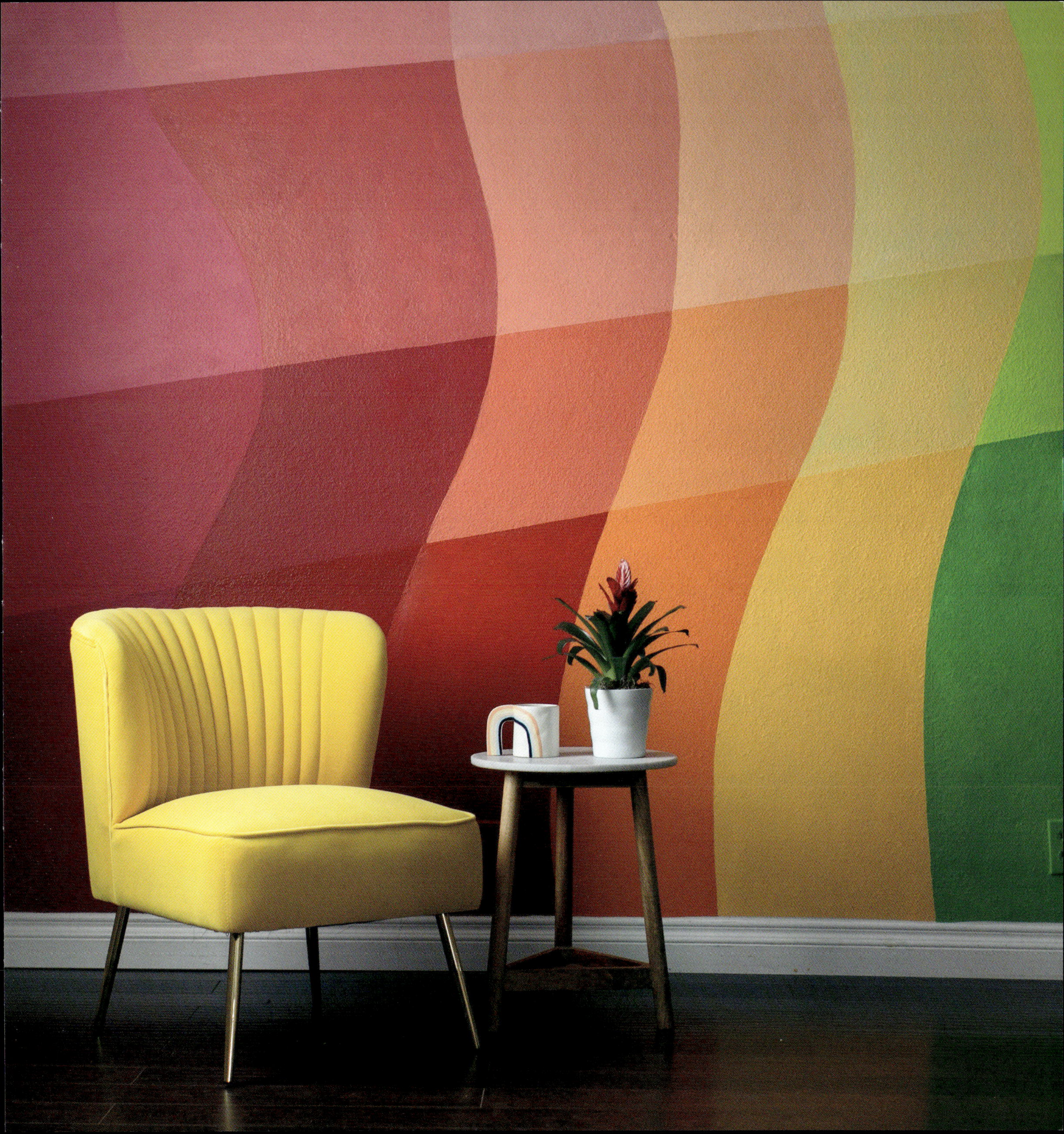

HILFSMITTEL

- ☐ Abdeckvlies
- ☐ 10 - 15 feine bis mittelbreite Pinsel
- ☐ Tritthocker oder Leiter (optional, abhängig von der Höhe der Wand)

MATERIAL

- ☐ 1 Rolle Malerband
- ☐ Kreide oder Bleistift
- ☐ 1 Liter Farbe, Magenta
- ☐ 1 Liter Farbe, Rot
- ☐ 1 Liter Farbe, Orange
- ☐ 1 Liter Farbe, Gelb
- ☐ 1 Liter Farbe, Grün
- ☐ 1 Liter Farbe, Weiß
- ☐ mehrere Pappbecher

VORBEREITUNG

Räume die Möbel aus dem Weg und schaffe freien Platz, damit du alle Materialien bereitlegen kannst. Klebe die Fußleiste, Decke und alles andere an der Wand ab, was du frei von Farbe halten möchtest. Decke den Boden ab. Bei diesem Projekt kommt viel Farbe zum Einsatz – sie gehört an die Wand, nicht auf deine Möbel.

VORZEICHNEN

1. Teile deine Wand zunächst mit Malerband in vier horizontale Abschnitte. Diese Abschnitte können die gleichen oder unterschiedliche Größen haben. Drücke das Klebeband mit einer Bank- oder Geschenkkarte fest an.

2. Unterteile die Wand mit Kreide oder Bleistift vertikal in sechs Abschnitte, indem du fünf Wellenlinien von der Decke bis zum Boden zeichnest. Wie bei den horizontalen Abschnitten müssen auch die vertikalen Abschnitte nicht gleich groß sein. Dieses Wandbild soll wunderbar unvollkommen sein.

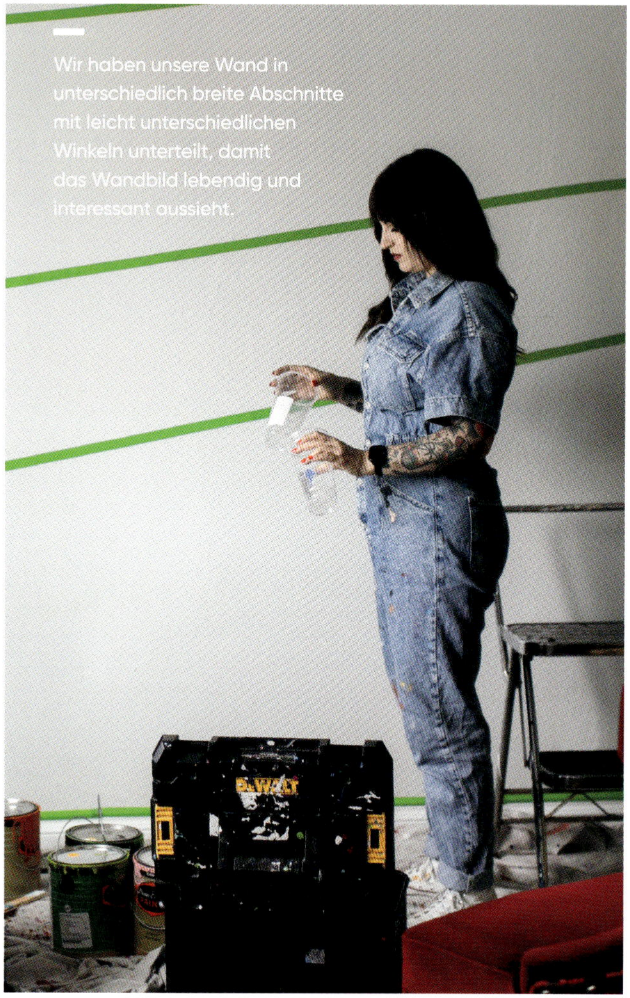

Wir haben unsere Wand in unterschiedlich breite Abschnitte mit leicht unterschiedlichen Winkeln unterteilt, damit das Wandbild lebendig und interessant aussieht.

MALEN

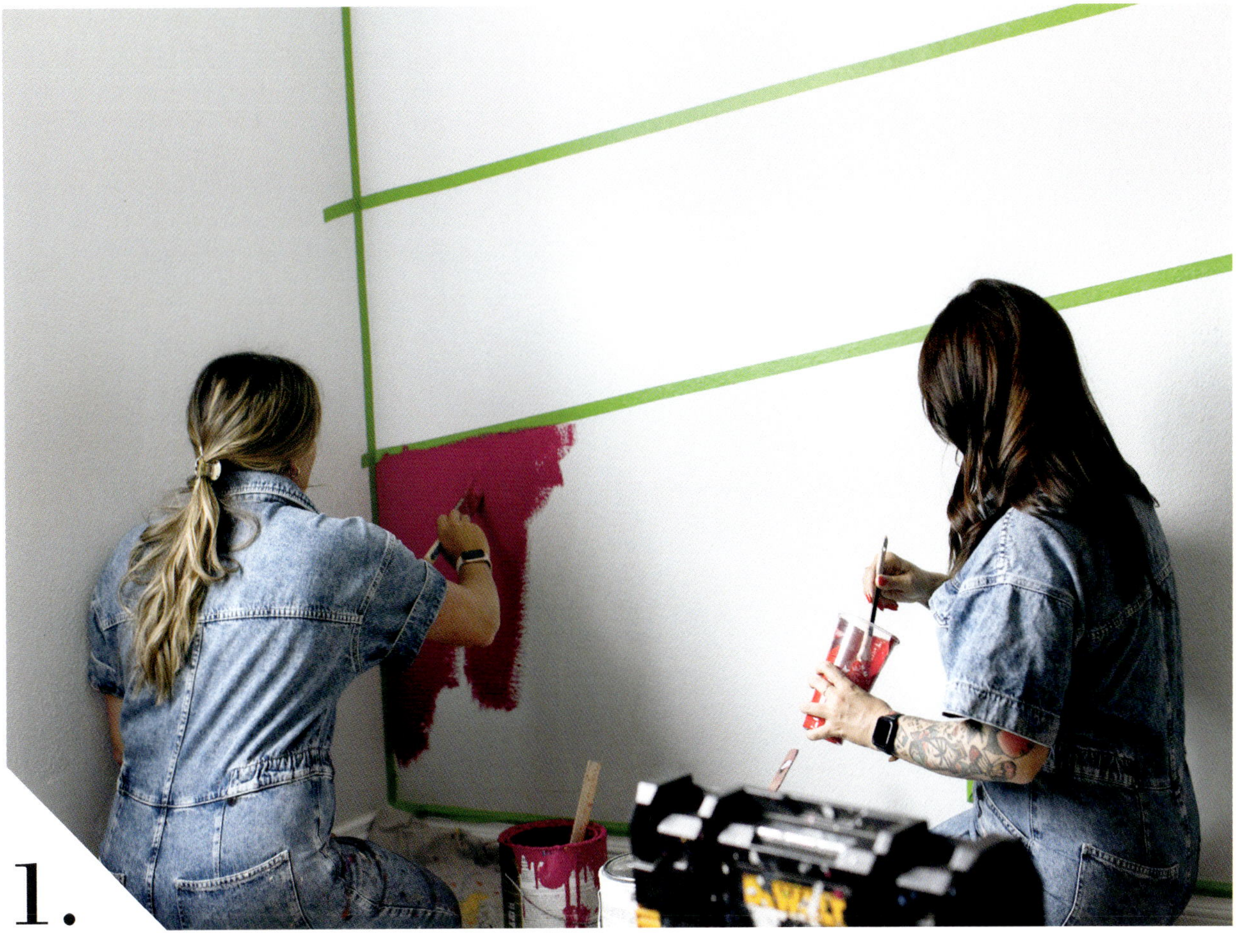

1.

Jetzt kommt der schöne Teil! Beginne am unteren Abschnitt der Wand und arbeite dich von links nach rechts vor. Male jedes Segment in der Reihenfolge des Regenbogens in einer anderen Farbe an.

Wir haben mit Magenta begonnen, gefolgt von Rot, Orange, Gelb und Grün.

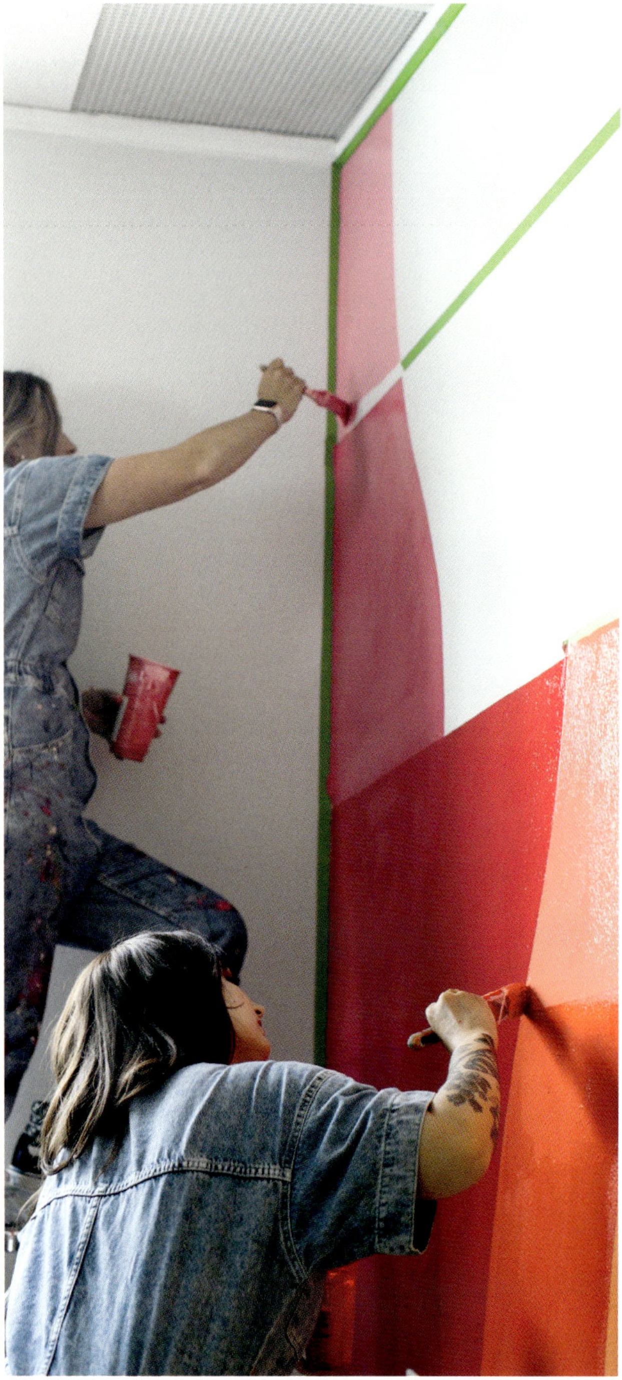

2. Wenn die unterste Reihe fertig ist, ziehe den untersten Streifen Klebeband ab – es erscheint eine saubere Linie und ein vollständiges Viereck darüber. Rühre ein wenig weiße Farbe in deine ursprüngliche Farbe in deinem Pappbecher. Arbeite wieder von links nach rechts und male dabei jedes Segment in dieser Reihe etwas heller als die Farbe darunter. Arbeite langsam und sorgfältig entlang der Segmentränder, um saubere, gerade Linien zu erhalten.

Du erzeugst einen vertikalen Abstufungseffekt. Jede Reihe enthält etwas mehr weiße Farbe als die darunterliegende.

3. Wiederhole Schritt 2, bis du den oberen Rand der Wand erreichst. Trage bei Bedarf mehrere Farbschichten auf, damit jedes Segment opak ist. Lasse die Farbe zwischen den Anstrichen trocknen.

4. Ziehe das Klebeband ab. Bessere kleine Unregelmäßigkeiten mit einem feinen Pinsel aus. Rolle dein Abdeckvlies auf und räume die Möbel wieder zurück. Hurra, geschafft! Ein tolles Wandbild verschönert jetzt dein Zimmer.

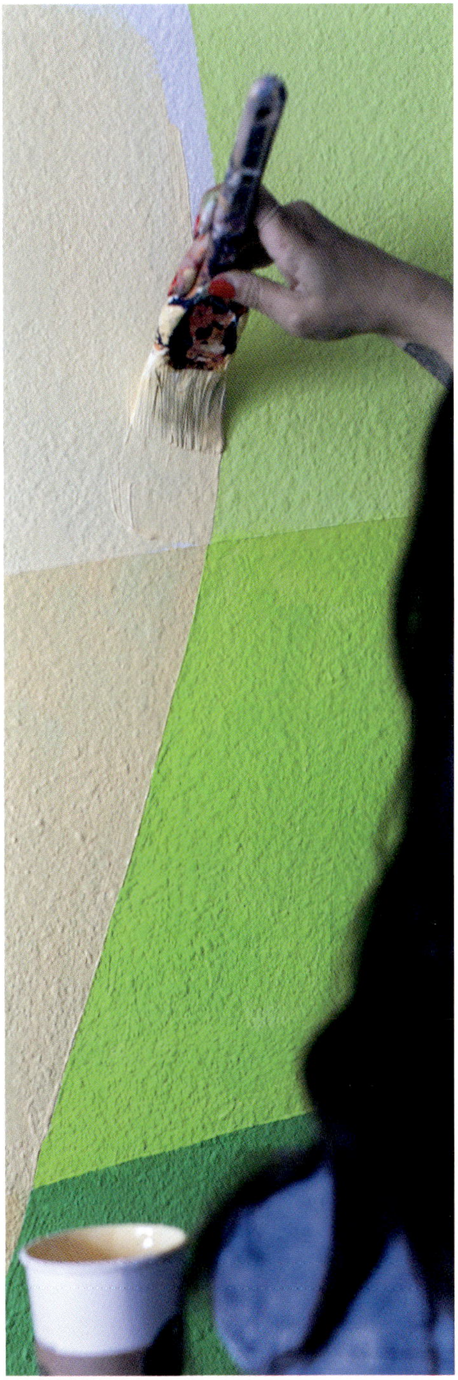

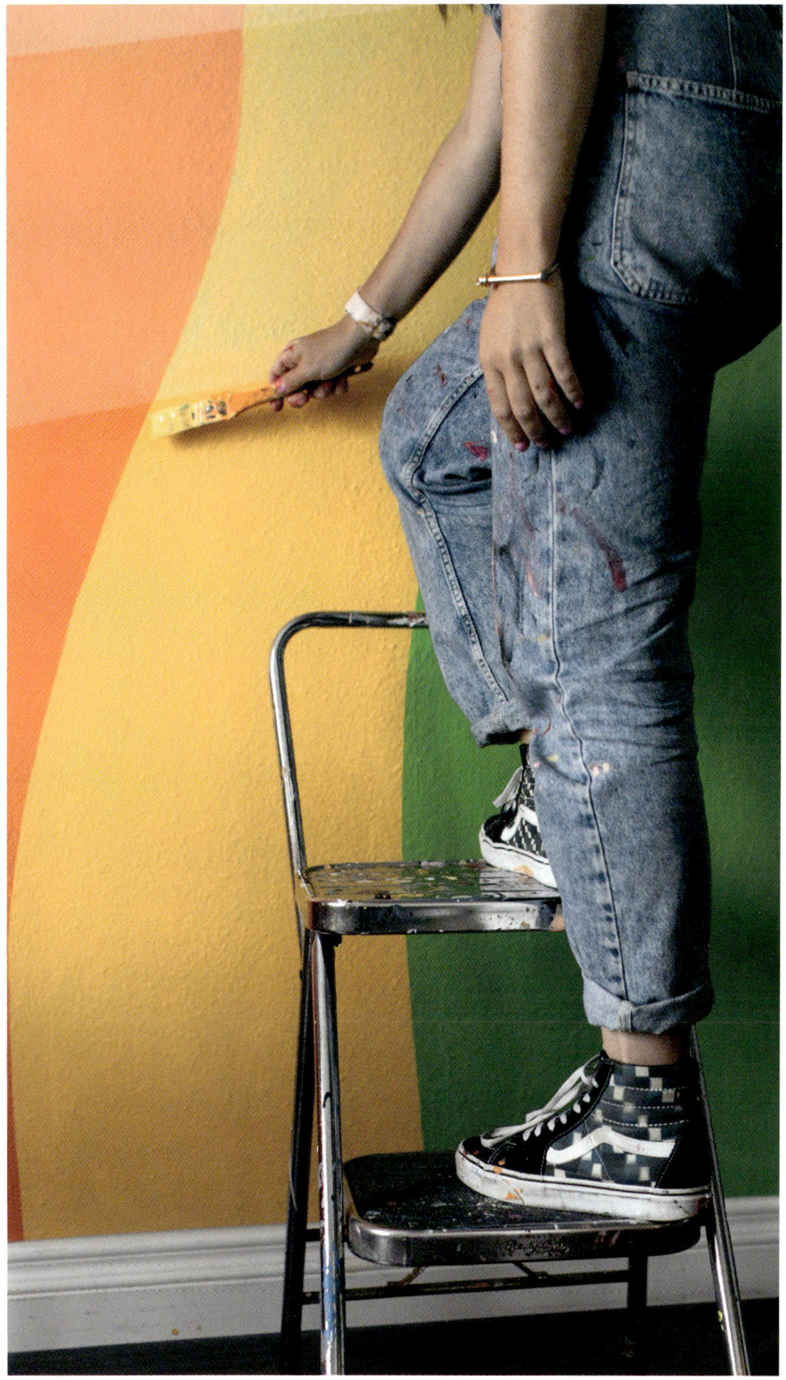

KAPITEL FÜNF

Abseits der Wand

Wir haben dir bereits 22 völlig unterschiedliche Ideen für deine Wände gezeigt, aber Farbe muss nicht immer nur an die Wand. Hier sind vier weitere Projekte, um dein Zuhause kreativ zu gestalten, ohne die Wände zu streichen.

Briefkasten-verschönerung

DIE FAKTEN

SCHWIERIGKEITSGRAD: einfach

ZEIT: 2 - 3 Stunden (ohne Trocknungszeit)

KOSTEN: 20 - 30 €

VERWENDETE FARBEN: Dunkelblau, Hellblau, Weiß

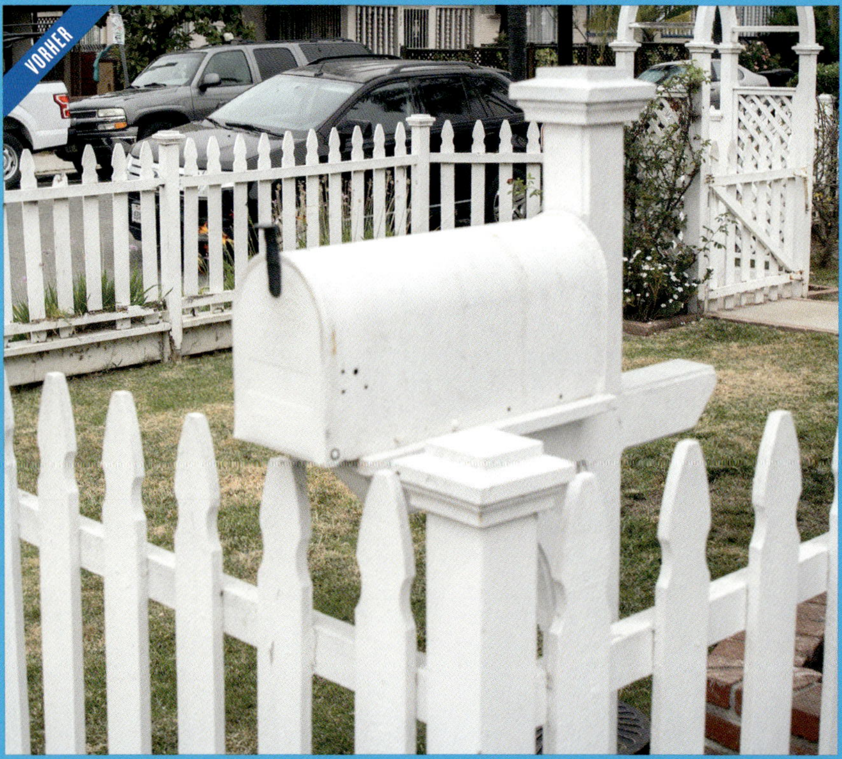

Wenn du nach einem wirklich schnellen und leichten Projekt suchst, verschönere doch einfach deinen Briefkasten. Wir haben den Briefkasten vor unserem Büro schon mehrmals angemalt. Ein toller Anhaltspunkt, um jemandem den Weg zu beschreiben: „Das Haus mit dem bunten Briefkasten, du kannst es nicht verfehlen!"

Bei diesem Projekt kommt eine Paustechnik zum Einsatz. Vergewissere dich, dass du unser „hello"-Design herunterladen und ausdrucken kannst. Wenn dir diese Paustechnik neu ist, wirst du staunen! Es erschließen sich dir Unmengen kreativer Möglichkeiten. Oh, und da du jetzt wesentlich „kleiner" arbeitest, solltest du ein paar richtig feine Pinsel bereitlegen.

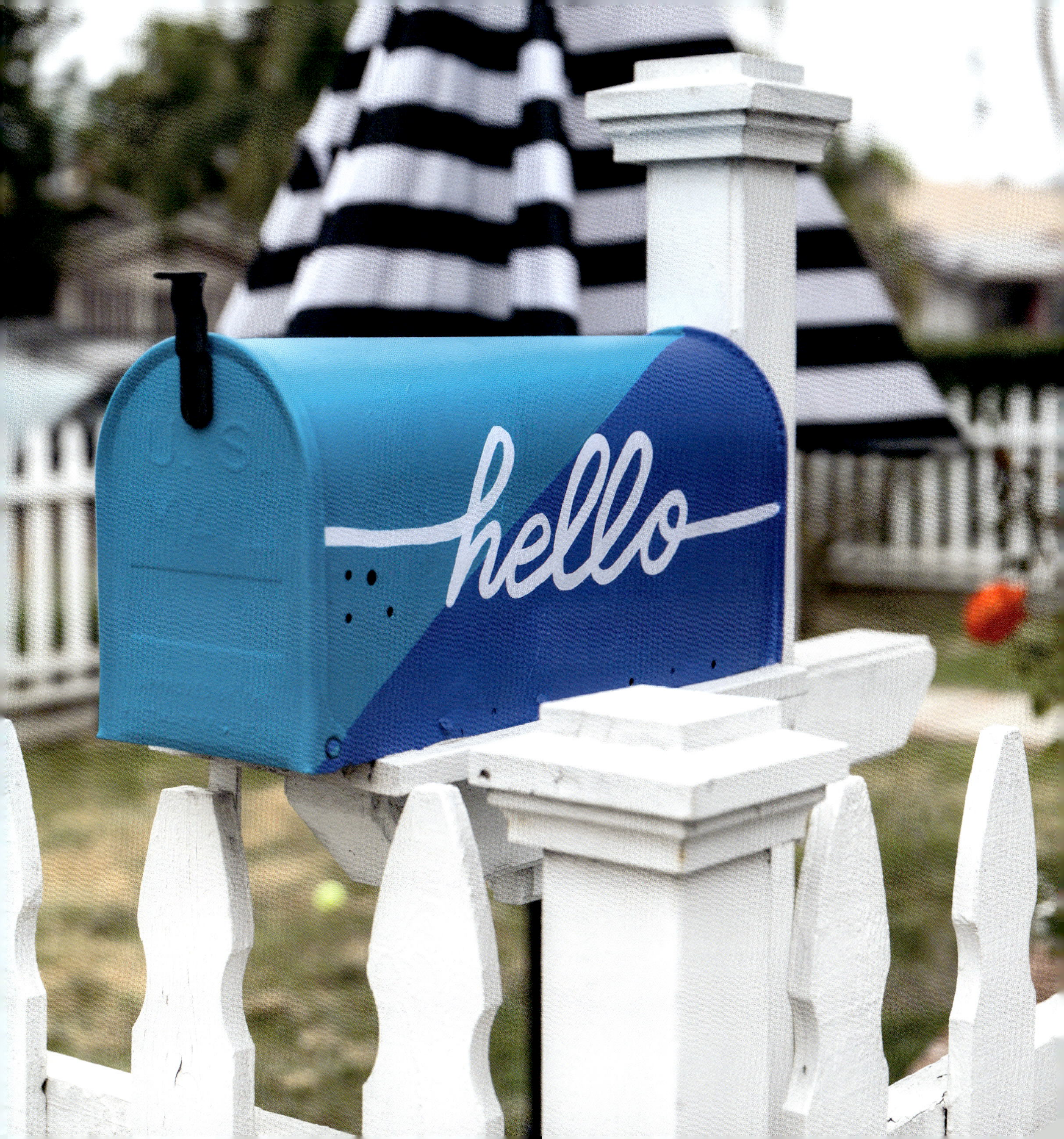
hello

HILFSMITTEL

- ☐ Abdeckvlies
- ☐ 3 - 5 Pinsel in verschiedenen Größen

MATERIAL

- ☐ 1 Rolle Malerband
- ☐ 1 Liter Außenfarbe, Dunkelblau
- ☐ 1 Liter Außenfarbe, Hellblau
- ☐ 1 Musterdose Außenfarbe, Weiß
- ☐ 1 Ausdruck des hello-Designs (siehe Seite 198)
- ☐ Kreide
- ☐ Bleistift

VORBEREITUNG

Decke alles mit Klebeband und Abdeckvlies ab, was keine Farbe abbekommen soll.

MALEN

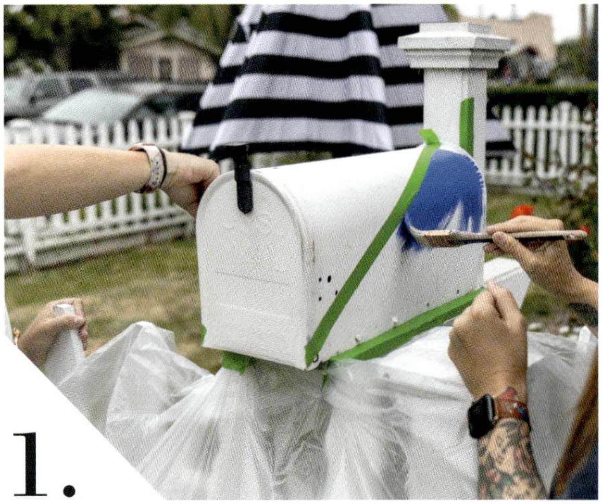

1.

Dieses Design hat ein hübsches Dreiecksmuster. Klebe also erst auf beiden Seiten des Briefkastens eine diagonale Linie von der unteren vorderen Ecke zur Mitte oben hinten. Male diese beiden Abschnitte dunkelblau. Lass die Farbe trocknen. Wenn ein weiterer Anstrich erforderlich ist, male sie erneut aus.

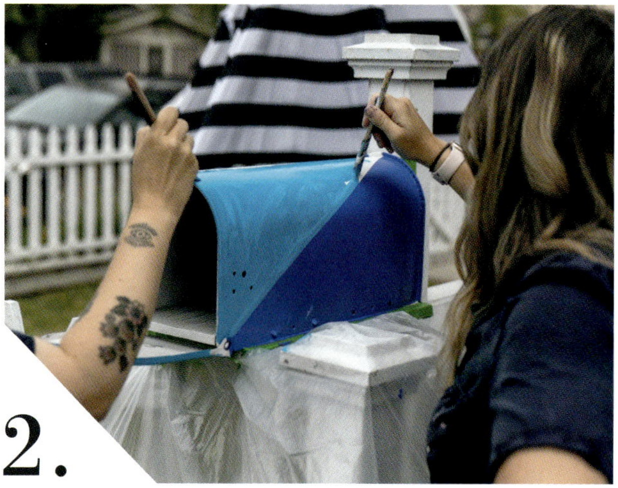

2.

Wenn die dunkelblaue Farbe trocken ist, ziehe das Klebeband ab und male den Rest des Briefkastens hellblau an. Diese Farbe braucht wahrscheinlich ein bis zwei weitere Anstriche. Lasse sie also trocknen, bevor du sie überstreichst.

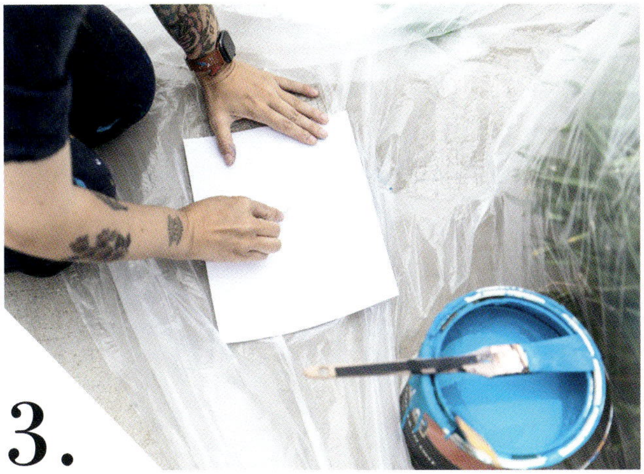

3.

Wenn du den Schriftzug hello noch nicht ausgedruckt hast, hole dies jetzt nach. Drehe das Papier um und bemale die gesamte Rückseite des Blattes mit Kreide. Achte darauf, dass der Bereich auf der Rückseite der Buchstaben vollständig bedeckt ist.

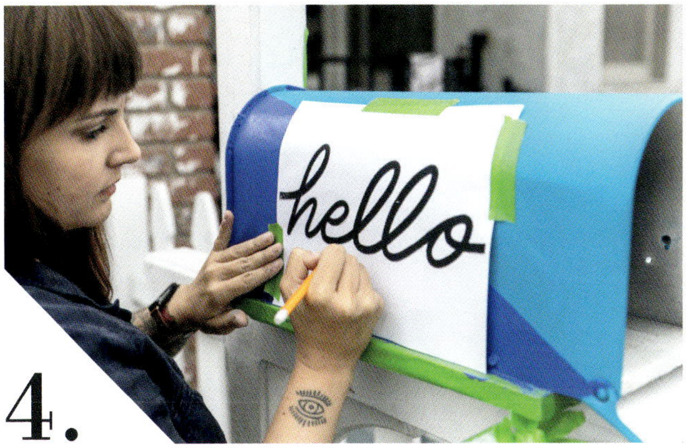

4.

Positioniere den Schriftzug genau, wo du ihn haben willst. Die Kreideseite muss dabei zum Briefkasten zeigen und der Schriftzug zu dir. Klebe das Papier fest. Ziehe den Umriss des Schriftzugs mit einem Bleistift nach. Wenn du das Papier anhebst, solltest du einen schönen Umriss der Buchstaben sehen, den du als Orientierung verwenden kannst. Bemale die Rückseite des Papiers erneut mit Kreide und wiederhole den Vorgang auf der anderen Seite des Briefkastens. Achte darauf, dass die Schriftzüge auf beiden Seiten gleich positioniert sind.

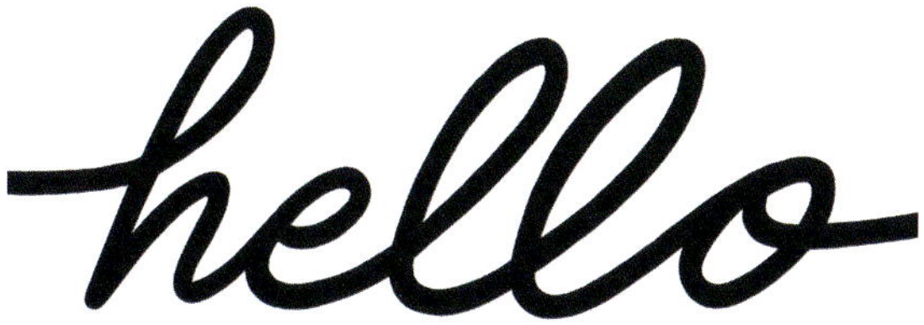

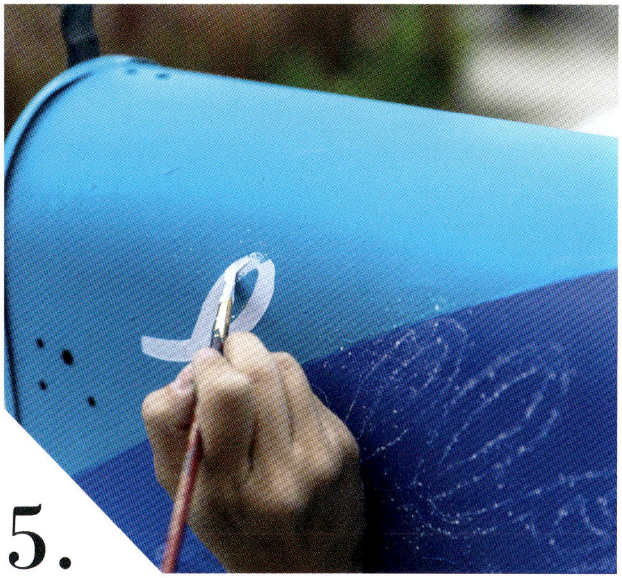

5.

Male den Schriftzug mit einem feinen Pinsel und weißer Farbe aus. Sei geduldig und arbeite langsam. Denke daran: Du hast die Hintergrundfarben. Du kannst bei Fehlern die Farbe also jederzeit ausbessern. Wenn du eine zweite (oder dritte) Farbschicht benötigst, lass die Farbe zwischendurch trocknen.

Wilde Fußmatte

DIE FAKTEN

SCHWIERIGKEITSGRAD: mittel

ZEIT: 1 - 2 Stunden (ohne Trocknungszeit)

KOSTEN: 5 - 30 €

VERWENDETE FARBEN: Schwarz

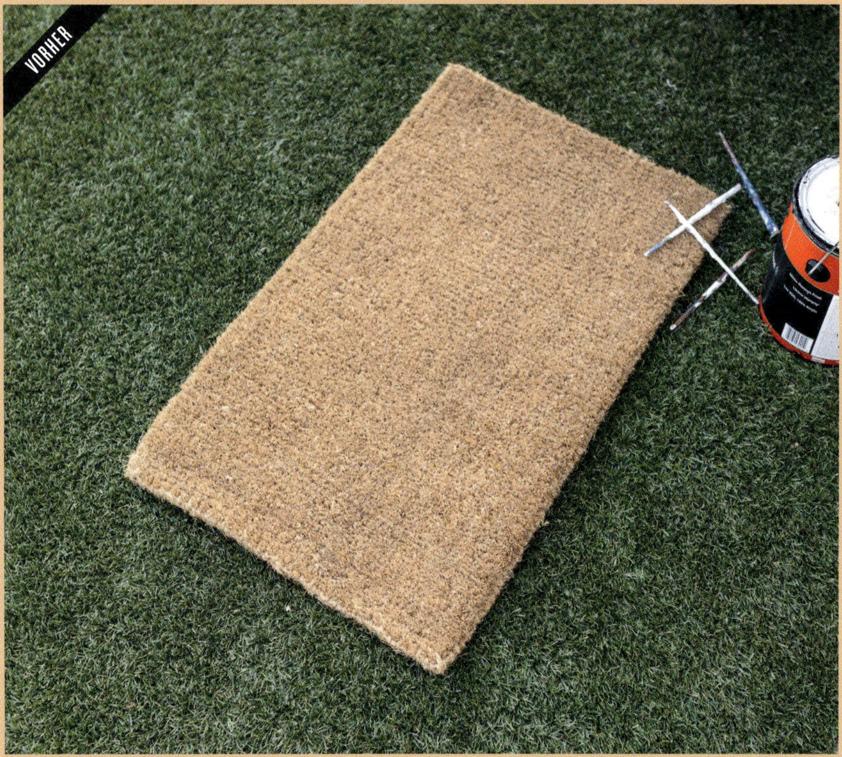

Mache eine Pause vom Wändestreichen und versuche dich an diesem einfachen und dennoch schönen Projekt. Du brauchst nur eine einfache Fußmatte (Wir haben unsere online gekauft, aber du findest sie in so ziemlich jedem Baumarkt). Wir wollten etwas Individuelles für unsere Haustür machen und haben uns für dieses Leopardenmuster entschieden. Du kannst aber kreativ werden und ein anderes Muster malen.

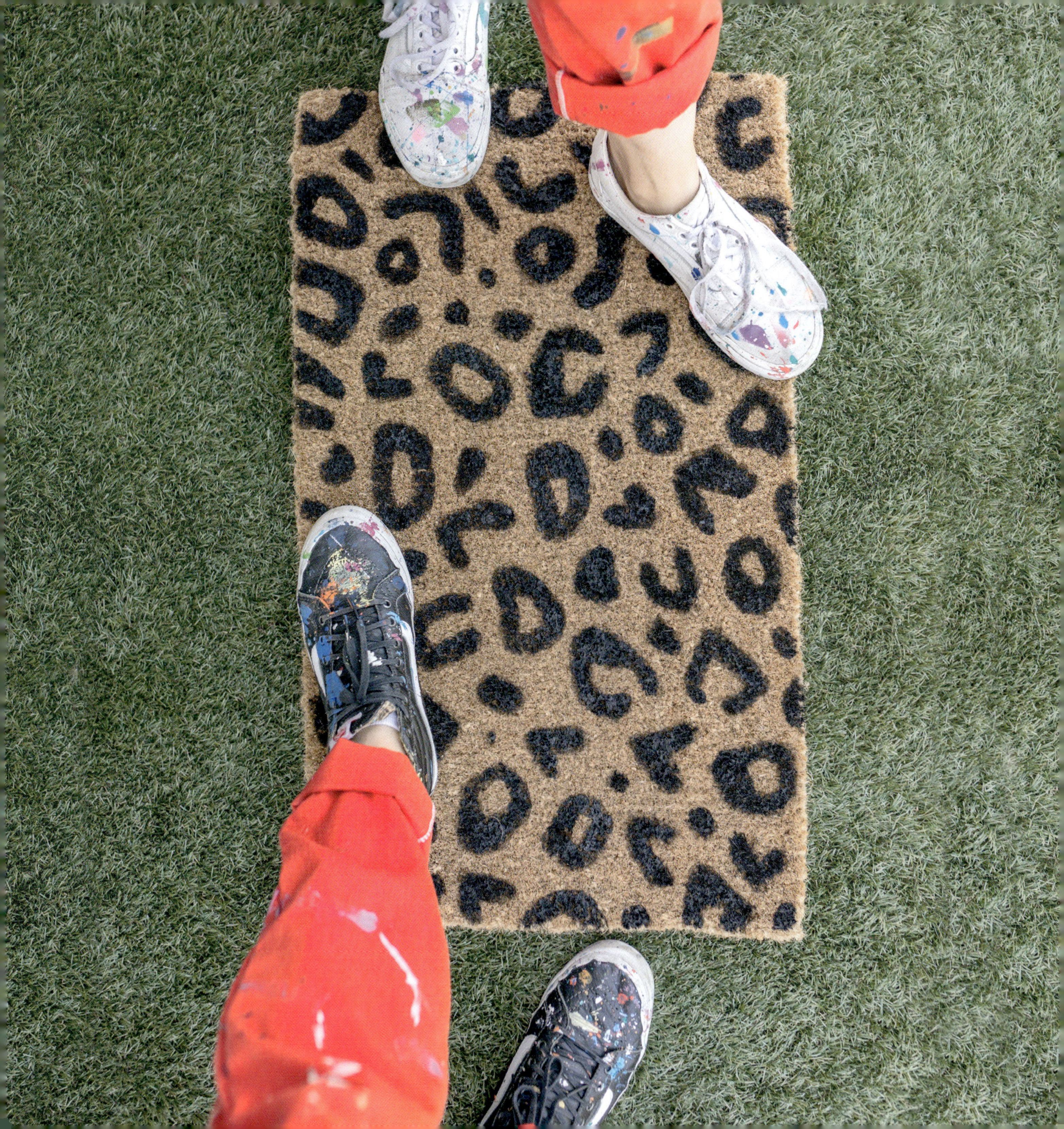

HILFSMITTEL

- ☐ Abdeckvlies
- ☐ 1 - 2 Pinsel in verschiedenen Größen

MATERIAL

- ☐ 1 einfache Fußmatte
- ☐ 1 Ausdruck des Leopardenmusters (siehe Seite 198)
- ☐ 1 Musterdose Außenfarbe, Schwarz

VORBEREITUNG

Für dieses Projekt ist nicht viel Vorbereitung nötig – so muss es sein! Decke deinen Fußboden oder Tisch (oder wo immer du arbeitest) ab. Wir haben draußen auf dem Rasen gemalt und haben das Abdeckvlies weggelassen.

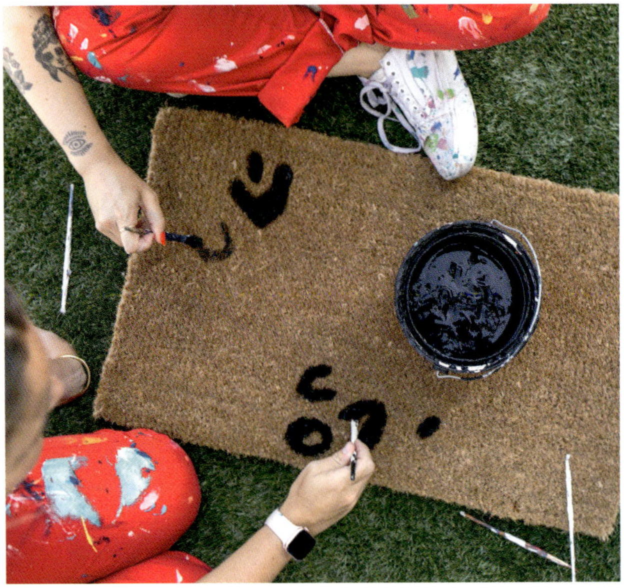

MALEN

1. Das Leopardenmuster ist im Wesentlichen eine Reihe ungleichmäßiger Flecken, Punkte und U-Formen. Beginne an einer Seite der Matte mit einem feinen Pinsel mit dem Muster und arbeite dich zur anderen Seite vor. Die Farbe neigt dazu, nur auf der Oberseite der Matte zu haften. Drücke daher relativ stark mit dem Pinsel auf, damit die Farbe richtig eindringt.

Wir haben unser Leopardenmuster frei Hand gemalt. Du kannst dich aber am Muster (siehe Download) orientieren. Es ist wichtig, dass ein Teil des Musters durch den Rand der Matte abgeschnitten wird.

2. Wenn du die gesamte Matte bemalt hast, bessere nach, wo die Farbe nicht ganz opak wirkt. Lasse deine Matte an einem sicheren Ort ein bis zwei Stunden lang trocknen und lege sie dann vor die Tür. Du wirst sofort Komplimente bekommen!

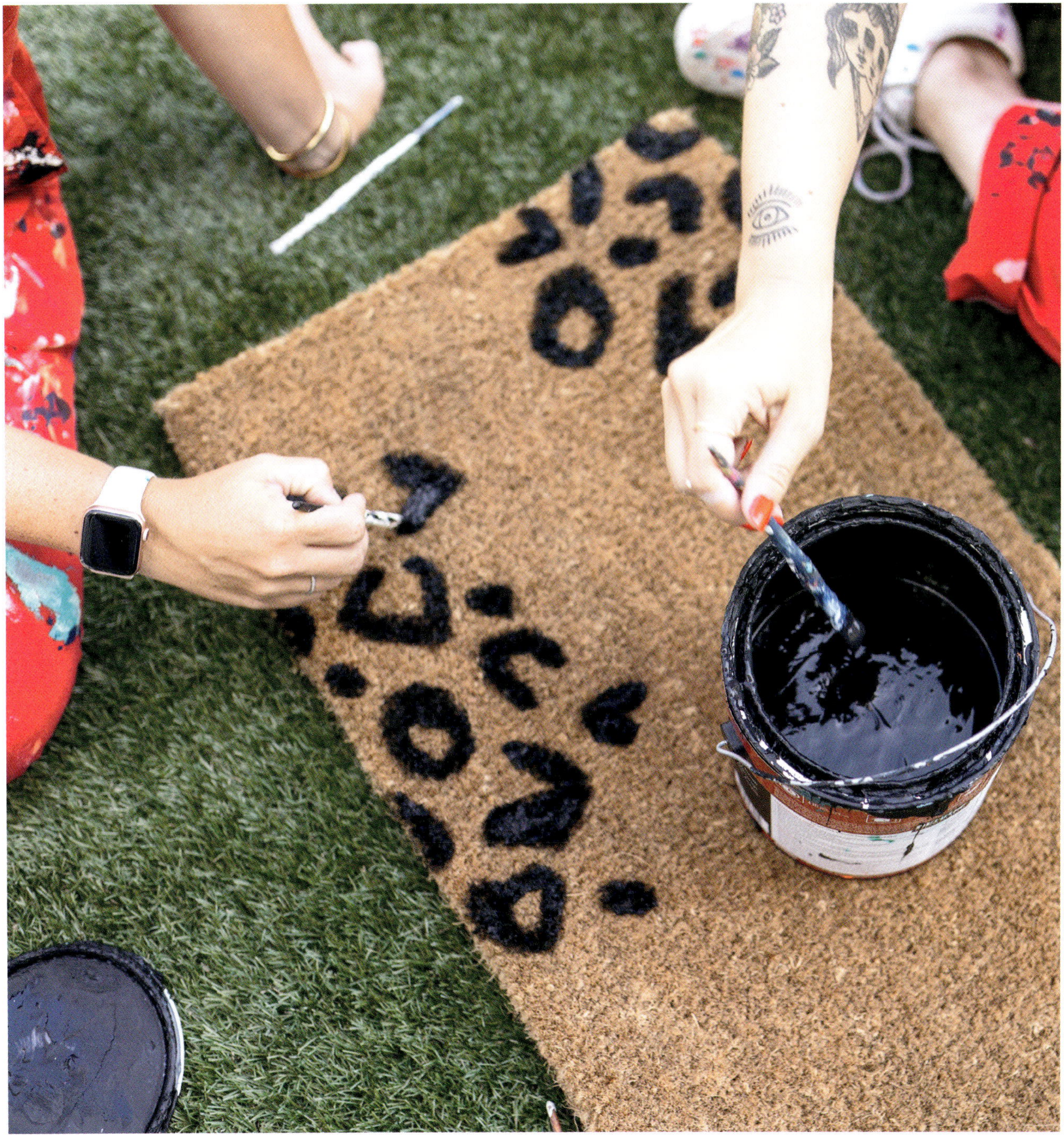

Stuhl mit Flair

DIE FAKTEN

SCHWIERIGKEITSGRAD: mittel

ZEIT: 3 - 5 Stunden (ohne Trocknungszeit)

KOSTEN: 60 - 80 € für Material exkl. Stühle

COLORS: Blau, Rot, Fuchsie, Koralle

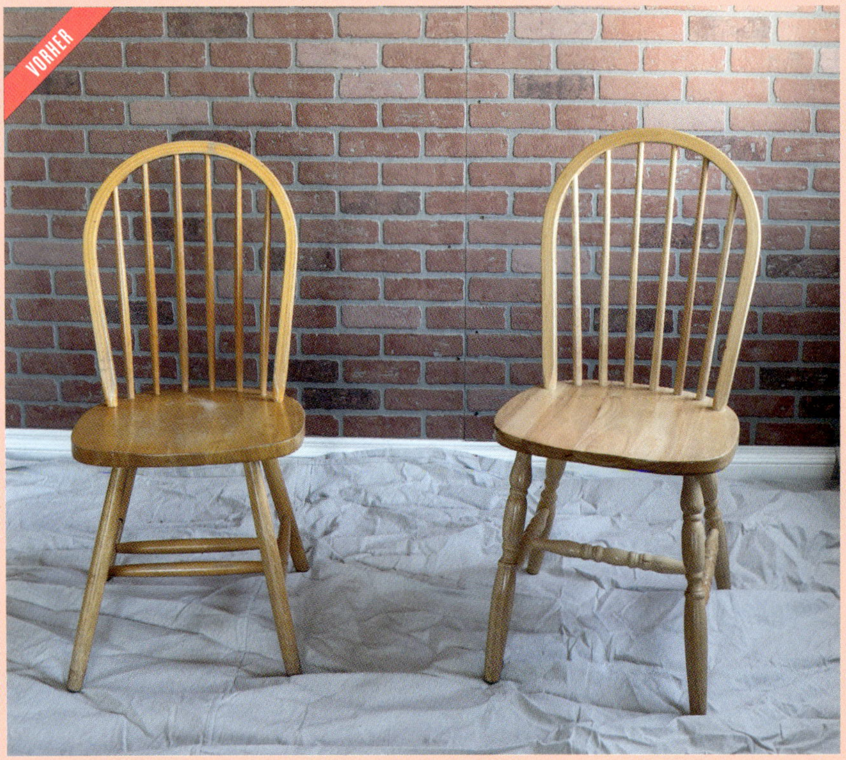

Farbe muss sich nicht auf deine Wände beschränken. Wenn du dich noch nicht an ein großes Projekt wagst, beginne eine Nummer kleiner, mit Möbeln! In diesem Projekt zeigen wir dir, wie man einfache, langweilige Stühle zu bunten Hinguckern in deinem Esszimmer macht. Wir haben vier Farben gewählt und die Anordnung der Farben bei jedem Stuhl geändert, aber du kannst deine Stühle alle gleich anmalen, wenn dir das lieber ist.

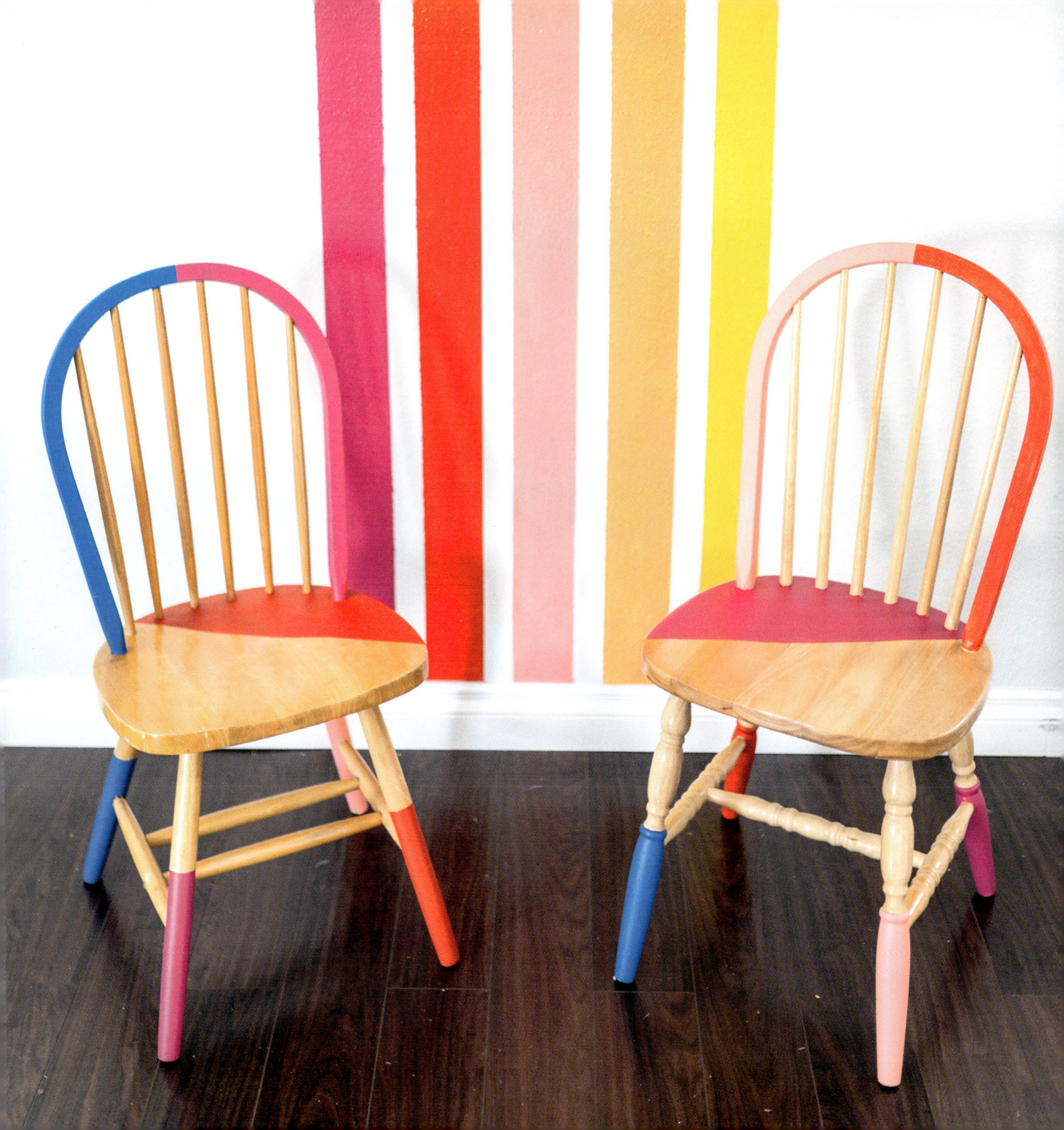

HILFSMITTEL

- ☐ Abdeckvlies
- ☐ 5 - 7 Pinsel in verschiedenen Größen
- ☐ fusselfreies Tuch

MATERIAL

- ☐ Lack-Aufrauer
- ☐ 1 Rolle Malerband
- ☐ 1 Liter von jeder Farbe
- ☐ transparenter Schutzlack

VORBEREITUNG

Lege in einem gut belüfteten Bereich Abdeckvlies auf den Boden und stelle deine Stühle darauf. Trage Lack-Aufrauer mit einem Pinsel auf alle Flächen der Stühle auf. (Wir verwenden einen flüssigen Lack-Aufrauer, der sich schnell auftragen lässt und alle Oberflächen anraut.) Lass ihn 15 Minuten lang einwirken und wische ihn dann mit einem fusselfreien Tuch ab.

MALEN

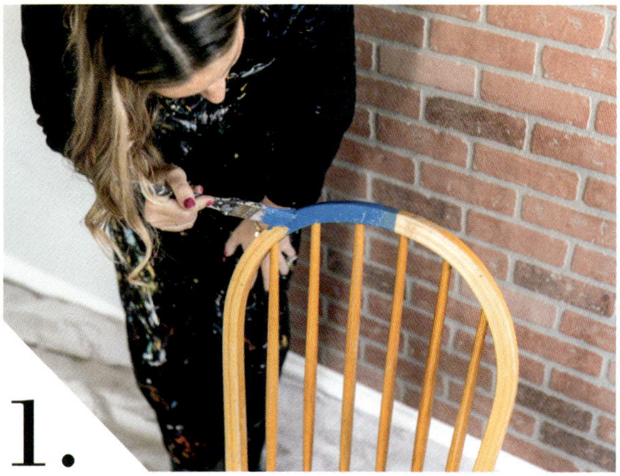

1.

Klebe ein Stück Malerband um die Mitte der oberen Rückenlehnenleiste. Male die Hälfte der Leiste in einer Farbe an.

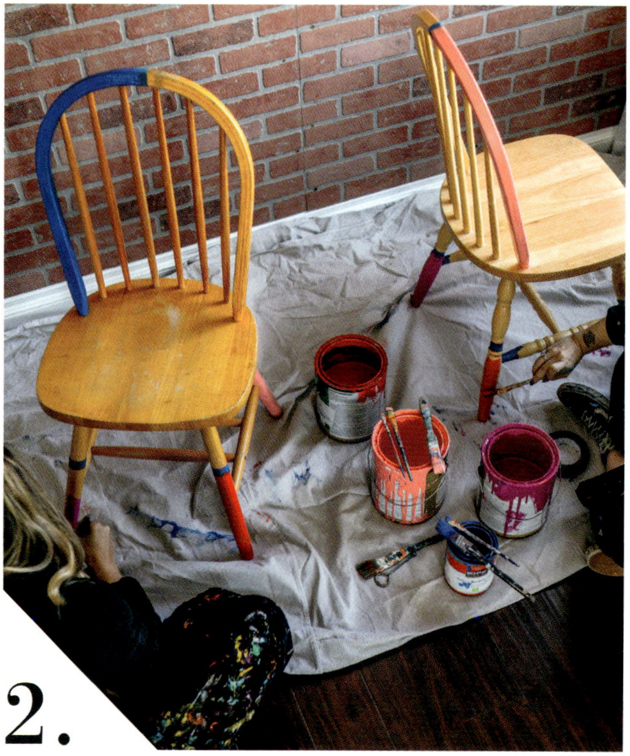

2.

Klebe ein Stück Klebeband um die Mitte jedes Stuhlbeins. Die Höhe sollte an allen Beinen gleich sein. (Der Stuhl soll ja nicht schief und krumm aussehen!) Male den unteren Teil der Beine in verschiedenen Farben an.

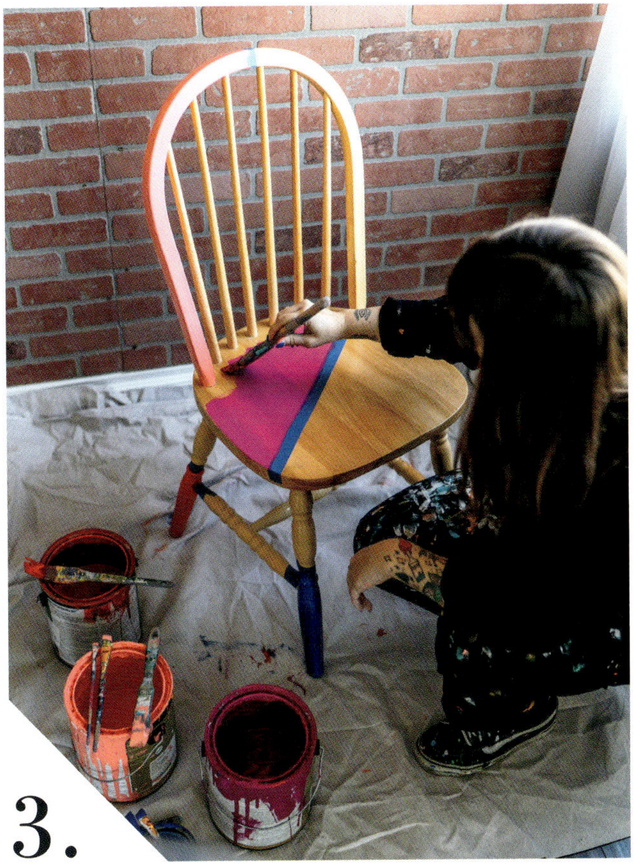

3.

Klebe ein Stück Klebeband quer über die Sitzfläche. Achte darauf, dass der Winkel bei beiden Stühlen gleich ist. Male den hinteren Teil der Sitzfläche farbig aus. Verwende einen feinen Pinsel im Bereich der Streben. Je nach verwendeter Farbe und Möbeloberfläche sind eventuell mehrere Farbschichten nötig, um eine schöne satte Farbe zu erzielen.

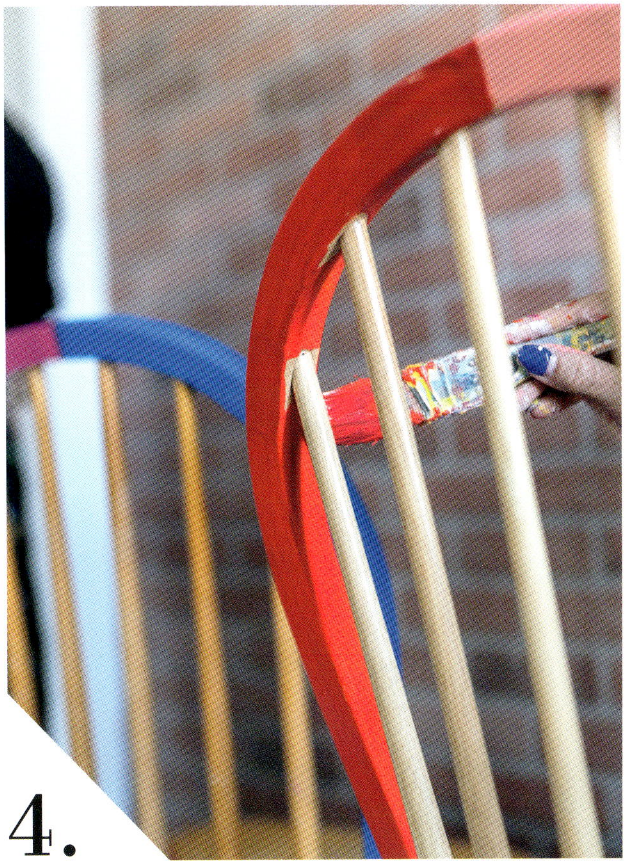

4.

Wenn du mit der Farbe zufrieden bist, nimm alles Klebeband ab. Male die verbleibende Seite der Rückenlehnenleiste an. Wenn die Farbe richtig getrocknet ist, lackiere die Stühle mit transparentem Klarlack, um die Farbe vor Schäden und Abblättern zu schützen. Wenn der Klarlack getrocknet ist, nimm Platz und freu dich an deiner Arbeit!

Klarlack ist zum Sprühen aber auch als flüssige Farbe zum Pinseln erhältlich.

Schickes Tablett

DIE FAKTEN

SCHWIERIGKEITSGRAD: mittel

ZEIT: 1 - 2 Stunden (ohne Trocknungszeit)

KOSTEN: 30 - 50 € für Material exkl. Tablett

VERWENDETE FARBEN: Hellblau, Weiß, Dunkelblau

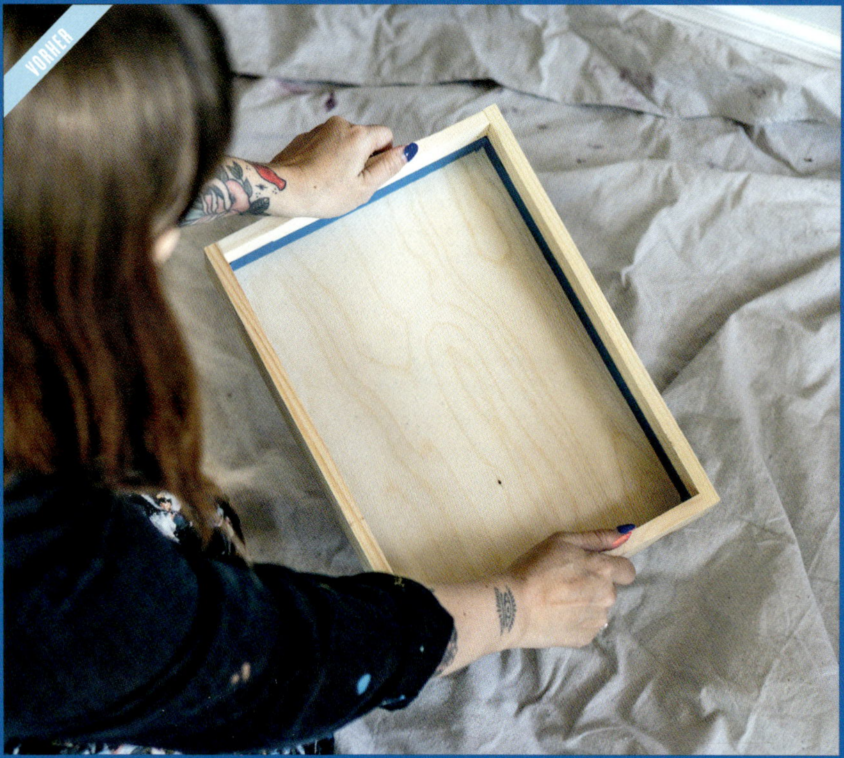

Bei diesem einfachen Projekt zeigen wir dir, wie du ein simples Holztablett in etwas richtig Schickes verwandelst!

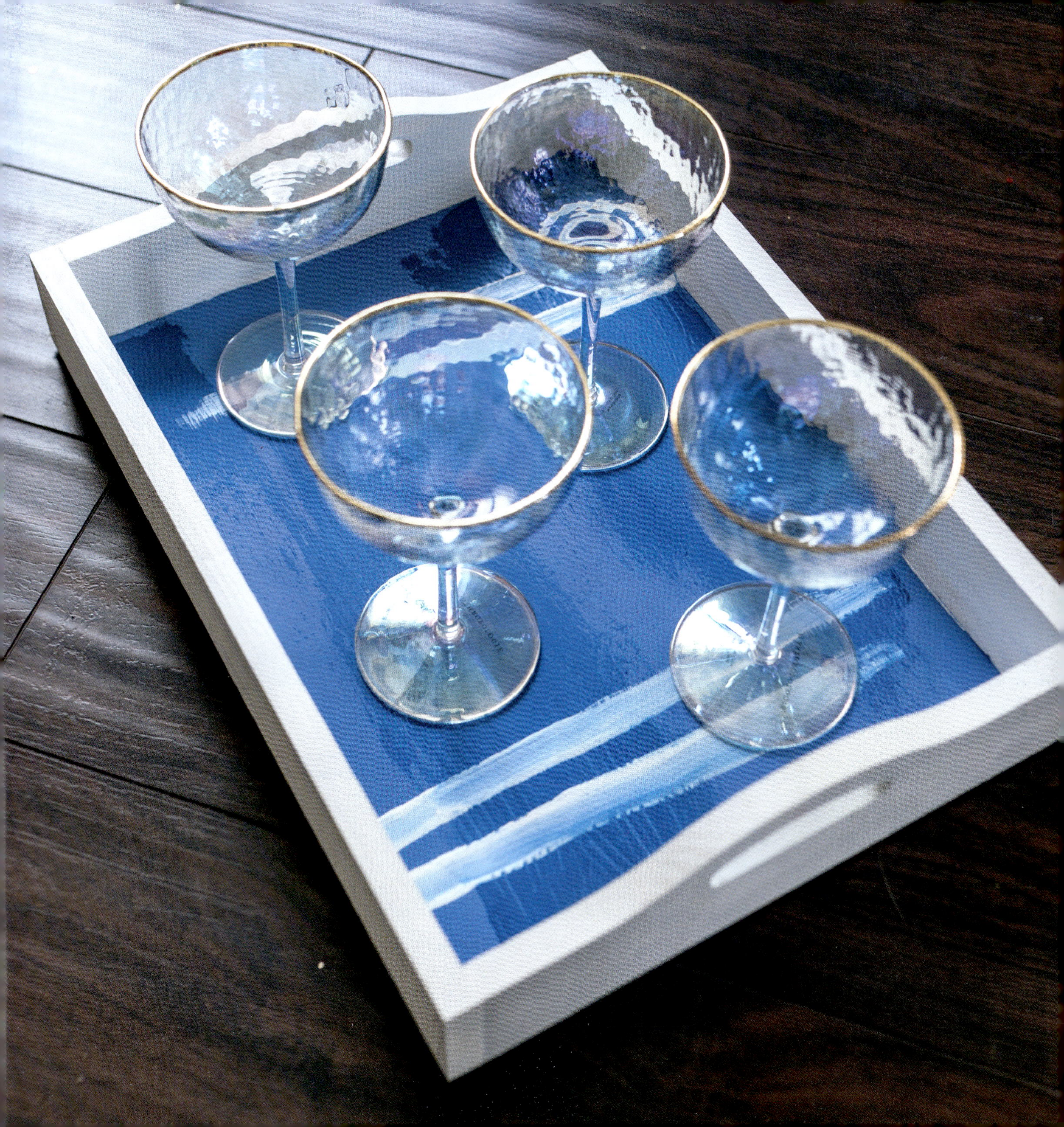

HILFSMITTEL

- ☐ Abdeckvlies
- ☐ 3 - 4 Pinsel in verschiedenen Größen

MATERIAL

- ☐ 1 Holztablett
- ☐ 1 Rolle Malerband
- ☐ 1 Musterdose Farbe, Hellblau
- ☐ 1 Musterdose Farbe, Weiß
- ☐ 1 Musterdose Farbe, Dunkelblau

VORBEREITUNG

Lege das Abdeckvlies auf den Boden. Klebe die inneren Seitenränder des Tabletts ab, damit du die Innenfläche anmalen kannst, ohne dass Farbe auf die Seiten kommt.

MALEN

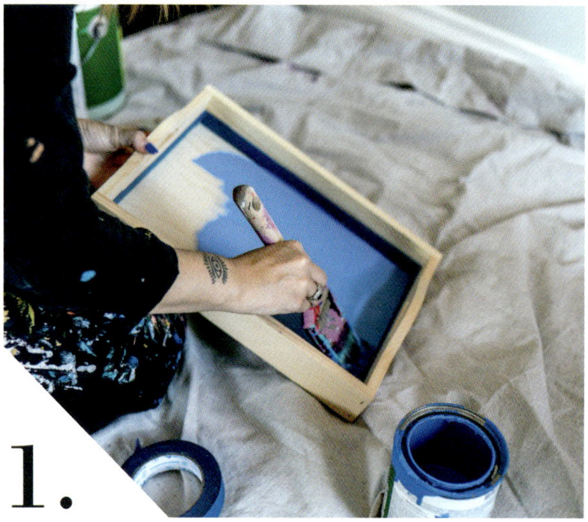

1. Male die Innenfläche des Tabletts hellblau an.

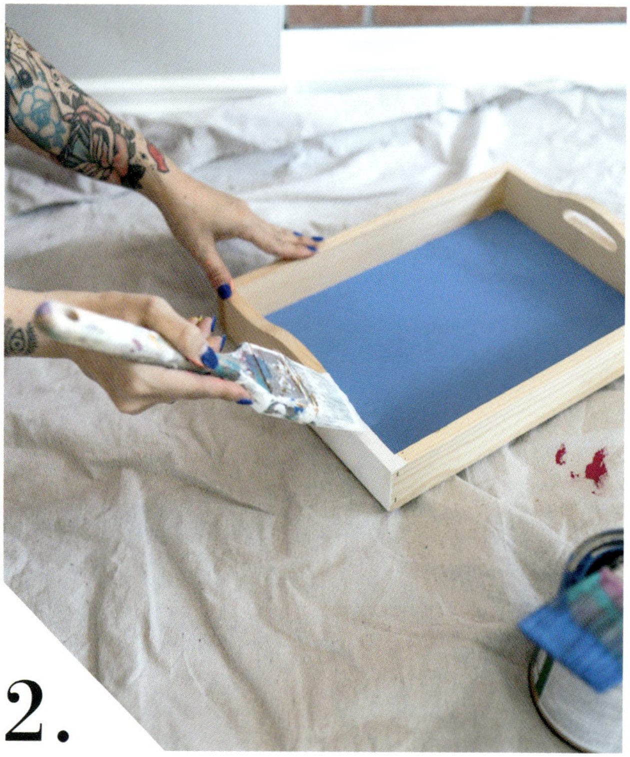

2. Wenn die Farbe trocken ist, entferne das Klebeband. Male die Außen- und Innenseiten des Tabletts weiß an.

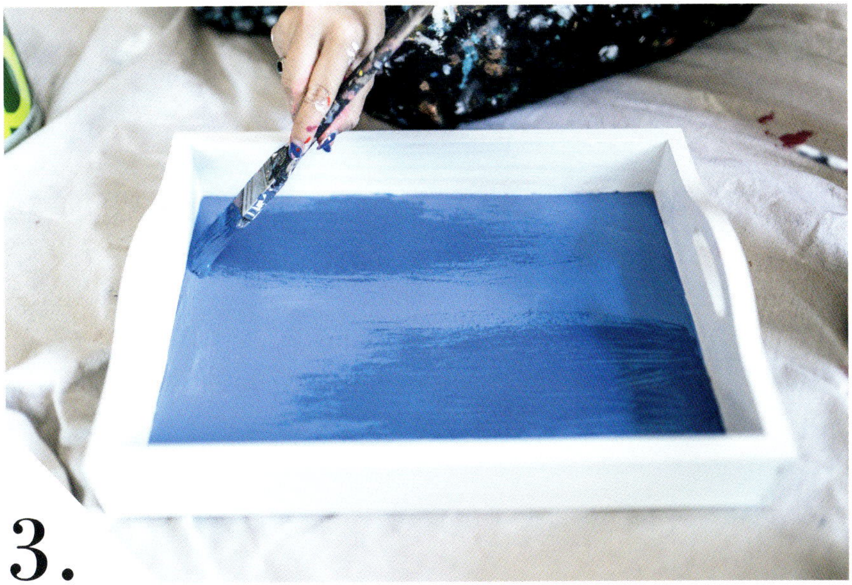

3.

Gib etwas Farbe, die dunkler als deine Grundfarbe ist, auf einen trockenen Pinsel. Male von der linken und rechten Seite des Tabletts kommende Streifen. Dadurch erhält das Tablett eine malerische Struktur. Es soll unregelmäßig aussehen, also kein Grund, Perfektion anzustreben.

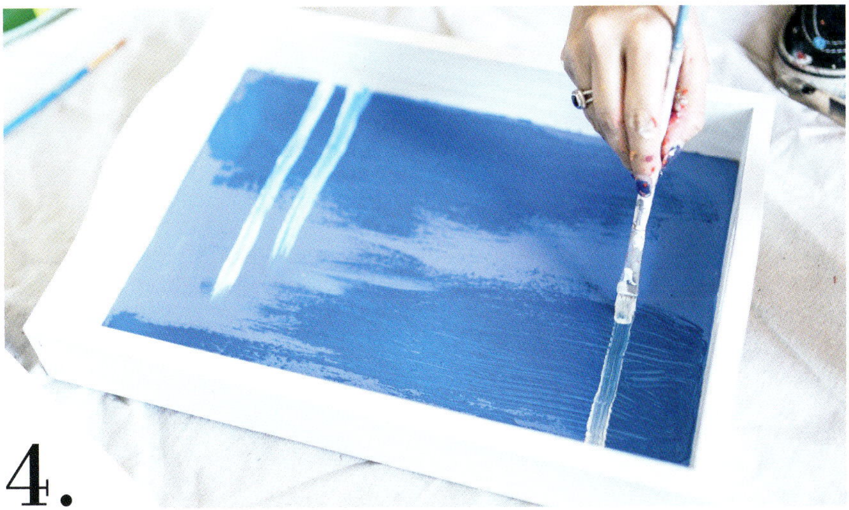

4.

Wenn die Farbe trocken ist, male unregelmäßige weiße Linien auf beiden Seiten des Tabletts, die über die eben gemalten blauen Streifen reichen. Köpfe eine Flasche Sekt, um dein Kunstwerk zu feiern. Darauf stoßen wir an!

Wir mögen den malerischen Stil.
Mit einem trockenen Pinsel haben wir einen strukturierten Look erzielt.

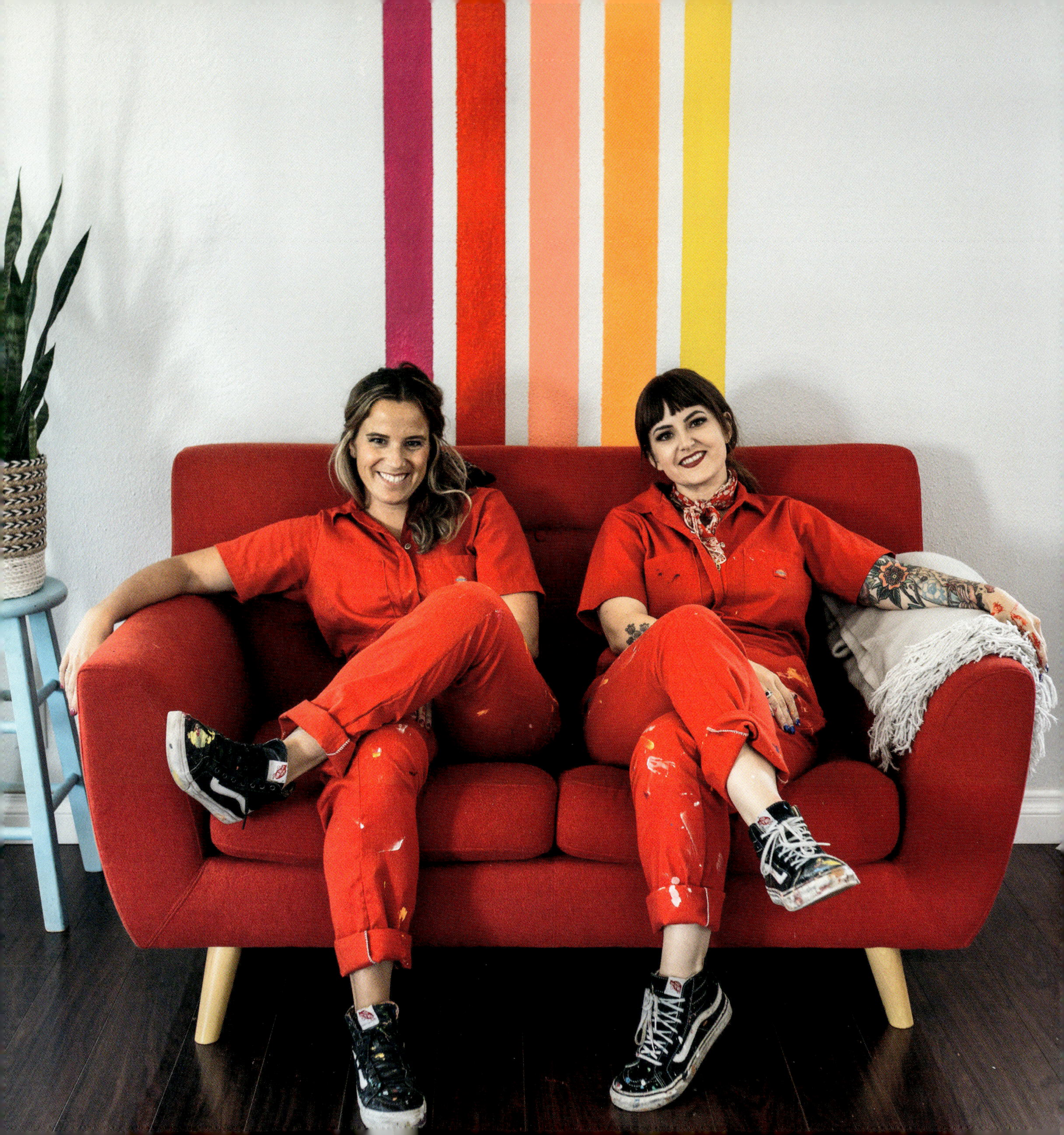

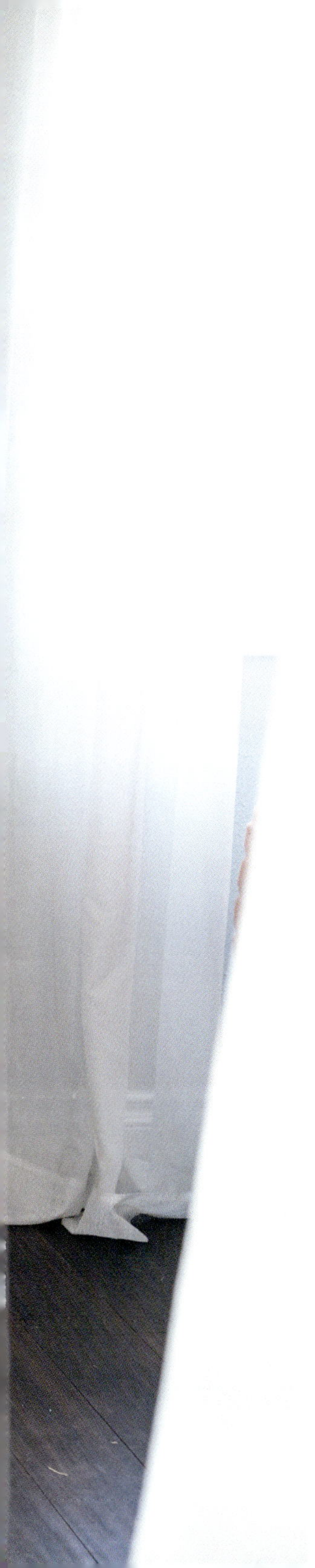

DANKSAGUNGEN

Danke an alle, die uns zeitweise ihr Zuhause überlassen haben und deren Zimmer wir anmalen durften. Wir sind allen Hausbesitzern (und Mietern) sehr dankbar dafür, dass sie für die Wandbilder offen waren und uns kreative Freiheit gelassen haben – und das mitten in einer globalen Pandemie. Wir hatten das Buch halb fertig, als der Bundesstaat Kalifornien den Lockdown ausrief, was unsere Malprojekte und den Zeitplan für dieses Buch komplett durcheinandergebracht hat. Aber alle waren flexibel und verständnisvoll, was wir wirklich zu schätzen wissen!

Danke an unsere Familien für ihre Unterstützung an guten und schlechten Tagen. Dieses Buch erforderte viel Zeit und Mühe und wir sind glücklich, euch immer an unserer Seite zu wissen! Ehrlich, wir sollten euch auch dafür danken, dass ihr uns überhaupt zur Wandmalerei ermutigt habt, denn es ist nicht gerade eine gewöhnliche Berufslaufbahn.

Danke an unsere Agentin, Leslie, und das Team bei Storey, dass sie dieses Buch möglich gemacht haben. Wir sind dir, Leslie, dankbar, dass du etwas in uns gesehen hast, an uns geglaubt hast und uns bei der Verwirklichung unseres allerersten Buches geholfen hast. Wir freuen uns auf viele weitere Projekte mit dir!

Danke an unsere Fans in den verschiedenen sozialen Medien, die uns auf dem Weg angefeuert haben. Ihr habt uns zu diesem Buch inspiriert. Eure Fragen und euer Interesse an unserem Tun waren Ausgangspunkt für alle hier enthaltenen Projekte. Danke für euer Interesse an unserer Arbeit und für eure Unterstützung.

Last, but not least: Danke an unsere Fotografen für ihre unglaubliche Arbeit. Ohne die Fotos wäre das Buch nichts und wir sind euch, Robin und Melissa, ewig dankbar für eure Zeit und euer Talent. Oh, und danke, dass ihr mit uns der Farbe beim Trocknen zugesehen habt!

UMRECHNUNGSTABELLEN

VOLUMEN

Umrechnen von	in	multiplizieren
Quarte	Milliliter	Quarte mal 946,36
Quarte	Liter	Quarte mal 0,946
Gallonen	Liter	Gallonen mal 3,785

LÄNGE

Umrechnen von	in	multiplizieren
Zoll	Millimeter	Zoll mal 25,4
Zoll	Zentimeter	Zoll mal 2,54
Zoll	Meter	Zoll mal 0,0254
Fuß	Meter	Fuß mal 0,3048

DOWNLOADS UNSERER DESIGNS

Um unsere Designs für die Projekte „Einfacher Schriftzug" (Seite 98), „Blumenschablone" (Seite 114), „Komplexes Blumendesign" (Seite 130), „Briefkastenverschönerung" (Seite 180) und „Wilde Fußmatte" (Seite 184) herunterzuladen, besuche verlagshaus24.de/cov-downloads

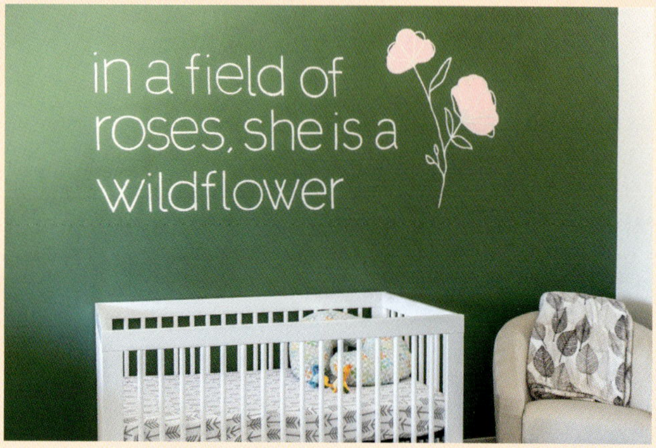

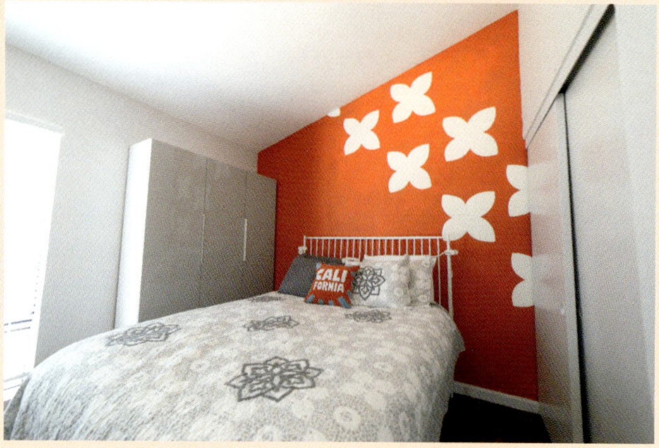

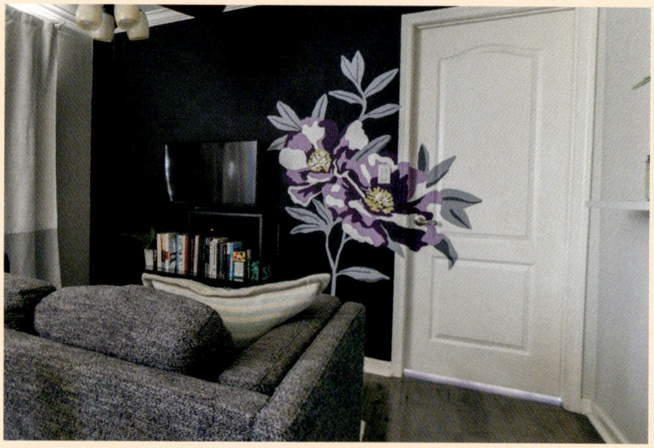